Marie-Luise von der Leyen
Lebenslinien

Zu diesem Buch

Wir kennen sie durch ihre Bücher, ihre Bauten, ihre Filme, ihre Musik, durch ihre kreative, soziale, wissenschaftliche oder unternehmerische Leistung: sie haben unsere Zeit geprägt. Die Journalistin Marie-Luise von der Leyen reiste zwei Jahre lang durch Europa und Amerika, um bedeutende Persönlichkeiten jenseits der Sechzig zu treffen und mit ihnen über die großen Motive ihres Lebens zu sprechen. Ungewohnt offen erzählen der Filmregisseur Claude Chabrol, die Schauspielerinnen Brigitte Bardot und Juliette Gréco, die Schriftstellerin Isabel Allende, der Sternekoch Paul Bocuse, der Bankier Guy de Rothschild, der Theaterregisseur Paul Zadek und viele andere über Liebe, Arbeit, Einsamkeit, Angst und Zorn, über Zufall, Abenteuer, das Alter und den Sinn des Lebens.

Marie-Luise von der Leyen, geboren 1939, studierte Theatergeschichte, Germanistik und Soziologie und absolvierte die Deutsche Journalistenschule. Sie war Redakteurin beim Stern sowie Text- und Kulturchefin bei Vogue. Seit vielen Jahren steht ihr Name für besondere Nähe und Intensität beim Porträtieren und Interviewen von Weltstars. Um ihre berühmten Gesprächspartner zu treffen, reiste sie zwei Jahre lang durch Europa und Amerika. Marie-Luise von der Leyen lebt in München.

Marie-Luise von der Leyen

Lebenslinien

Außergewöhnliche Persönlichkeiten erzählen übers Älterwerden

Mit 19 Fotos

Piper München Zürich

Mehr über unsere Autoren und Bücher:
www.piper.de

Ungekürzte Taschenbuchausgabe
1. Auflage Oktober 2008
2. Auflage Juli 2009

Umschlag: Büro Hamburg. Anja Grimm, Stefanie Levers
Bildredaktion: Büro Hamburg. Alke Bücking, Charlotte Wippermann
Umschlagfotos: pa picture alliance (Juliette Gréco), Volz / laif (Christo & Jeanne-Claude), Jim Rakete / photoselection (Martin Walser), Inez van Lamsweerde / Matadin / Art-Commerce (Lauren Hutton)
Satz: Kösel, Krugzell
Druck und Bindung: CPI – Clausen & Bosse, Leck
Printed in Germany ISBN 978-3-492-25279-9

Für Katharina, Maximilian und Robin

Inhalt

9 Vorwort

12 Ottavio Missoni *über Zufall*

22 Juliette Gréco *über Einsamkeit*

30 Norman Mailer *über Wut und Liebe*

44 Claude Chabrol *über Gleichgewicht*

56 Inge Feltrinelli *über Optimismus*

74 Paul Bocuse *über Arbeit*

86 Frank Gehry *über Respekt*

98 Brigitte Bardot *über Ängste*

112 Rosamunde Pilcher *über Unabhängigkeit*

120 Karlheinz Böhm *über Sinnsuche*

134 Jane Goodall *über Verständnis*

146 Lauren Hutton *über Abenteuer*

166 Guy de Rothschild *über Klarheit*

176 Isabel Allende *über Phantasie*

192 Martin Walser *über Leben und Schreiben*

206 Peter Zadek *über Spannung*

220 Pat Boone *über Glaube*

232 Farah Pahlavi *über Hoffnung*

246 Christo und Jeanne-Claude *über Symbiose*

261 Dank

263 Bildnachweis

Vorwort

Älterwerden ist eine Aufgabe, auf die man nicht vorbereitet wird. Sie kommt in unserer Gesellschaft als innere Erfahrung kaum zur Sprache. Es fehlt – von Alarm-Statistiken abgesehen – an der Auseinandersetzung mit dem Alter, an älteren Vorbildern ebenso wie an Möglichkeiten, sich an ihnen zu orientieren.

Zwar hat es in der Geschichte Phasen gegeben, in denen die Alten das Sagen hatten. Die Regel waren sie jedoch nicht: unsere Zeit ist da keine Ausnahme. Neu ist allenfalls der Kultstatus, den die Jugend heute hat. Aber das wird sich ändern. Wir alle wissen: Die Lebenserwartung wächst dramatisch. Es wird immer mehr ältere und schließlich erstmals mehr ältere als jüngere Menschen geben – eine Veränderung, die eine neue Perspektive auf das Alter schafft. Schon weil dies im Interesse der künftigen Mehrheit der Bevölkerung liegt. Und weil alle, die an einer besseren Perspektive arbeiten, davon profitieren werden: spätestens dann, wenn sie selber älter oder alt sind.

Allerdings: Wie gewinnt man neue Perspektiven für eine Lebensphase, die zwar soziologisch diskutiert, in der persönlichen Wahrnehmung und Begegnung jedoch vorzugsweise vermieden, ja verdrängt wird? Und wie bereitet man sich darauf vor? Wie ist es, wenn man älter wird? Was verändert sich? Was bleibt wichtig, was wird weniger wichtig? Und was erfährt und lernt man im Laufe seines Lebens?

Ich wollte die Erfahrung des Älterwerdens erkunden. Bei der Auswahl meiner Gesprächspartner habe ich mich auf Personen über Sechzig konzentriert. Im Gespräch mit ihnen auf die Erfahrung, die sie am meisten im Leben geprägt hat. Und im übrigen auf außergewöhnliche Zeitgenossen: weil ich selber neugierig auf sie war und meinerseits Neugier wecken will – in der Hoffnung, auf diese Weise besser an mein Thema heranführen zu können. Es waren Gespräche, wie man sie gerne mit seinen Eltern oder Großeltern geführt hätte, wenn man rechtzeitig daran gedacht hätte.

»Älterwerden ist ein Spiel, das man nicht gewinnen kann«, sagte mir der 83jährige amerikanische Schriftsteller Norman Mailer. Es wäre wohl auch das falsche Ziel. Dennoch kann man dafür sorgen, daß man lange und in guter Verfassung am Ball bleibt. Und daß einen die anderen im Team akzeptieren. Mailers Rat: »Kein Selbstmitleid!« Natürlich gibt es Menschen, bei denen das Älterwerden von Krisen begleitet wird: weil sie, wie zum Beispiel Supermodel und Filmschauspielerin Lauren Hutton, heute 63, zwischen Ende Dreißig und Mitte Vierzig Angst vor dem Schwinden ihrer Schönheit haben – um so verständlicher, wenn diese zu ihren beruflichen Qualifikationen gehört. Lauren Hutton hat die Krise überwunden und mit 47 erfolgreich eine zweite Model-Karriere begonnen. Was zeigt, daß Schönheit durchaus nicht identisch mit Jugend sein muß. Das gilt auch die für 72jährige Schimpansenforscherin Jane Goodall. Oder den 85jährigen Mode-Designer Ottavio Missoni – einer der bestaussehenden und im wahren Wortsinn leichtlebigsten Männer, die mir je begegnet sind: Seine Ausstrahlung beruht auf der Lässigkeit, mit der er sein Leben gelebt hat.

Natürlich hat es im Leben meiner Gesprächspartner mindestens soviel Anstrengung wie Leichtigkeit, soviel Enttäuschung wie Heiterkeit gegeben. Und Schicksalsschläge, die zu verwinden waren, wie von der früheren Kaiserin des Iran, die mit 41 Jahren nicht nur ihren Status, ihr Land und ihren Mann, sondern 20 Jahre später auch noch eine Tochter verlor – und die dennoch ihre Hoffnung und ihre Haltung bewahrt hat. Eine Haltung, die es in aller Selbstverständlichkeit zuläßt, mit mir nach dem Interview so lange nach meinen Unterlagen zu suchen – die unauffindbar in die Sofakissen gerutscht sind –, bis wir beide auf den Knien vor dem Sofa liegen. (Kein Stäubchen darunter, aber auch kein Dossier …)

So gut wie allen gemeinsam ist die Erfahrung, daß Älterwerden durchaus nicht nur Nachteile hat. Im Gegenteil: Es geht vielmehr fast immer mit einem Nachlassen von Ängsten, Spannungen und Unsicherheiten, von Wut, Neid und Abhängigkeiten und mit dem Gewinn von Gelassenheit, zuweilen sogar Glück, ja Freiheit einher. Mit 77 plant der amerikanische Architekt Frank Gehry sein erstes richtiges, eigenes Haus, weil er es sich vorher nicht leisten konnte. Der Schlagersänger Pat Boone findet, daß er nie eine größere Freiheit hatte, zu tun und zu lassen, was er will. Und der Filmregisseur Claude Chabrol war noch nie so glücklich wie heute, überzeugt, daß man sein eigenes Glück herstellen kann – »mit ausnahmslos menschlichen Mitteln«.

Alt zu sein ist so wenig ein Verdienst wie jung zu sein. Dennoch profitiert die Jugend von der Hoffnung, die in sie gesetzt wird, also von der Phantasie. Es wäre an der Zeit, eine Balance zwischen Phantasie und Erfahrung zu suchen.

München — Marie-Luise von der Leyen

Ottavio Missoni

über Zufall

Mit 16 war Ottavio Missoni, geboren 1921, als nationaler Meister im 400-Meter-Lauf das Wunderkind der italienischen Leichtathletik. Mit 18 wurde er Studentenweltmeister in Wien und 1948, nach neun Jahren Pause bedingt durch Krieg und Kriegsgefangenschaft, Sechster bei den Olympischen Spielen in London. Fünf Jahre später begründete er seinen Weltruhm in einer vollkommen anderen Disziplin: als einer der Großen in der italienischen Mode, dessen Muster und exklusive Farbkombinationen sogar Leute auf den ersten Blick erkennen, die mit Mode nichts im Sinn haben. Im Jahre 1921 als einer von drei Söhnen eines k.u.k. Marine-Kapitäns und einer dalmatinischen Gräfin in Ragusa geboren, wuchs Ottavio, genannt Tai, an der Küste Kroatiens auf. Er verbrachte eine »herrlich Kindheit«, in der zunächst nichts auf Mode hinwies, wenn man davon absieht, daß seine Mutter, die nach zwei Söhnen lieber eine Tochter gehabt hätte, ihn in Mädchenkleider steckte. Die kreative Begabung weckte erst seine Frau Rosita. Heute steht sein Name als Modeschöpfer – ähnlich wie der von Coco Chanel – weniger für konstante Veränderung der Form als vielmehr für die Stoffe, Farben und Muster, die er anders als die meisten seiner Kollegen selbst entworfen und entwickelt hat, während Rosita für die modische Linie verantwortlich war. Heute wird das Unternehmen von seinen Kindern Angela, Lucca und Vittorio geführt. Während sich Rosita mit 70 Jahren aus dem Modemetier zurückgezogen hat und statt dessen die Missoni-Home-Kollektion entwirft, ist Ottavio noch immer am Entwurf der Missoni-Muster in ihrer unverkennbaren Streifen- und Zickzackmanier beteiligt.

Er lebt in seinem Haus in Sumarigo in der Provinz Varese auf dem Missoni-Firmengelände, mitten im Wald, umgeben von einem großen Garten. Von dort sind es nur ein paar Schritte in sein Studio. Zugegeben, große Schritte, denn Ottavio Missoni ist mit seinen 1,90 Meter ein ziemlich großer Mann. Und ein umwerfend gut aussehender außerdem. Natürlich weiß er das. So was bleibt einem schließlich nicht 85 Jahre lang verborgen. Stolz zeigt er die Fotos, auf denen er als junger Sportler zu sehen ist: ein lachender Held mit dunklen Locken und strahlenden Augen, Studentenweltmeister in Wien. »Ero bello, no?« »Ich war schön, was?« Er lacht. Er lacht oft. Die Mädchen in Wien, sagt er, haben ihn »Schatzi« genannt.

Das Studio ist eine helle Höhle voller Skizzenblätter und Stoffmuster, Blick in die Bäume. Eine Assistentin, gekleidet in Missoni, weist den Weg. Ottavio Missoni bestellt zwei Cappuccini. Eine andere Assistentin, auch sie in Missoni, bringt ein Tablett und schiebt es zwischen die Berge von Mustern und Papieren auf den Tisch. Das Telefon klingelt. Missoni muß schnell noch ein Fernsehteam empfangen. Nein, kein Interview, nur ein Foto. Er stellt sich im Foyer zwischen die Journalisten, flirtet mit der jungen Praktikantin, legt den Männern die Arme auf die Schultern und lächelt in die Kamera. Handkuß für die Praktikantin, alle sind glücklich: Abgang Fernsehteam. Neuer Anlauf im Studio. Er nimmt den Hörer ab, bestellt Zigaretten. Die Assistentin bringt eine Schachtel. Das Telefon klingelt schon wieder. Ottavio Missoni zündet sich eine Zigarette an.

Pläne? Programme? Perspektiven? Hatte ich nie. Jedenfalls nicht für mich selbst. Meine Kindheit in Zara, einem wunderbaren Ort an der dalmatinischen Küste, in den meine Familie wenige Jahre nach meiner Geburt übersiedelte, war herrlich und von vollkommener Planlosigkeit. Ich habe immer gern geschlafen. Und meine Mutter hat darauf geachtet, daß niemand mich weckte. Sie hat immer gefunden, daß frühes Aufstehen nur nervös macht. Ich habe nicht darüber nachgedacht, wie ich lebte und was ich werden wollte. Ich dachte an das Meer, an die Natur, an den Sport. Habe in den Tag hineingelebt und mich und mein Leben dem Zufall überlassen.

Meine Mutter hätte es gern gesehen, wenn ich Musiker geworden wäre oder Künstler. Deshalb bekam ich Violinunterricht. In den Geigenstunden habe ich gern die Geige mit dem Bogen vertauscht und mich darin geübt, statt mit dem Bogen auf der Geige mit der Geige auf dem Bogen zu spielen. Dabei bekam ich immerhin fünf Töne heraus: das hat mir großen Spaß gemacht. Mein Geigenlehrer dagegen wurde fast wahnsinnig. Na ja, ein Musiker bin ich also nicht geworden. Aber in die künstlerische Richtung bin ich schließlich gegangen.

Meine Mutter hat immer viel von mir gehalten. Als ich später Erfolg hatte und andere ihr zu mir gratulierten, sagte sie nur gelassen: »Ich wußte immer, daß er der Beste ist – in allem: es genügt, daß er es will.«

Was ich wollte, wußte ich allerdings nicht. Ich war sportlich, konnte schnell laufen. Es machte mir Spaß, und ich wollte der Beste sein. Aber nur im Laufen. So kam ich in die italienische Nationalmannschaft und wurde mit 16 Jahren italienischer Meister über 400 Meter und über 400 Meter Hürden. Das war außergewöhnlich.

Noch nie hat einer mit 16 das blaue Trikot Italiens getragen. Ich war der jüngste italienische Meister aller Zeiten – und bin es bis heute!

Natürlich war das Laufen kein Beruf. Und aus meinem schulischen Werdegang ließ sich auch keiner ableiten. Ich habe nur die Grundschule absolviert. Danach war ich ja mit dem Sport beschäftigt. 1938 wurde ich Studentenweltmeister über 400 Meter in Wien. Was ich studiert habe? Nichts. Ich war ja auch gar kein Student, ich besuchte keine Universität. Wie auch? Ich habe nur den Zulassungsbedingungen zu den Meisterschaften genügt, indem ich mich für einen Abendkurs an einem wissenschaftlichen Lyzeum einschrieb. Hingegangen bin ich nie.

Der Mangel an Perspektiven hat mich nicht beunruhigt, ja nicht einmal beschäftigt. Ich hätte sie ohnehin nicht weiterverfolgen können, denn dann kam der Krieg, an dem ich als Soldat an der Schlacht von El Alamain in Nordafrika teilgenommen habe. Ich war 21, als ich eingezogen wurde. Wenig später geriet ich für vier Jahre in englische Gefangenschaft. Es war eine Erfahrung, die ihre Spuren hinterlassen hat. Eine davon war, sich auf das Nötigste und das Nächstliegende zu konzentrieren. Eine Alternative hat man in der Gefangenschaft ohnehin nicht. Möglich, daß diese Einstellung aber auch meiner eigenen allgemeinen Haltung entsprach.

Immerhin hatte ich während dieser Zeit in der Gefangenschaft ausreichend Gelegenheit, meinen Lieblingsbeschäftigungen, dem Schlafen und dem Lesen, nachzugehen.

Trainiert habe ich in diesen Jahren natürlich nicht. Trotzdem habe ich mich eineinhalb Jahre später für die Olympischen Spiele qualifiziert. Ich war Erster im Vorlauf und immerhin Sechster im 400-Meter-Hürdenlauf. Zu einer Medaille reichte es nicht. Trotzdem war ich stolz. Die Leistung war, daß ich daran teilnehmen konnte – nachdem ich vier Jahre in der Gefangenschaft, fünf Jahre fast ohne Training und überdies gesundheitlich angeschlagen war.

Der Sport war eine wichtige Erfahrung. Er bringt dir die Grundlagen des Lebens bei. Er lehrt dich den Geist des Wettkampfs. Da ist zunächst einmal der Wettkampf mit dir selbst, dein Bestes zu geben. Und da ist der Wettkampf mit den anderen. Man lernt, Respekt für die Leistung des anderen zu haben. Und man lernt, mit Niederlagen umzugehen. Wenn du zwei Meter weit springst, und der andere springt 2,20 Meter, dann gibt es nichts zu diskutieren und nichts zu beschönigen, am Ergebnis ist nun mal nicht zu rütteln. Es gibt nur eines: nicht zurück-, sondern vorwärtszusehen, sich selbst in einer neuen Herausforderung zu beweisen – und beim nächsten Mal besser zu sein. Diese Einstellung hat mich mein Leben lang begleitet. Dabei bin ich eigentlich ziemlich faul.

Man hat mich immer wieder gefragt, wie man als fauler Mensch Wettkampfgeist entwickeln könne. Ich weiß es nicht.

Ich weiß nur, daß der Pistolenschuß beim Start in mir jedesmal das Wunder des Erwachens auslöste – mit dem unbesiegbaren Wunsch, nicht hinter den anderen zurückzubleiben. Daß ich einmal Mode machen würde, war nicht abzusehen. Es hat sich ergeben. Ein Zufall. Ich bin in diesen Beruf hineingeraten. Natürlich habe ich versucht, ihn gut zu machen. Ich versuche immer, alles, was ich mache, gut zu machen. Ob ich dabei, gemessen an anderen, der Beste bin, hat mich dabei nicht interessiert. Das galt nur für den Sport. In der Mode mache ich das, was ich mache, für mich selbst. Und für jetzt. Für diesen Tag. Nicht für die Zukunft: Ich denke nie an morgen.

Begonnen hat es mit Rosita. Ich hatte mich zuvor zusammen mit einem Freund in einem eigenen kleinen Strickwarenbetrieb in Triest versucht, ehe ich Rosita, die aus einer Familie von Textilindustriellen stammt, heiratete. Mit ihr gründete ich im Jahre 1953 ein eigenes kleines Unternehmen in der Nähe von Mailand.

Sie zu heiraten entsprach ebensowenig einem Vorsatz wie alles andere. Jedenfalls, was mich betrifft. Sie war 16 und studierte Sprachen in einem katholischen Lyzeum in London, als sie mich dort im Stadion bei den Olympischen Spielen sah. Sie behauptet, sie hätte ihren Freundinnen damals gesagt, daß sie mich will – oder keinen. Ich hatte meine Zweifel. Ich fand sie zu jung, ich war immerhin 27.

> Fünf Jahre später waren wir dann doch verheiratet. Wie es genau gekommen ist, weiß ich eigentlich auch nicht. Ich habe Rosita nie gefragt, ob sie mich heiraten will. Sie sagt, sie hätte mich gefragt.

Mit ihr zusammen habe ich mir meinen Beruf in der Mode erarbeitet. Man braucht zehn Jahre, bis man einen Beruf einigermaßen beherrscht, ganz gleich ob man Kellner, Klempner oder Designer ist. Erst dann zeigt sich, ob man auch gut ist. Rosita kümmerte sich um die Form. Ich kümmerte mich um die Farben und die Garne. Das war es, was mich interessierte. Und dieses Interesse und diese Liebe für die Arbeit sind bis heute geblieben. Interesse und Liebe für das, was man tut – das ist das einzige Geheimnis für den Erfolg, zumindest in den künstlerischen Berufen wie dem meinem. Ansonsten gibt es keine Regeln: Die Regel ist, daß es keine Regeln gibt.

Ein Konzept hatten wir nicht. Wir wollten produzieren. Und überleben. Später bin ich manchmal gefragt worden, wer der Kreative von uns beiden ist. Ich habe dann geantwortet: »Ich bin der Kreative. Aber Rosita hat mich kreiert.«

Es stellte sich heraus, daß es vor allem die Farben – ungefähr 35 in jeder Saison – und die Garne waren, mit denen wir unsere sehr persönlichen Vorstellungen verwirklichen konnten. Mit ihnen haben wir das Image Missoni geschaffen. Dabei haben wir alle bestehenden klassischen Kategorien durchbrochen. Wir haben etwas ganz Neues gemacht: Diese Art von Textilien gab es damals nicht.

> Man nannte uns revolutionär. Ob es mir bewußt war? Ich wußte zumindest, daß das, was ich machte, anders war. Aber ich habe es nicht in der Absicht getan, die Mode zu revolutionieren. Ich hatte gar keine Absicht. Meine Arbeit war einfach der Ausdruck meiner etwas anarchischen Mentalität.

Natürlich spielte auch dabei wieder der Zufall eine Rolle. Der Zufall, Rosita begegnet zu sein. Der Zufall, eines Nachts einen Freund zu treffen, der mir von einer ganz bestimmten Strickmaschine aus Krefeld erzählte, wie ich sie für meine Arbeit brauchte und später auch einsetzte. Der Zufall, daß ich meine Verabredung mit ihm eingehalten und nicht verschlafen oder den Zug verpaßt habe.

Der Durchbruch kam Anfang der 60er Jahre. Damals entstand in der Mode das Prêt-à-porter, also die modische Konfektion. Eine Entwicklung, die wir nicht herbeigeführt haben. Wir kamen im richtigen Moment und hatten das Glück, daß sich gerade ein neuer Markt etablierte und wir nur wenige Konkurrenten hatten: Damals gab es in Mailand ganze sieben Mode-Designer, heute sind es 3000. Era una pista diversa.

Auch das internationale Geschäft begann sich zu entwickeln. An meiner Arbeit hat sich deshalb nicht viel geändert. Ich habe mich nie nach den Märkten gerichtet, nicht danach, was den Amerikanern, den Japanern, den Deutschen gefallen könnte. Wenn ihnen etwas nicht gefiel – dann eben nicht. Avanti!

Auch diese Einstellung verdanke ich dem Sport. Er lehrt dich weiterzumachen. Er lehrt dich auch, bei dem zu bleiben, was du kannst. Das habe ich mein Leben lang getan, auch im Unternehmen. Deshalb habe ich mich auch nie auf Angebote eingelassen, die Firma über die Dimensionen eines mittelständischen Unternehmens hinaus zu vergrößern und dafür einen Teil meiner Anteile und meines Mitspracherechts aufzugeben. Ich habe nie gespielt – und deshalb nie verloren.

Mit meiner Frau habe ich immer gut zusammengearbeitet. Sie ist sehr stark, aber sie ist auch sehr sanft, sie zwingt niemandem ihre Meinung auf. Sie ist vertrauenswürdig, zuverlässig und verfügbar. Sie war in der Mode, bis sie 70 war. Seither entwirft sie erfolgreich die Missoni-Home-Kollektion. Eine emanzipierte Frau? Ich weiß es nicht. Alles hing an ihr. Ihre Arbeit, die Kinder, die Enkel, auch der Ehemann. Ist es das, was die Emanzipation erreichen wollte? Ich glaube nicht. Ich bin auf der Seite der Frauen, und gerade deshalb finde ich, daß die Emanzipation nichts gebracht hat. Sie hat vielleicht für fünf Prozent aller Frauen etwas verändert, für die anderen ist alles beim alten geblieben:

> Männer sind immer noch so, daß Frauen sich nicht auf sie verlassen können. Sie sind nicht in der Lage, Kontinuität herzustellen. Wenn es schwierig wird, rennen sie weg. Daß Rosita und ich seit über 50 Jahren verheiratet sind, ist ihr Verdienst, nicht meines.

Das Wichtigste außerhalb meiner Familie ist für mich Freundschaft. Ich könnte mir mein Leben ohne Freunde nicht vorstellen. Dabei habe ich immer nur ganz wenige gehabt. Regeln für Freundschaft habe ich nie aufgestellt. Was einen verbindet, ist Sympathie, gegenseitiges Wohlwollen, gemeinsame Unternehmungen, gemeinsame Erinnerungen. Erwarten darf man von einem Freund nichts. Und auch nichts verlangen.

Ich sehe meine Freunde nicht sehr oft. Überhaupt unternehme ich weniger als früher. Nicht, daß ich es körperlich nicht mehr könnte. Ich laufe immer noch ein bißchen, und ich spiele jeden Morgen Tennis. Kürzlich habe ich in Linz den Weltmeistertitel der über 85jährigen Senioren im Kugelstoßen gewonnen. Daß ich weniger unternehme, hat damit zu tun, daß meine Neugier nachgelassen hat. Wenn man älter wird, geht nach und nach etwas von dem Interesse verloren, das man einmal für viele Dinge gehabt hat: für fremde Länder und Städte, Museen, Restaurants, Konzerte. Ich bedauere, daß die Emotionen, die mit dem Leben verbunden waren, abgenommen haben. Sie fehlen mir.

Man bedauert auch, daß man nicht mehr das Kind ist, das man einmal war. Daß man keine praktischen Aufgaben mehr hat. Meine Kinder geben mir »Hausaufgaben«. Sie erklären mir mehr oder weniger, was sie brauchen, und bitten mich, Farben und Stoffe für sie zu entwickeln. Deshalb entwerfe ich noch immer. Mache Skizzen, wie das, was hier auf dem Tisch liegt. Wenn es ihnen zusagt, ist es gut, wenn nicht, ist es auch gut. Die Verantwortung, was daraus wird, liegt nicht mehr bei mir. Die Veränderung in meiner Arbeit gefällt mir ganz gut. Auf diese Weise habe ich mehr Zeit für meinen Garten – meine Passion seit 50 Jahren. Er blüht das ganze Jahr über, auch im Winter, und es gibt immer etwas zu tun. Jemand hat mal gesagt: »In einem Garten ist man nie allein.« Ich finde, das stimmt.

Alles in allem kann ich am Alter nichts besonders Schönes finden. Andererseits ist es auch nicht so schlecht. Man gewinnt etwas von der Unschuld seiner Kindheit zurück. Eigentlich ein ganz guter Zustand. Leider dauert er nur so kurz.

Ich weiß nicht, ob ich bestimmte Dinge anders gemacht hätte. Das, was ich gemacht habe, habe ich mir nicht ausgesucht. Ich habe alles so gemacht, wie es in dem Augenblick, in dem es auftauchte, gemacht werden mußte. Dabei habe ich weder nach Plan noch nach bewußten Entscheidungen gehandelt. Das, was geschah, geschah gewissermaßen von allein. Aus Zufall. Wie alles im Leben – jedenfalls in meinem.

JULIETTE GRÉCO

über Einsamkeit

Juliette Gréco, geboren 1927, französische Chansonsängerin, Theater- und Filmschauspielerin. Muse der Existentialisten in den Kellerclubs von St. Germain de Près in den 60er Jahren, Weggefährtin der Schriftstellerin Simone de Beauvoir und des Philosophen Jean-Paul Sartre, Freundin von Françoise Sagan, Filmkollegin von Marlon Brando und Orson Welles, Ikone ihres persönlichen Modestils und der Farbe Schwarz. Noch immer wird sie auf ihren Tourneen in der ganzen Welt gefeiert.

Die Bar im Hotel Lutetia im Quartier Latin in Paris, dem Bezirk von Juliette Gréco. Hier ist sie weltberühmt geworden. Sie trägt, wie immer, Schwarz, vom Lidstrich bis zu den Schuhspitzen, zwei weiße Haarsträhnen ausgenommen, die das Gesicht umrahmen, Konzession an den Lauf der Zeit. Sie nimmt die Celebrity-Sonnenbrille ab, spricht mit einer warmen, dunklen Stimme, die auf der Bühne noch immer ungeheuer voluminös ist und noch immer ebenso leise, zärtlich und erotisch wie laut und fröhlich, ja vulgär sein kann.

Am wichtigsten in meinem Leben waren für mich Liebe, Freundschaft und Respekt. Am längsten begleitet hat mich die Einsamkeit. Immer schon, seit ich denken kann. Ich war ein einsames, fast autistisches Kind, habe mit niemandem gesprochen, außer mit meinem Großvater, meiner Schwester und meinem Teddybär.

Mit meiner Mutter habe ich nicht gesprochen, kein Wort. Ich wollte es nicht. Sie hat es umgekehrt auch nicht versucht. Vielleicht anfangs – ich weiß es nicht. Aber ich denke, es war ihr auch gleichgültig, weil ich ihr gleichgültig war. Mit meiner Schwester redete sie. Aber nicht mit mir. Ich glaube, sie hat mir übelgenommen, daß sie bei meiner Geburt sehr gelitten hat. Und auch, daß ich ein unerwünschtes Kind war. Das hat sie mir immer wieder gesagt. Und auch, daß ich die Frucht einer Vergewaltigung bin – durch meinen Vater. Aber ich habe das nicht verstanden, weil ich das Wort noch nie gehört hatte. Ich dachte, ich bin die Frucht eines Baumes. Wie von einem Nußbaum – das konnte ich mir vorstellen. Sie hat mir auch erzählt, daß ich ein Findelkind sei, das man von der Straße aufgelesen hat. Oder daß sie mich von Zigeunern gekauft hat. Sie wollte mich nicht. Ich war für sie das Abbild des Konfliktes zwischen ihr und ihrem Mann, meinem Vater. Das Abbild von Abscheu. Auch meine Großmutter mochte mich nicht. Sie hielt mich für verrückt. Ich mochte sie meinerseits auch nicht. Sie war mir zu kapriziös und zu laut.

Meine Mutter dagegen liebte ich sehr. Ich fand sie sehr schön, liebte ihr Parfum, ihre Haare, ihre Augen, ihren Mund, ihre Hände. Aber sie liebte eben mich nicht. Es war bitter, aber ich konnte es nicht ändern.

Ich habe mir dann meine eigene Welt geschaffen. Ich stellte mir vor, daß um mich herum eine Schutzmauer wäre, und ich suchte mir genau aus, wen ich hindurchließ und wen nicht. Diese ganz bewußte Einsamkeit hat mich geschützt.

Meine Eltern ließen sich irgendwann scheiden. Mein Vater ging weg, und ich habe ihn nie mehr wiedergesehen. Meine Mutter, meine Schwester und ich blieben zunächst bei meinen Großeltern, die ein sehr großbürgerliches Leben führten. Später zog meine Mutter mit meiner Schwester und mir von ihnen weg, zuerst nach Paris, dann aufs Land, in die Dordogne.

Meine Mutter schloß sich damals der Résistance, also dem französischen Widerstand gegen die Nazis, an und wurde eines Tages verhaftet. Kurz darauf wurden auch meine Schwester und ich verhaftet. Warum, wußte ich nicht. Ich hatte ja nichts getan. Man hat mich von meiner Schwester getrennt, in ein Gefängnis nach Frèsnes gebracht und mich in Einzelhaft gesteckt, in eine

Zelle, in der man die zum Tode Verurteilten einsperrte. An der Decke brannte eine Glühbirne, auch in der Nacht, die ein knisterndes Geräusch machte. Seither kann ich nur noch bei Licht schlafen. Man sollte denken, es wäre umgekehrt, also daß ich bei Helligkeit nicht schlafen kann, aber es ist so. Später kam ich zu drei Prostituierten in die Zelle. So etwas haben sie damals absichtlich gemacht. Ich war ja ein behütetes Mädchen aus gutem Hause. Sie haben sich davon wohl zusätzliche Spannungen versprochen. Die gab es allerdings nicht, ich war ja stumm wie immer, saß in meiner Ecke und habe die anderen beobachtet.

Ich ging dabei sozusagen in die höhere Gossenschule und habe unendlich viel über Männer gelernt. Ich hatte ja überhaupt keine Ahnung. An meinen Vater hatte ich wenig Erinnerungen, nur an meinen Großvater: Männer waren in meinen Augen freundliche Großväter mit schützenden Händen, die man alles fragen konnte. Diese Damen haben mich eines Besseren belehrt. Die spielten den ganzen Tag Karten und erzählten einander aus ihrem Leben. Kapiert habe ich davon kaum etwas, nur soviel, daß man sich vor Männern hüten mußte. Es war ein Schock: Ich bin gewissermaßen aus dem 15. Stock aufs Pflaster gefallen. Aber es hat mir viel Ärger erspart. Ich habe viele Fehler, die man als unbedarftes junges Mädchen hätte machen können, nicht gemacht. Ich war extrem schamhaft. Und wenn mich später, nachdem ich nach drei Wochen aus dem Gefängnis – einfach so – entlassen worden war, ein Mann einladen wollte, habe ich sofort abgelehnt.

Nach der Entlassung kaufte ich mir eine Fahrkarte und fuhr nach Paris. Ich war 15, ich wußte nichts von meiner Mutter und meiner Schwester, ob sie lebten, ob sie in einem Lager oder tot waren. Eine Lehrerin hat sich meiner angenommen. Später wohnte ich dann in einem billigen, kleinen Hotel und versuchte, Tänzerin zu werden. Das hätte mir gefallen, beim Tanzen muß man ja nicht reden. Später entschloß ich mich dann, Schauspielerin zu werden.

Ob ich unter meiner Einsamkeit gelitten habe? Aber nein: Sie war doch mein Schutz. Später kam die Farbe Schwarz dazu, die Farbe der Einsamkeit. Auch sie schützt. Seit ich 15 oder 16 war, trage ich Schwarz. Damals trug ich schwarze

Pullover, schwarze Hosen, schwarze Augenschminke. Später, auf der Bühne, trug ich dann auch Kleider. Schwarze Kleider.

Schwarz wurde Mode. In Paris war es die Zeit des Existentialismus. Auch daß Frauen Männerkleidung trugen und die Hosenbeine hochkrempelten, wurde Mode. Ich hatte damit angefangen, weil ich kein Geld hatte, um mir Kleider zu kaufen, aber einen Freund, der mir aus der Fabrik seines Großvaters Herrenklamotten schenkte. Die habe ich angezogen. Dazu trug ich meine dicken schwarzen Haare lang und glatt bis zur Taille.

Ich sah ziemlich bizarr aus. Aber ich habe eine Mode ausgelöst. Dabei fand ich mich ganz und gar nicht schön, ganz im Gegenteil – für mich ein ewiger kleiner Schmerz.

Dazu war ich immer sehr blaß und bin es bis heute geblieben. Ich habe mich nie in die Sonne gelegt, auch nicht in St. Tropez, wie es damals Mode war. Picasso hat einmal zu mir gesagt: »Alle nehmen Sonnenbäder. Du nimmst Mondbäder.« Das sagte er wohl auch, weil ich jede Nacht in den Nachtclubs unterwegs war. Wir waren Zugvögel der Nacht.

Zu der Erfahrung der Einsamkeit kam in dieser Zeit zum erstenmal die Erfahrung einer Freundschaft hinzu, als ich die Schriftstellerin Annemarie Cazalis kennenlernte. Eine sehr überraschende Erfahrung. Ich hielt mich ja für ganz und gar nicht liebenswert, gestand mir kaum das Recht zu, zu existieren. Ich war deshalb ganz erstaunt, daß sich jemand mit mir anfreundete. Annemarie hat mich auch ermutigt zu singen. Sie war ihrerseits mit vielen Leuten befreundet, die ich nach und nach auch kennenlernte. Den Dichter Boris Vian, die Schriftstellerin Simone de Beauvoir, die ich sehr bewundert habe, und Jean-Paul Sartre, der ein sehr netter, liebenswürdiger Mann war – er liebte die Frauen und das Essen. Er hat zwei Chansons für mich geschrieben. Leider hat der Musiker, der sie vertonen sollte, sie verloren. Und Sartre hatte keine Kopie.

Man traf sich damals in Kellerlokalen, es wurden immer lange Nächte. Viele Leute waren Intellektuelle, und es wurde heftig über den Existentialismus diskutiert. Er hat auch mich beeinflußt. Weil ich so nahe dran war. Und weil er meinen idealistischen Vorstellungen entsprach, vor allem meinem Verantwortungsgefühl: Ich hatte keinerlei Selbstvertrauen, war voller Unsicherheit und auf der Suche nach dem Sinn des Lebens. Ich bin dann in die kommunistische Partei eingetreten und habe auf einem Pariser Schulhof sogar schießen gelernt. Dabei hatte ich weniger konkrete politische Ziele als vielmehr die Sehnsucht, zu einer klassenlosen Gesellschaft beitragen zu können. Ich wollte mich in ihren Dienst stellen. Ich hatte schon immer einen sehr ausgeprägten Sinn für Gerechtigkeit und habe es bereits als kleines Mädchen als absolutes Unrecht empfunden, daß meine feine, reiche Großmutter ihre Angestellten wie Sklaven behandelte und sie vor die Tür setzte, wann es ihr gefiel. Ich wollte mich für unsere Ideale einsetzen, wollte helfen, wollte dienen.

Es war eine Utopie. Übriggeblieben ist mein Wunsch zu dienen. Ich habe auch in meiner Arbeit keinen anderen: Es geht mir nicht um mich, sondern darum, Gedanken und Worte, die sonst in Büchern verschlossen bleiben würden, ans Licht und mittels der Musik unter die Leute zu bringen. Ich empfinde diesen Dienst als großen Luxus, weil ich mich aus freien Stücken dafür entschieden habe. Übriggeblieben ist außerdem ein grundsätzlicher Respekt vor anderen Menschen, den ich so lange empfinde, wie ich nicht enttäuscht werde. Wenn ich ihn verliere, bin ich allerdings unversöhnlich.

Ich verzeihe nie. Vor allem nicht, wenn ich verraten werde. In der Freundschaft zum Beispiel. Oder in der Liebe.

Verraten nicht in dem Sinn, daß man mit jemand anderem schläft, mein Gott, das tun alle. Ich meine: tiefer, unwiderruflicher Verrat. Verrat an einem gegebenen Wort. An einer Gesinnung. Ich halte mein Wort immer.

Ich war zweimal verheiratet. Einmal mit Philippe Lemartine, dem Vater meiner Tochter, ein anderes Mal mit dem Schauspieler Michel Piccoli. Von beiden habe ich mich scheiden lassen. Von Philippe Lemartine gleich nach der Geburt unserer Tochter Laurence Marie. Meine Schwester sagte damals: »Deine Tochter wurde dir zugesprochen, und das Fest, das ihr zu eurer Hochzeit gegeben habt, war zauberhaft. Ich wüßte nicht, was du dir noch wünschen könntest.« Vielleicht hatte sie recht.

Zu meiner Tochter war ich natürlich anders als meine Mutter zu mir. Ich habe ihr immer gesagt, daß ich sie liebe. Aber da ich allein war und arbeiten mußte, war ich viel auf Reisen. Ich war eben eine alleinerziehende Mutter. Ich habe trotzdem versucht, dafür zu sorgen, daß es ihr gutging, aber sie hat immer, wenn ich weg war, gesagt: »Meine Mutter hat mich verlassen.« Das hat mir sehr weh getan. Ich hatte ein schrecklich schlechtes Gewissen. Eines Tages wurde meine Tochter als Mutter einer kleinen Tochter selbst geschieden und mußte ihrerseits arbeiten. Jetzt sagt sie nicht mehr, daß ich sie verlassen habe. Jetzt kann sie mich verstehen. Das ist ein Trost.

Ich bin jetzt 79, es bedeutet mir nichts, ich halte mich für alterslos. In den letzten zehn Jahren habe ich mich ein wenig verändert: Ich werde nicht mehr so schnell wütend wie früher. Und ich denke ein bißchen nach, bevor ich zuschlage. Ich meine das wörtlich:

> Wenn ich meine kleine Faust balle, sehen Sie da meinen spitzen Knöchel unterhalb des Mittelfingers? Das ist eine wunderbare Waffe!

Ich habe sie etwa viermal in meinem Leben eingesetzt. Aber immer nur gegen Männer, wenn sie mich provoziert haben. Dann habe ich ihnen gesagt, daß ich ihnen, wenn sie nicht aufhörten, blöde Sachen zu reden, die Fresse polieren würde. Das wollten sie natürlich nicht glauben, weil ich eine Frau und klein bin, und haben nur herablassend auf mich hinuntergesehen. Ich erinnere mich an einen Fallschirmspringer in einem Nachtlokal. Der wurde kreidebleich, nicht nur, weil er plötzlich blutete, sondern auch, weil er so überrascht war. Das war jedesmal eine große Genugtuung. Aber, wie gesagt, ich habe nur Männer geschlagen. Ich schlage keine Frauen. Auch keine Kinder. Oder Hunde.

Natürlich ist mein Körper älter geworden. Ich fände es besser, wenn er weniger alt und noch begehrenswerter wäre. Andererseits ist das auch kein echtes Problem für mich. Ich habe mich nie besonders gemocht und fand mich ja auch nie schön. Deshalb ist es mir im Grunde auch egal, daß ich mich durch das Alter äußerlich verändert habe. Und sonst? Vielleicht ist mein Bedürfnis nach Stille, das ich immer hatte, noch größer geworden. Ich vermeide Lärm, wo immer ich kann.

Stille ist etwas sehr Kostbares, ich genieße sie. Auf der Bühne dagegen genieße ich die Macht, die Stille zu verändern.

Es ist manchmal schwierig, dieses Bedürfnis nach Stille mit Zusammenleben zu verbinden, es ist auch schwierig bei meiner Arbeit. Aber ich habe einen Weg gefunden, da und trotzdem abwesend zu sein. Ich klinke mich dann mit meiner Wahrnehmung einfach aus. Dann sitze ich mit einem komplett abwesenden und blöden Gesichtsausdruck da. In meinem privaten Leben mache ich es ähnlich, wenn ich das Bedürfnis danach habe. Oder ich gehe weg. Gehe spazieren und komme erst am Abend wieder. Ich lebe mit Gérard Jouannest zusammen: er ist der Pianist in meinem Ensemble. Mit ihm habe ich die längste Beziehung, die ich jemals hatte, seit wann, weiß ich gar nicht, jedenfalls seit langem. Wir teilen vieles. Vor allem die Arbeit. Das ist eine sehr starke Verbindung.

Ich möchte auftreten, bis ich sterbe, aber natürlich habe ich mein Leben nicht in der Hand. Vor dem Sterben habe ich keine Angst, im Gegenteil: Ich wundere mich eigentlich, daß ich noch lebe. Es ist noch niemandem gelungen, mich davon zu überzeugen, daß es einen nächsten Tag geben wird. Ich habe nie an die Zukunft geglaubt, ich dachte jeden Tag, mein Leben wäre morgen vorbei. Wenn ich abends schlafen gehe, sage ich mir, na ja, wir werden ja sehen. Und bin immer wieder aufs neue überrascht, wenn ich morgens aufwache.

Meine Ängste haben sich im Laufe der Zeit nicht geändert. Die größte Angst in meinem Leben, war, nicht geliebt zu werden. Die habe ich noch immer.

Norman Mailer

über Wut und Liebe

Norman Mailer, geboren 1923, amerikanischer Schriftsteller, galt als literarische Legende zu Lebzeiten, seit er als 25jähriger Weltruhm erlangte: Sein Roman »Die Nackten und die Toten«, der die »schmutzige Seite des Krieges« aufzeichnet, wie Mailer sie erfahren hat, traf den Nerv der Zeit unmittelbar nach dem Zweiten Weltkrieg. Er war der Sohn jüdischer Eltern in New Jersey, besuchte die Elite-Universität Harvard und studierte Ingenieurwesen mit Schwerpunkt Luftfahrttechnik, ehe er als US-Soldat den Krieg im Pazifik erlebte. Angewendet hat er sein Studium nie: Der schriftstellerische Ruhm kam ihm zuvor. Er hat ihn, wie er einmal schrieb, in eine Identitätskrise gestürzt – »Ich fühlte mich nicht wie Norman Mailer, sondern wie der Sekretär von Norman Mailer«. Doch gab ihm der Ruhm auch die Möglichkeit, sich und die verschiedensten Facetten des Lebens auszuprobieren: als äußerst produktiver Schriftsteller, der zweimal mit dem Pulitzer-Preis und einmal mit dem National Book Award ausgezeichnet wurde, als Schauspieler, Drehbuchautor, Filmregisseur und Journalist. Als leidenschaftlich politisch engagierter Bürger, der sich als »linker Konservativer« bezeichnet und 1969 sogar für den Posten des Bürgermeisters von New York kandidierte. Als provozierender Zeitgenosse und zeitgenössischer Provokateur. Und als Objekt der Skandalpresse, die mit seinen Frauengeschichten, Drogen- und Alkoholexzessen jahrelang ihre Spalten füllte. Er lebte, bis zu seinem Tod im Jahre 2008, in sechster Ehe verheiratet und als Vater von neun Kindern, in Provincetown, Massachusetts.

Wild war er und streitlustig, geprügelt hat er sich mehr als ein dutzendmal in seinem Leben. Die letzte Prügelei ist lange her: »Wer prügelt sich schon mit einem alten Mann?« Alter schützt vor Torheit – oder?

»Wie soll ich Sie nennen?« fragt er zur Begrüßung. Gegenfrage: »Und ich Sie?« Lächeln: »Wie wär's mit Norman?«

Wir treffen uns in der Wohnung einer seiner Freunde in New York, Panorama-Blick in den Central Park und den Spätsommerhimmel über der Stadt. Norman Mailer weicht der pittoresken Perspektive aus, wechselt von seinem Sessel mit Aussicht in einen anderen, weil seine Augen die Helligkeit nicht vertragen. Es fällt ihm schwer aufzustehen, es fällt ihm auch schwer zu gehen, er stützt sich auf zwei Stöcke. Um so schneller denkt und redet er. Und die hellblauen Augen, deren Blicken zahllose Frauen erlegen sind, blitzen noch immer äußerst lebendig.

Wut hat in meinem Leben eine große Rolle gespielt. In unserer Zeit, in der es ein so großes Spektrum an Möglichkeiten auf der einen Seite und so viele Frustrationen auf der anderen Seite gibt, ist es fast unmöglich, nicht wütend zu sein. Das gilt für die meisten Leute. Was mich betrifft, so war ich mein ganzes Leben lang von Wut getrieben. Aber auch von anderen Dingen. Vom Wunsch, gute Arbeit zu machen. Und von der Sehnsucht nach Liebe.

Immerhin habe ich vor etwa 30 Jahren festgestellt, daß man keine Liebe findet, wenn man sie sich nicht verdient. Ich war fünfmal verheiratet und hatte viele Enttäuschungen erlebt, ehe ich meine jetzige Frau geheiratet habe. Mit ihr bin ich seit über 30 Jahren zusammen. Es ist eine gute Ehe. Nicht perfekt natürlich, eine Ehe ist ihrer Natur nach eine unperfekte Beziehung. Sie kann gar nicht perfekt sein. Eine gute Ehe zu führen heißt, einander mehr zu helfen, als einander zu verletzen. Wesentlich dabei ist das Gleichgewicht der Kräfte, auch der Gewalt. Ich erinnere mich an einen sehr lustigen Film mit Jack Nicholson, in dem er einen Mafia-Killer spielt und eine Frau liebt, die ebenfalls eine Mafia-Killerin ist. Eine gute Basis für eine Beziehung: weil beide das Gefühl haben, daß sie dem anderen gewachsen sind und die Hoffnung haben zu gewinnen.

Dagegen ist es tödlich für eine Beziehung, wenn einer von beiden gewalttätiger ist als der andere. Dabei entsteht nur Wut auf der einen Seite und Angst auf der anderen. Wenn beide Partner einander jedoch gewachsen sind, werden beide eine Menge Wut, Ärger und Unzufriedenheit los, und am Ende sind sie einander näher. Die Ehe ist eine exkrementöse Beziehung: Man heiratet, um sich gegenseitig mit Schmutz zu bewerfen, aber wenn beide einander gewachsen sind, kann nicht viel passieren. Sie ist auch eine feige Beziehung: denn die Kämpfe werden auf der vertrauten heimischen Müllhalde ausgetragen. Die Ehe ist ein sicheres Terrain:

> Wenn du deine Frau packst und sie zurückschlägt oder sie dich anschreit und du zurückbrüllst, dann macht das nicht viel. Man ist aneinander gewöhnt und hat einen Modus vivendi gefunden.

Es ist schließlich der Grund, weshalb man verheiratet ist. Es ist jedenfalls viel einfacher, als wenn man alleine lebt und andere Wege finden muß, um die aufgestaute Wut loszuwerden. Ob das nötige Gleichgewicht vorhanden ist, kann man allerdings nicht herausfinden, solange man nicht verheiratet ist. Insofern ist und bleibt Heiraten ein Pokerspiel.

Eine meiner Lieblingsbehauptungen ist, daß es vier Phasen gibt, eine Frau kennenzulernen. Die erste Phase ist die Affäre. Dann heiratet man, und das ändert alles. Dann hat man Kinder, und das ändert wieder alles. Dann wirst du geschieden und merkst, daß du nichts, aber auch gar nichts über deine Frau weißt, ehe du nicht mit ihr vor dem Scheidungsrichter stehst. Es war jedesmal eine überraschende Erfahrung für mich: Du stellst fest, daß sie viel netter oder aber – meistens – viel weniger nett ist, als du gedacht hast. Deshalb weiß ich auch nichts über meine jetzige Frau, obwohl ich schon 30 Jahre mit ihr zusammen bin.

Immerhin weiß ich, daß sie die beste Stiefmutter der Welt ist. Als ich sie kennenlernte, war ich fünfmal verheiratet gewesen, hatte fünf oder sechs Freundinnen in New York und sieben Kinder aus meinen geschiedenen Ehen. Es war schwierig für sie. Aber sie ist wunderbar damit fertiggeworden. Sie war Lehrerin und es gewöhnt, mit 25 Kindern auf einmal fertigzuwerden. Insofern waren sieben ein wesentlich geringeres Problem. Die Kinder beten sie an, und ich sage Ihnen, wenn meine Frau und ich am Ertrinken wären, würden die Kinder zuerst sie retten! Sie war auch Malerin, Schauspielerin und Fotomodell, jetzt ist sie Schriftstellerin. Sie hat gerade einen sehr guten Erstlingsroman geschrieben.

Wir beeinflussen einander nicht besonders. Wir sind beide stur. Sie hat eine Reihe von Angewohnheiten und Wertvorstellungen, die mit den meinen in keiner Weise übereinstimmen. Vor allem was Literatur betrifft, gehen unsere Ansichten sehr weit auseinander. Sie würde zum Beispiel auch dann nicht Proust lesen, wenn ich ihr eine Pistole an den Kopf hielte. Sie liebt Bestseller. Und ich hasse Bestseller, mein Lieblingsschriftsteller ist Tolstoi. Mir machen diese Unterschiede nichts aus. Man kriegt nie seine Traumfrau. Auch nicht seinen Traummann. So etwas gibt es gar nicht. Aber solange die Balance stimmt, kann es gutgehen.

> Natürlich ist es schwer, mit einem Schriftsteller verheiratet zu sein. Schriftsteller sind egozentrisch wie alle Künstler. Je talentierter er ist, desto mehr liebt er etwas anderes neben seiner Frau: sein Talent.

Dabei steht er sich zugleich auch ganz distanziert gegenüber und fragt sich manchmal: »Woher kommen diese Zeilen? Das kann ich nicht geschrieben haben, so klug bin ich doch gar nicht.« Er empfindet auch eine Loyalität gegenüber seinem Talent. Deshalb fühlen sich die Ehefrauen von Schriftstellern immer grundsätzlich vernachlässigt. Habe ich mich deshalb schuldig gefühlt? Nun, vermutlich nicht schuldig genug.

Wonach ich bei Frauen gesucht habe, was ich Liebe nennen würde? Ich denke, vor allem Übereinstimmung. Als ich jünger war, war Sexualität sehr wichtig. Eine gewisse Offenheit des Geistes ist wichtig, die übrigens sehr schwer zu finden ist. Wärme. Humor. Ich habe mich in meinem Leben viel mit Frauen beschäftigt. Auch in meinen Büchern. Ich glaube, daß es wenige männliche amerikanische Schriftsteller gibt, die komplexere Frauenporträts gezeichnet haben. Natürlich habe ich mich auch mit der Gleichberechtigung auseinandergesetzt. Ich bin der Meinung, daß die Gleichberechtigung der Frauen für die Männer Sklaverei bedeutet. Ich will Ihnen anhand eines Beispiels erklären, warum.

Im Süden der USA gab es, bevor die Menschenrechte eingeführt wurden, ein fundamentales Gleichgewicht zwischen Schwarzen und Weißen: Die Weißen hatten die gesellschaftliche und die Schwarzen hatten die sexuelle Überlegenheit. Daher war es eine ausgewogene Gesellschaft. Als dann die Schwarzen einige der Rechte der Weißen beanspruchten, sagten sich die Weißen: »Das ist ja sehr unfair, wir verlieren die fundamentale Balance.« Ähnlich geht es den Männern heute mit den Frauen. Männer haben seit Jahrhunderten versucht, die Frauen zu unterdrücken, ohne daß es ihnen gelungen wäre: Frauen sind dem Universum näher; sie empfangen die Kinder und gebären sie; sie wissen mehr im animalischen Sinn; sie sind weiser, ausgeglichener und haben ein besseres Urteilsvermögen.

> Natürlich sind Männer erfahrener, abenteuerlustiger, und ihr Leben ist aufregender. Aber im Innersten hatten sie immer eine tiefe Ehrfurcht vor Frauen.

Die haben sie immer noch – und außerdem weniger Macht. Die Balance hat sich verändert. Deshalb bin ich natürlich durchaus nicht der Meinung, daß man Frauen in Käfige sperren sollte. Es stimmt, ich habe es einmal gesagt, aber es war ein Witz! Ich war mit Orson Welles in einer Talkshow, das war 1969 oder so. Er schwärmte die ganze Zeit davon, wie wunderbar Frauen seien, und ich dachte mir: »Ausgerechnet der! Ich glaub es nicht!« Schließlich sagte ich: »Also komm, Orson, Frauen sind schlampige Bestien, man sollte sie in Käfige sperren.« Es war Spaß oder Blödheit, was immer Sie wollen. Jedenfalls hat dieser

Satz mich seither verfolgt: Alle Feministinnen waren mir plötzlich auf den Fersen! Ich muß zugeben, es war der falsche Satz zur falschen Zeit und, wie gesagt, nicht ernst gemeint. Trotzdem habe ich nicht im Traum daran gedacht, welche Wut und welche Frustrationen diese Bemerkung hervorrufen würde – ich habe jedenfalls teuer dafür bezahlt!

Dabei mag ich Frauen sehr viel lieber als Männer. Ich komme aus einer Familie voller Frauen! Meine Mutter hatte drei wunderbare Schwestern, und mein Vater hatte eine Schwester, die ebenfalls fabelhaft war. Ich hatte also vier herrliche Tanten und dazu noch meine Mutter, die eine sehr gute, hart arbeitende, liebevolle Frau war. Als Kind genoß ich die Liebe all dieser Frauen. Und ich liebte sie meinerseits. Der Grund, warum ich diese Liebe als Erwachsener bei so vielen Frauen gesucht und deshalb sechsmal geheiratet habe, war, daß ich an Liebe gewöhnt war und immer erwartete, daß sie leichter zu finden wäre, als es der Fall war.

Ich war kein wütendes Kind. Ich war ein sehr geliebtes Kind, wie meine Schwester auch. Später hat sie einmal zu mir gesagt: »Unsere Eltern haben uns auf alles vorbereitet, nur nicht auf die Welt.« Ein sehr behütetes Kind zu sein ist etwas Wunderbares. Aber man wird auch falsch konditioniert. Es ist, als ob man auf ein zu schnelles Pferd gesetzt wird – man kann nur herunterfallen.

Später war ich darüber wütend, daß meine Eltern mich so larmoyant und so wenig athletisch erzogen hatten. Während andere Kinder gedrillt werden, sportlich und athletisch zu sein, weil es das ist, was in der Familie zählt, wurde mir immer nur gesagt: »Liebling, tu dir nicht weh!« Ich wollte immer ein guter Athlet sein, aber ich brachte aus meiner Kindheit keine Voraussetzungen dafür mit. Das hat mich ziemlich frustriert. Es war einer der Gründe, weshalb ich später mit dem Boxen angefangen habe.

Die Begegnung mit der Welt war für mich ein Schock. Es begann im College, als ich feststellte, wie wenig ich wußte, wie viel ich hätte wissen müssen und wie wenig vorbereitet und ausgerüstet ich war. Und es ging weiter in der Armee. Ich war nie ein so guter Soldat, wie ich es von mir erwartet hatte. Als ich aus der

Armee entlassen wurde, war ich wütend. Wütend auf mich selbst. Wütend auf die Welt. Und auf vieles andere. Was mich in meiner Wut am meisten irritierte, war der Mangel an Liebe unter den Leuten, vor allem auch in der Begegnung mit Fremden. Dazu kam der Erfolg, auch das Geld. All das zusammen führte zu einer tiefen Identitätskrise. Heute kennt man das. Aber damals gab es dafür keinen Namen, und ich wußte nicht, was ich hatte.

Ich habe sehr viel Alkohol getrunken, auch Drogen genommen. Ich wußte immer, daß ich eine Art Vorschuß auf die Zukunft nahm und daß ich dafür würde bezahlen müssen. Und ich bezahle auch dafür: Meine Knie sind kaputt, ich gehe an Stöcken, ich sehe schlecht, ich höre schlecht. Aber ich wußte auch immer, wofür ich zu zahlen haben würde.

Ich denke, ich mußte trinken, um die Wut zu besänftigen. Sicher auch, um die Liebe zuzulassen. Wenn ich an die vielen Frauen denke, mit denen ich Affären gehabt habe, so war ich, wenn es zum erstenmal passierte, eigentlich immer betrunken. Dasselbe mit Marihuana. Es hat mir viel gegeben. Und es hat mich viel gekostet. Bedauere ich es? Nein!

Wissen Sie, Laster haben eine tiefe Bedeutung. Wenn ich nicht getrunken hätte, wäre ich sicher mit 30 oder 40 oder 50 an Krebs gestorben.

> Alkohol war etwas, was ich brauchte, um mich der Welt zu stellen. Man braucht ihn auch, um die Verletzungen im eigenen Ego zu reparieren. Oder um diese Anspannung auszuhalten.

Auch ich bin enorm angespannt. Dabei ist Anspannung nichts absolut Schlechtes. Wenn man zu etwas entschlossen ist, verleiht sie einem auch Kraft. Sie löst sich oft durch einen gewissen Willensakt auf und kann deshalb im Hinblick auf das Schreiben durchaus etwas Gutes sein.

Die alten Griechen haben Mäßigung angestrebt. Früher fand ich dieses Wort schrecklich. Inzwischen habe ich festgestellt, daß es einen Unterschied zwischen dummer, banaler, zwanghafter Mäßigung und kreativer Mäßigung gibt.

Kreative Mäßigung setzt eine Entscheidung voraus, ob und wann man sich mäßigen will. Ich trinke immer noch. Aber ich entscheide darüber, wie oft ich mich wirklich betrinke: einmal im Monat, zweimal? Früher waren es sieben-, acht-, zehnmal im Monat. Daß ich mich entscheide, ist das Wichtige: das bezeichne ich als kreative Mäßigung.

Aber ich bin nicht nur mäßiger. Wenn man so alt ist wie ich, stellt man fest, daß verschiedene Optionen nicht länger offenstehen. Als ich jünger war, hatte ich genug Wut, um Politiker zu werden. Man muß nämlich wütend sein, um ein Politiker zu sein. Als ich 1969 als Bürgermeister für New York kandidierte, habe ich auch gedacht, ich würde ein guter Politiker sein. Heute weiß ich, daß ich das nicht gewesen wäre. Ich bin nur ein paar Stunden am Tag gut. Aber das reicht nicht, wenn man Politiker ist. Also habe ich den Ehrgeiz, es zu werden, aufgegeben. Ich habe auch viele andere Ambitionen aufgegeben. Zum Beispiel die, Filme zu machen. Eine dagegen, die mir immer noch zusagt, ist das Schreiben. Ich schreibe ununterbrochen.

Daß ich älter werde, ist mir zum erstenmal bewußt geworden, als ich anfing, an Stöcken zu gehen. Das war vor fünf Jahren. Schon länger hatte ich Anzeichen bemerkt, daß sich etwas beim Laufen veränderte. Ich habe regelmäßig geboxt, bis ich 58 war. Nicht mit professionellen Ambitionen, es war einfach mein Sport. Außerdem bin ich jeden Tag gejoggt, ich war es also gewohnt, sehr schnell zu Fuß zu sein. Eines Tages jedoch ging ich durch die Straßen von Moskau und stellte fest, daß alle anderen schneller waren als ich, obwohl ich so schnell ging, wie ich nur konnte. 15 Jahre später ging ich an Stöcken. Ich begann dann zu schwimmen, mit Schnorchel, täglich eine halbe Meile. Ich schwimme besser als viele Junge.

Auch als ich noch jung war, habe ich mich niemals einer bestimmten Altersgruppe, sondern immer mehreren Altersgruppen zugleich zugehörig gefühlt. Das ist bis heute so. An einem schlechten Tag, wenn ich mal wieder nicht weiß, wie ich die Treppen hochkommen soll, habe ich das Gefühl, ich bin 87. Dann wieder gibt es Augenblicke, in einem Gespräch zum Beispiel – wenn ich merke, daß mein Verstand funktioniert und mein Temperament noch so lebhaft ist wie früher –, da fühle ich mich wie 35. Ich fühle mich nicht wie 83. Man hat kein objektives Empfinden für das eigene Alter. Es ist ja nur eine Zahl, keine physische Absolutheit.

> Älterwerden ist ein Spiel, das man nicht gewinnen kann. Es geht einher mit einer Spur von Ungläubigkeit, von Ärger, von Resignation.

Auch mit der Frage, wie sich das Alter auf mein Leben auswirkt. Trotzdem sitze ich niemals da und bemitleide mich. Selbstmitleid, das möchte ich hier einmal ganz deutlich machen – und das ist der Grund, weshalb ich dieses Interview gebe –, ist Gift für jeden alten Menschen und seine Umgebung! Es vergiftet nicht nur alle, es langweilt auch alle um einen herum. Wenn man sich dagegen nicht bemitleidet, sondern etwas tut, was klug, heiter, stark und lebendig ist, dann macht man die Leute um sich herum glücklich, und sie kümmern sich um einen. Als ich jünger war, war ich viel frustrierter als heute, das lag auch an dem verdammten Selbstmitleid. Heute habe ich nicht das mindeste Mitleid mit mir selbst.

Alter ist keineswegs etwas Schlechtes. Man wird mehr respektiert, man bekommt mehr Aufmerksamkeit und Zuwendung als früher. Die Wut läßt nach. Ich bin heute weit weniger wütend, als ich es die meiste Zeit meines Lebens über war. Oder sagen wir besser: Meine Wut ist weiser und humorvoller geworden. Die Anspannung wird geringer. Auch das Konkurrenzdenken. Ich sage mir mittlerweile: »Hör auf, dir darüber Sorgen zu machen, ob du der beste Schriftsteller in diesem Land bist oder nur eine Kuriosität. Das wird die Geschichte beurteilen.« Es ist nicht in erster Linie eine Frage der schriftstellerischen Qualität. Es ist eine Frage der Umstände. Zum Beispiel kenne ich keinen einzigen talentierten russischen Schriftsteller von 1910, der ein Royalist gewesen wäre, dabei hat es sicher gute gegeben, sie sind heute nur vergessen. Und dasselbe war mit Sicherheit auch unter Stalin so. Alles hängt davon ab, was passiert. Man selbst hat darauf gar keinen Einfluß. Deshalb bin ich, was das Urteil der Nachwelt über mich angeht, inzwischen auch ganz locker. Ich tue meine Arbeit, das ist alles.

> Die Bestie in mir wird eben auch älter. Ich hoffe nur, daß sie nicht ganz eingeht.

Auch der Neid der anderen ist vorbei. Als ich jünger war, haben mich viele um mein Talent beneidet. Wenn man alt ist, beneidet einen niemand mehr. Jetzt sagen sie: »Ist es nicht wunderbar? Er hat immer noch ein bißchen Talent!«

Meine Arbeit ist ein Segen. Das war mir früher nicht so bewußt. Ich habe immer geschrieben und tue es noch. Im Augenblick schreibe ich an einem neuen Roman. Dabei fühle ich mich wie ein altes Boot auf rauher See. Ich werfe immer mehr Ballast ab: Meine Knie, mein Gehör, meine Augen werden schlechter und schlechter. Aber ich gebe das Steuer nicht aus der Hand: Nichts von dem, was ich über Bord werfe, brauche ich, um an meinem Buch zu arbeiten.

Der Roman ist meine Perspektive. Das Thema ist groß genug, daß es bis ans Ende meines Lebens reicht. Wenn ich alles in ihn hineinschriebe, was es zu sagen gäbe, würde er 3000 Seiten umfassen. Ich will aber nicht darüber reden. Es ist gefährlich, über einen Roman zu sprechen, während man daran schreibt. Nur soviel: Es sieht ganz so aus, daß ich niemals zum Ende kommen werde.

Ich schreibe zweimal am Tag, jedesmal zweieinhalb Stunden – die Hälfte dieser Zeit benötige ich, um mich vorzubereiten und erst einmal in das Schreiben hineinzukommen. Es ist ein ständiges Hin- und Herschieben und Mischen des Bewußtseins mit dem Unterbewußtsein. Das Unterbewußtsein ist eine fast eigenständige Kreatur in einem selbst, die ihre eigenen Bedürfnisse und Forderungen hat. Als Schriftsteller muß man sehr sorgfältig damit umgehen. Wenn das Unterbewußtsein begreift, worauf es ankommt, kann das Bewußtsein das Material dazu liefern und es sichtbar machen.

Meine Einstellung zum Schreiben hat sich im Laufe der Zeit sehr geändert. Früher habe ich auf meine Fähigkeit zu schreiben ein bißchen herabgesehen, einfach weil *ich* sie hatte und lieber andere Sachen machen wollte – Politik oder Filmregie oder dergleichen –, die ich nicht konnte. Jetzt bin ich dankbar für das Schreiben, weil ich es kann. Dabei hatte ich früher als Schriftsteller ein viel größeres Talent, im athletischen Sinn. Jetzt habe ich weniger Talent, aber eine sehr viel größere Verantwortung und gehe viel sorgfältiger mit dem Schreiben um. Ich redigiere auch mein Romanmanuskript fortlaufend. Wenn ich also morgen mit einem Herzinfarkt umfalle, habe ich zumindest kein schlampiges Manuskript hinterlassen.

Ob sich meine Wertvorstellungen im Laufe der Zeit verändert haben? Na ja, einige ja, einige nein. Darüber nachzudenken ist, als wenn man auf den Speicher geht, um nachzusehen, was man vor Jahren getragen hat. Was mir jedoch mein Leben lang am Herzen gelegen hat, ist Gerechtigkeit. Daran hat sich nichts geändert. Ich finde, Gerechtigkeit ist für jede Gesellschaft wichtig. Wenn Sie eine ungerechte Gesellschaft haben, entsteht daraus nur Übles. Ich würde mir eine sozialistische Gesellschaft wünschen, weil ich sie im Prinzip für die gerechtere halte. Früher war ich sehr radikal, ich wollte die Gesellschaft durch Revolution verändern. Aber die Sowjetunion hat sehr schlechte Werbung für den Sozialismus gemacht. Außerdem bin ich nicht ganz und gar gegen den Kapitalismus, sondern nur gegen den Kapitalismus der großen Gesellschaften – aber nicht gegen den Kapitalismus der kleinen Unternehmer: ich halte ihn für sehr kreativ, weil Kleinunternehmer mehr Risiken eingehen und mehr Perspektiven für ihre Zukunft entwickeln müssen als andere.

Natürlich bin ich nicht sehr glücklich über die politische Entwicklung in den USA. Als Bush zum erstenmal gewählt wurde, waren die Demokraten zu apathisch, deshalb haben sie die Wahlen verloren. Beim zweitenmal waren sie nicht mehr apathisch, aber das hat ihnen nichts genützt, weil die Bush-Regierung gewieft und gemein ist, und in der Politik gewinnen immer nur die Gemeinen. Deshalb ist Politik überhaupt so gemein. Ich hatte erwartet, daß die Republikaner gewinnen würden. Wohin das führen wird, muß man sehen. Wenn nichts Besonderes passiert – wenn wir keine furchtbare Depression oder einen neuen terroristischen Anschlag haben –, dann werden wir uns bis 2008 durchlavieren.

Aber wenn etwas Schlimmes passiert – dann sind wir in großen Schwierigkeiten.

Was den Terrorismus und die Angst davor betrifft, so glaube ich, daß wir damit leben müssen. Unsere große Schwäche ist, daß wir eine sehr verwöhnte Nation sind. Nach dem Zweiten Weltkrieg waren wir in einer enorm privilegierten Situation, die wir in einem gewissen – brutalen – Sinn nicht verdient hatten, denn wir hatten den leichtesten Krieg von allen größeren Nationen. Heute verlangen wir sofortige Bedürfnisbefriedigung nach dem Motto: »Ich will, daß meine Reise sicher ist, der Staat hat dafür zu sorgen.« Das ist total lächerlich.

Wir müssen lernen, mit einer gewissen existentiellen Unsicherheit zu leben, so wie andere Länder auch.

Ich glaube an Gott. Und ich glaube an die Reinkarnation. Mit der Vorstellung, daß Gott all meine Gebete erhört und für mich sorgt, und vom Himmel als eine Art ewigem Club Med als Belohnung und der Danteschen Hölle als endloser Strafe kann ich nichts anfangen. Ich halte sie für einen idiotischen theologischen Betrug. Wiedergeburt erscheint mir da sehr viel sinnvoller. Gott hat uns geschaffen und hat uns einen freien Willen gegeben. Und was will ein Schöpfer? Er will, daß sein Werk ein eigenes Leben entwickelt. Daran werden wir gemessen: Wenn du weniger aus dir machst, als Gott von dir erhofft, dann wirst du in einer schwierigeren Situation wiedergeboren. Oder gar nicht: Die Leute, die immer nur Frieden wollten und nichts als Frieden, die sollen ihn haben. Gott entläßt sie in ihr Grab. Aber diejenigen, die das Leben lieben, die kämpfen und weitermachen wollen und in ihrem Leben ein bißchen besser waren, als Gott es von ihnen erwartet hat – die werden wiedergeboren. Das macht für mich Sinn. Und gibt mir eine kleine philosophische Beruhigung im Hinblick auf den Tod.

Claude Chabrol

über Gleichgewicht

Als Sohn eines Apothekers hatte sich Claude Chabrol, geboren 1930 in Paris, nach dem Studium der Rechtswissenschaften und der Pharmazie dem Kino zunächst als Kritiker verschrieben, ehe er begann, selbst Filme zu drehen und zu produzieren. Heute ist er einer der großen Filmregisseure Frankreichs, darüber hinaus Drehbuchautor von vielen seiner Filme, in einigen ist er selbst als Schauspieler aufgetreten. Mehr als 70 sind es mittlerweile geworden, unter ihnen »Der Frauenmörder von Paris«, »Das Auge des Bösen«, »Zwei Freundinnen«, »Die untreue Frau«, »Die Unschuldigen mit den schmutzigen Händen« und »Blutige Hochzeit« – mehr oder minder düstere Thriller, in denen der Regisseur in kühler Distanz weder für die Opfer noch für die Täter, dafür um so mehr gegen die bürgerliche Gesellschaft Stellung bezieht.

Der freundliche ältere Herr am hintersten Tisch im Restaurant an der Pariser Place des Vosges, ist kaum wiederzuerkennen. Die dicke Brille ebenso wie die notorische Pfeife im Mundwinkel, jahrzehntelang Markenzeichen von Claude Chabrol, sind verschwunden: die Sehschwäche operativ behoben, die Pfeife der Zigarre gewichen, der Altmeister endlich wieder – beinahe – inkognito. Er genießt die wiedergewonnene Anonymität – und die frischen, gedünsteten Steinpilze auf seinem Teller. Andächtig senkt er die Gabel in den gelblich-weißen, glänzenden Pilzhügel, mit leisem Stöhnen läßt er die sämigen Fuhren im Mund zergehen. Er ißt für sein Leben gern. Früher hat er auch selbst gekocht, aber das hat er aufgegeben. Vor 17 Jahren, sagt er. »Nein«, sagt Madame Chabrol, die ihn ins Restaurant begleitet hat, »so lange ist es nicht her.« »Doch«, widerspricht Chabrol, »es war an deinem Geburtstag.« »Aber nicht vor 17 Jahren.« »Doch, ich habe Hühnchen auf goldenem Sand gemacht.« »Es ist aber nicht so lange her.« »Und doch!« sagt er. Aurore rollt unhörbar seufzend mit den Augen: »Nein! Und überhaupt: Was wirst du jetzt bloß für Dummheiten erzählen, wenn ich weggehe?«

»Ist sie nicht hinreißend?« fragt Claude Chabrol beseelt, als sie gegangen ist. »Sie ist eine Heilige!«

Meine erste Ehe hat acht Jahre gedauert, meine zweite 16. Und meine dritte hält nun schon seit 30 Jahren. Aurore macht sich ununterbrochen über mich lustig, aber das ist nur gut für mich. Wenn ich zuweilen ein bißchen abhebe, holt sie mich immer wieder auf den Boden zurück. Auf diese Weise habe ich gelernt, manches in Frage zu stellen, insbesondere mich selbst und meine Eitelkeiten, ohne daß ich mich ärgere. Ich ärgere mich überhaupt nicht mehr. Es ist sicher ein Ausdruck des Gleichgewichts, das ich immer gesucht – und seit etwa 20 Jahren gefunden habe. Gleichgewicht war und ist der bestimmende Faktor in meinem Leben – der Schlüssel zu meinem Glück.

Aurore ist ein wesentlicher Teil meiner Ausgeglichenheit. Sie verkörpert alles, was mir selber fehlt: Realitätssinn und eine gewisse alltägliche Zivilcourage. Ich liebe sie leidenschaftlich, gleichzeitig ist sie das Vernünftigste, was mir passieren konnte. Insofern ist unsere Beziehung absolut perfekt. Ich habe mich rasend in sie verliebt, aber ich habe meine Leidenschaft für sie – so albern das klingt – auch sehr gründlich analysiert. Nicht so sehr wegen der Umstände – ich war verheiratet und hatte drei Söhne, Aurore war ebenfalls verheiratet und hatte eine Tochter –, sondern im Hinblick darauf, ob sich meine Leidenschaft mit meinem Konzept des Gleichgewichts vereinbaren lassen würde. Wäre es nicht so gewesen, hätte ich sie auch geliebt – aber ob ich sie geheiratet hätte, weiß ich nicht. Ich war Ende 30, als wir uns kennenlernten, und auf meinem Weg auf der Suche nach dem inneren Gleichgewicht schon eine ganze Strecke gegangen. Ich glaube, zu weit, um noch irgend etwas vollkommen Unvernünftiges zu tun. Wir haben dann vor mehr als 30 Jahren geheiratet. Darüber bin ich sehr glücklich. Und auch darüber, daß sich mein Konzept als richtig für mich erwiesen hat.

Ich lebe danach, seit ich 15 bin oder so. Es war die Zeit nach dem Krieg, für mich eine Zeit, in der ich mich intensiv damit auseinandersetzte, wie ich leben müßte, um glücklich zu werden. Ich war entschlossen, glücklich zu werden! Ich habe unendlich viele Bücher gelesen, und ich habe die Menschen um mich herum beobachtet und festgestellt, daß es politisch und menschlich drei unterschiedliche Positionen gab, die man beziehen konnte. Man konnte ein Schwein sein und mit den Nazis sympathisieren. Man konnte ein Held sein und den Kampf mit dem Drachen aufnehmen. Man konnte aber auch einen Mittelweg einschlagen.

Ich habe mich für den Mittelweg, also das Gleichgewicht zwischen den Extremen entschieden. Die Gewißheit, daß es der richtige Weg für mich ist, hat sich im Laufe der Jahre gefestigt. Dabei meine ich mit Gleichgewicht nicht nur die Mitte zwischen den äußeren – zum Beispiel den politischen – Extremen. Ich meine vor allem das ideale Verhältnis zwischen meinem Ego und meiner Beziehung zu den anderen, also der Gesellschaft. Und ich meine – im Hinblick auf mich selbst – die Mitte zwischen Vernunft und Leidenschaft. Ich habe der Leidenschaft immer mißtraut. Wobei natürlich auch das Vermeiden von Leidenschaft zu einer Leidenschaft werden kann: Auch davor muß man sich hüten! Natürlich habe ich trotzdem oft das Gleichgewicht verloren, aber ich habe es immer wiedergefunden.

> Ebenso wie der Leidenschaft habe ich zeitlebens allen anderen Extremen mißtraut. Ich habe zum Beispiel nie zuviel geraucht oder zuviel getrunken. Ich habe auch nie Begierde mit Liebe verwechselt. Ich war immer ziemlich vorsichtig.

Warum, weiß ich eigentlich nicht. Ich kann von keinem Schlüsselerlebnis in meiner Kindheit berichten, mit dem ich diese Vorsicht erklären könnte. Höchstens von einem, aber das fand statt, bevor ich geboren wurde: Als meine Mutter im dritten Monat schwanger mit mir war, haben sie und mein Vater sich bei einem Unfall eine schwere Blutvergiftung zugezogen. Im Krankenhaus sagten ihnen die Ärzte, daß das ungeborene Baby vermutlich auch vergiftet sei und meine Mutter es verlieren würde. Trotzdem hat mein Herz nicht aufgehört zu schlagen – ich habe überlebt. Vielleicht hat diese Tatsache – oder auch der Umgang meiner Mutter mit mir, als ich dann geboren war – mich so vorsichtig gemacht. Ich glaube eigentlich nicht recht daran, aber man sollte es vielleicht auch nicht ausschließen.

Bevor man 65 ist oder so, ist das Gleichgewicht zwischen Vernunft und Leidenschaft immer wieder durch die Sexualität gefährdet. Sie hat die Tendenz, uns mit Gefühlen und Begierden zu überschwemmen. Man muß schon einige Anstrengung aufwenden, damit der Verstand nicht völlig ausgehebelt wird. Deshalb bin ich so glücklich, daß meine Liebe zu Aurore nicht nur leidenschaftlich, sondern gleichzeitig so vollkommen vernünftig ist.

> Zu allem anderen, was das Gleichgewicht gefährdet, kommt für einen Mann der Zwang, seine Virilität beweisen zu müssen. Gott sei Dank fällt der mit zunehmendem Alter weg! Es ist sehr gut, daß die Physis diese Gefahr ab 65 kontrolliert. Ich muß heute nicht mehr hinter den jungen Mädchen herrennen.

Zum einen, weil ich den Beweis erbracht habe. Zum anderen bin ich mir gar nicht sicher, ob ich ihn so ohne weiteres erbringen könnte – aber die Beweisnot ist verschwunden. Eine wunderbare Freiheit, die das Alter mit sich bringt!

Die andere Ebene, auf der ich versucht habe, ein Gleichgewicht zu finden, war die Beziehung zwischen meinem Egoismus und der Gesellschaft. Ich bin der Meinung, daß man der Gesellschaft etwas schuldet, wieviel, hängt von den eigenen Umständen und Möglichkeiten ab. Um es mathematisch auszudrücken: In meinen Augen wäre es ideal, die Hälfte der Kräfte, die einem zur Verfügung stehen, für sich selbst zu verwenden. Das müßte eigentlich genügen. Und den

Rest könnte man benutzen, um sich für die anderen einzusetzen, zu 50 oder zu einem Prozent, je nachdem, was man so schafft.

Es ist eine Gratwanderung, ich weiß, ein Balanceakt auf einem Trapezseil und eine Aufgabe, die sich immer wieder neu und anders stellt. Lebenslang.

Natürlich habe ich mich auch eine Weile mit dem Kommunismus beschäftigt. Er hatte in der Zeit nach dem Krieg in Frankreich viele Anhänger. Er war der – erstaunlicherweise sehr linksgerichtete – Mittelweg zwischen dem Stalinismus und der Reaktion.

Ich halte ihn noch immer für eine ideale Lebensform – natürlich nicht, wenn er von derart schrecklichen und rigiden Regierungen umgesetzt wird, wie wir es erlebt haben. Selbstverständlich ändert sich auch der politische Mittelweg – man muß ihn in jeder Epoche neu definieren und suchen.

Wenn Sie mich fragen, wo in diesem Kontext meine Filme anzusiedeln sind, dann im Bemühen, das Gleichgewicht zwischen mir und der Gesellschaft herzustellen. Ich habe keine politische oder moralische Botschaft. Alles, was ich will, ist, mit meinen Filmen die Menschen ein wenig glücklicher zu machen. Nicht in dem Sinn, daß ich sie zwei Stunden lang unterhalte, sondern indem ich ihnen das Böse und die menschlichen Verhaltensweisen vorführe, die ins Unglück führen. Würde ich Filme machen, die zeigen, wie man glücklich wird, würde sich niemand dafür interessieren. Die Leute wären mißtrauisch oder gelangweilt. Sie interessieren sich einfach mehr für das Böse oder für Katastrophen oder Tote, die Medien beweisen es uns jeden Tag.

Auch mich fasziniert das Böse. Also mache ich Filme, in denen ich das Böse – gewissermaßen als Negativbeispiel – zeige. Ich will dem Bösen, vor dem die Menschen sich fürchten, seine Dimension nehmen, indem ich seine Lächerlichkeit zeige. Und wie man mit dem Bösen auf die Schnauze fällt, wenn man sich so verhält, wie die Gesellschaft es eben tut. Deshalb habe ich das Böse meiner Filme auch immer in der gutbürgerlichen Gesellschaft angesiedelt. Sie verkörpert nun mal alles Schlechte: Dummheit, Blindheit, Feigheit, Gemeinheit, Bosheit. Ich habe mich immer gefragt, ob es dafür eine Entschuldigung gibt, aber mittlerweile weiß ich, es gibt keine. Natürlich haben sich auch die gesellschaftlichen Klassen in den letzten Jahrzehnten verändert, aber keineswegs so, daß es keine Bourgeoisie mehr gäbe. Im Gegenteil: Heute existiert gar nichts anderes mehr!

Es ist wahr, das Böse wird in meinen Filmen oft von den Frauen verkörpert, auch wenn in Wirklichkeit Frauen sehr viel seltener als Männer morden.

Dabei habe ich durchaus nichts gegen Frauen, ich bin, ganz im Gegenteil, ein überzeugter Feminist und ziehe die Gesellschaft von Frauen der von Männern entschieden vor: Ich liebe ihren Realitätssinn, ihre Zivilcourage, ihre Grazie, ihren Charme, ihre natürliche Eleganz. Und ich bedauere, daß die meisten Männer diese Vorzüge gar nicht zur Kenntnis nehmen, weil sie so mit sich selbst und ihrer Virilität beschäftigt sind.

> Wenn Sie mich fragen, warum Frauen trotz meiner großen Affinität zu ihnen in meinen Filmen so häufig töten, dann deshalb, weil es mich mehr interessiert, als wenn Männer es tun.

Frauen sind zum Gebären, also zur Schöpfung, und nicht zum Töten geboren. Wenn sie töten, ist das paradox. Trotzdem morden auch Frauen. Und wenn sie es in meinen Filmen tun, dann deshalb, weil ich dabei herausfinden will, warum.

Man sollte denken, daß das Böse irgendwann ein Ende hat. Aber leider reproduziert es sich immer wieder. Allerdings bin ich optimistisch, daß es abnimmt. Durch die Medien wird es transparenter und löst sich immer mehr auf. Die politischen Skandale nehmen ab, weil sie besser und häufiger enthüllt werden. Dabei spielt das Fernsehen eine große Rolle. Und die Menschen interessieren sich mehr und mehr füreinander. Immer noch zu wenig, aber es wird langsam besser.

Das ändert nichts daran, daß die Menschen trotzdem unglücklich sind. Ich bin alles andere als ein Zyniker, wie manche mir unterstellt haben, nur weil ich in meinem Filmen versuche, nüchtern und objektiv zu sein. Ich beschäftige mich sehr mit dem Unglück anderer Menschen. Auch meine Filme tun das.

Woher kommt die Unzufriedenheit der Menschen? Woher ihre Beschwernis? Warum sind sie so unglücklich? Ich glaube, sie sind so unglücklich, weil sie so wenig Talent für das Glück haben.

Weil sie gar nicht darüber nachdenken, wie sie leben müßten, um glücklich zu sein. Ich bin fest davon überzeugt, daß das möglich und nicht einmal so schwer ist! Allerdings bedarf es der gründlichen Auseinandersetzung mit sich selbst. Und eines gewissen individuellen Konzepts. Man muß auch viele Bücher lesen, am besten solange man jung ist, weil die einem bei der Auseinandersetzung helfen. In meinem Fall waren es nicht die wilden, sondern die ruhigen, gemäßigten Philosophen wie Sokrates, Marc Aurel und Descartes, an denen ich mich orientiert habe.

Ich weiß natürlich, daß das alles nicht so einfach ist. Nehmen wir zum Beispiel die Leute, die ins Kino gehen. Wer von ihnen kann schon wirklich sagen, ob das, was er sieht, wirklich gut oder schlecht ist? Einer von 5000 vielleicht. Wie sollen die Leute dann beurteilen können, was gut oder schlecht für sie selbst ist? Trotzdem muß man versuchen, sein eigenes, individuelles Konzept zu finden.

Der andere Grund, warum die Menschen unglücklich sind, ist, daß sie eine Klischeevorstellung vom Glück haben. Sie setzen Glück mit Geld gleich und mehr Geld mit mehr Glück und noch mehr Geld mit noch mehr Glück. Das ist ein Irrtum. Natürlich ist es schlimm, wenn man kein Geld hat. Man braucht es, um zu überleben. Aber die enge Verknüpfung der eigenen Existenz mit dem Geld ist nicht nur ein falscher Weg zum Glück, er nimmt dem Menschen auch die innere Freiheit, sich für den ihm gemäßen Weg zu entscheiden.

Was mich betrifft, so fühle ich mich heute sehr frei. Vom Geld sowieso, ich kann leben, und alles andere interessiert mich nicht. Auch in meinen Entscheidungen fühle ich mich frei. Ich muß zugeben, daß ich auch Kompromisse gemacht habe – ich habe zum Beispiel Filme gedreht, um jemandem einen

Freundschaftsdienst zu erweisen, die ich besser nicht gedreht hätte. Ich habe allerdings immer versucht, keine Kompromisse zu machen, die mich kompromittiert hätten.

Auch vom Erfolg fühle ich mich mittlerweile ziemlich unabhängig. Natürlich gibt einem der Erfolg die finanzielle Sicherheit, weitermachen zu können. In diesem Sinn spielt er eine Rolle. Ansonsten unterscheide ich, ob der Film für mich selbst wichtig war oder nicht. Es ist mir lieber, daß ein Film, den ich mag, keinen Erfolg hat, als daß ein Film, den ich nicht so mag, Erfolg hat.

> Vom Alter bin ich auf äußerst angenehme Weise überrascht! Ich empfinde es als einen überaus angenehmen Zustand, und mich selbst finde ich so ausgeglichen und glücklich wie nie zuvor in meinem ganzen Leben.

Im großen und ganzen ist das Alter – abgesehen von ein paar kleinen gesundheitlichen Problemen – ganz einfach wunderbar! Ich habe eine so große innere Kraft wie nie zuvor. Das merke ich vor allem beim Drehen. Es fällt mir immer leichter. Ich habe keinerlei Unsicherheiten, keine Zweifel mehr, ich weiß ganz genau, was ich machen muß. Wenn ich drehe, fühle ich mich wie ein Fisch im Wasser!

Ich glaube, ich bin auch weniger egoistisch geworden und kann mich mehr auf andere Menschen – auch auf das, was sie von mir brauchen – einlassen. Das kann ein Gespräch sein, es kann ein Job sein, es kann Geld sein. Davon, Geld zu mehr oder minder anonymen karitativen Zwecken zu spenden, halte ich allerdings nichts. Das ist in meinen Augen eine Alibi-Geste, die die wirkliche Nähe zu dem, dem man hilft, vermeidet. Ich suche den direkten Kontakt mit dem, der meine Hilfe braucht. Es ist nur schade, daß ich noch immer so furchtbar beschäftigt bin.

Einige meiner Eigenschaften haben sich im Laufe der Jahre verändert: So ist zum Beispiel mein Sinn für die Realität gewachsen. Früher konnte ich die Realität schlecht einschätzen und beurteilen. Heute kann ich das gut und auch sehr schnell. Man kann das üben. Ich habe es über die Jahre gelernt. Es ist sicher einer der Gründe, warum man nach und nach immer sicherer wird und weniger Dummheiten macht.

Andere Eigenschaften haben sich weniger verändert. Ich war immer ungeheuer empfänglich für alles Schöne, und das bin ich noch. In der bildenden Kunst zum Beispiel. Oder auch in der Musik. Von schöner Musik bin ich manchmal so berührt, daß ich weine. Im zweiten Satz des zweiten Klavierkonzerts von Schostakowitsch gibt es eine Note, die mich zu Tränen rührt, und das, obwohl Schostakowitsch keineswegs zu meinen Lieblingskomponisten gehört. Aber wenn diese Note kommt, kommen mir die Tränen. Immer schon, bis heute.

Angst habe ich vor absolut gar nichts. Auch nicht vor dem Tod. Das einzige, was mich am Tod stört, ist, daß ich die Menschen, die ich liebe, nicht mehr um mich haben werde. Andererseits kann es mir auch egal sein, weil ich dann ja ohnehin tot bin. Natürlich bin ich mir da nicht ganz sicher. Insofern kann der Tod durchaus interessant sein. Es gibt schließlich zwei Möglichkeiten. Entweder ist der Tod das absolute Ende. Oder irgend etwas geht weiter, und man beobachtet die Gesellschaft und die Welt auch weiterhin. Allerdings glaube ich nicht, daß das besser wäre als das Nichts.

> Stellen Sie sich vor: Am Ende erlaubt sich Gott die Farce, daß wir eine Art ewiger ätherischer Existenz führen müssen! Nein, das wäre nichts für mich.

Wenn ich das sage, heißt das nicht, daß ich an Gott glaube. Ganz im Gegenteil: Ich verabscheue ihn! Ich hasse ihn! Ich lehne ausnahmslos alle Religionen ab. Sie sind von Menschen gemacht und sterblich. Der einzige vernünftige Satz, den Marx gesagt hat, ist: »Religion ist das Opium des Volkes.« Er hatte recht: Sie *ist* das Opium des Volkes!

Wir wissen nicht, woher wir kommen und wohin wir gehen – und es ist mir auch gleichgültig. Mein Traum ist, die Menschen etwas weniger unglücklich zu machen und zu beweisen, daß man auch unabhängig von »Gott« sein eigenes Glück herstellen kann – mit ausnahmslos menschlichen Mitteln. Was mich betrifft, so ist es mir – für mich selbst – gelungen. Ich weiß natürlich, daß ich großes Glück habe, so glücklich zu sein.

Claude Chabrol steht auf, wendet sich zur Tür. Ein junger Mann kommt auf ihn zu, sagt seinen Namen und daß der Regisseur sich doch gewiß an ihn erinnere. Der lächelt milde, sagt ein paar höfliche Worte. Ob er sich erinnert, ist nicht recht auszumachen. Der Mann freut sich, und Chabrol, so scheint es, freut sich auch. Vom Restaurant bis zu seiner Wohnung sind es nur ein paar Minuten. Langsam geht er über die Place des Vosges, die an diesem sonnigen Nachmittag viele Spaziergänger bevölkern, bis er, ziemlich bald, unter ihnen verschwunden ist.

Inge Feltrinelli

über Optimismus

Inge Feltrinelli, 1930 in Göttingen als Tochter eines jüdischen Textilkaufmanns geboren, ist eine der bekanntesten Persönlichkeiten der internationalen Verlagswelt und der italienischen Kulturszene. Nach ihrer Schulzeit wurde sie zunächst Fotoreporterin, ehe sie im Rowohlt-Verlag in Hamburg Giangiacomo Feltrinelli kennenlernte und ihn 1959 heiratete: erfolgreicher Verleger eines von ihm gegründeten politischen und literarischen Verlages, Entdecker vieler junger Schriftsteller, aber auch von Bestseller-Autoren wie Boris Pasternak (»Doktor Schiwago«) und Tomasi di Lampedusa (»Der Leopard«), Begründer der weltweit größten Bibliothek der Arbeiter-Bewegung, leidenschaftlicher Kommunist, politischer Aktivist und Erbe eines bedeutenden Millionenvermögens. Zehn Jahre lang teilte Inge Feltrinelli seine Ideen, sein Leben und seine Arbeit. Diese fiel ihr nach Feltrinellis mysteriösem Tod im Jahre 1972 als ebenso verantwortungsvolle wie schwierige Hinterlassenschaft zu, derer sie sich mit Passion und Hingabe annahm. Heute führt sie die Geschäfte gemeinsam mit ihrem Sohn Carlo. Zum Verlag, der 2005 sein 50. Jubiläum feierte, gehören auch 95 Buchhandlungen in ganz Italien.

Freunde sagen über sie, sie hätte fast keine Feinde. Fast nicht vorstellbar in ihrer Position. Aber ein bemerkenswert freundliches Gerücht. Tatsächlich ist sie charmant, positiv, voller Schwung und Energie. Sie bewegt sich schnell, befindet spontan, daß das Gespräch nicht, wie vorgesehen, im Konferenzraum des Verlages, sondern in ihrem Büro stattfinden soll: ein kleiner Raum, dominiert vom goldgerahmten Gemälde eines ernsten Renaissanceknaben, vollgestopft mit Bücher-

schränken, Büchertischen, Bücherstapeln, dazwischen zwei Mies-van-der-Rohe-Sessel in ihrer Lieblingsfarbe Orange. Sie hat schöne, braune Augen, die Aufmerksamkeit und Konzentration verraten, und kurze, rötliche Locken, deren Façon sie von Zeit zu Zeit überprüft, indem sie sie – ebenso unbewußt wie uneffizient – mit der Handfläche ein bißchen nach oben schiebt.

Ich habe ein glückliches Naturell. Das habe ich von meiner Mutter geerbt. Sie hat mich sehr geprägt. Viel mehr, als es mir die meiste Zeit meines Lebens bewußt war. Es ärgert mich heute, daß ich erst so spät schätzenlernte, was sie für mich getan hat. Sie war realistisch, unpathetisch, mutig, optimistisch und voller Energie. Eigenschaften, die im Dritten Reich und während des Krieges, der Zeit, in der ich aufgewachsen bin, sehr wichtig waren. Vor allem, wenn man mit einem Juden verheiratet war – wie sie. Mein Vater war eher ihr Gegenteil. Er war Prokurist einer Textilfirma in Göttingen und einer der vielen deutschnationalen Juden, die sich vollkommen mit Deutschland identifizierten und sich nicht vorstellen konnten, daß ihnen etwas Schlimmes geschehen könnte. Als er die antijüdischen Strömungen schließlich doch zur Kenntnis nehmen mußte, wurde er depressiv und vollkommen apathisch. Meine Eltern ließen sich scheiden. Dennoch fühlte sich meine Mutter weiterhin für meinen Vater verantwortlich und drängte ihn zu emigrieren. Er sträubte sich lange, er wollte einfach nicht weggehen. Im Jahre 1938, als es kaum noch möglich war, aus Deutschland herauszukommen, hat sie ihn beinahe dazu gezwungen: Sie hatte erreicht, daß holländische Textilindustrielle für ihn bürgten und er über Holland in die USA auswandern konnte. Einige Male war sie deshalb nach Holland gefahren und hatte sich dabei selbst großer Gefahr ausgesetzt. Auf dem Schiff nach New York lernte mein Vater dann eine Jüdin aus Hannover kennen, die er bald nach seiner Ankunft heiratete.

Meine Mutter hat jedoch nicht nur meinen Vater gerettet. Als Halbjüdin war ja auch ich in Gefahr. Daß ich trotzdem eine wunderbare Kindheit und Jugend hatte und mir der bedrohlichen Umstände nicht einmal bewußt war, geschweige denn, daß sie mich traumatisiert hätten – wie dies bei vielen meiner Altersgenossen der Fall war –, verdanke ich ihr.

Vor ein paar Jahren habe ich im Rahmen eines Dokumentarfilms, den der Bayerische Rundfunk über mich drehte, meine alte Schule in Göttingen besucht. Damals erfuhr ich von einer Gedenktafel im Foyer, daß 80 Mädchen aus meiner Schule während des Dritten Reiches in Lagern umgekommen oder einfach verschwunden waren. Auch das eine späte Erkenntnis – wie bei vielem, was meine Mutter von mir ferngehalten hatte. Bei uns wurde nie über das Thema Juden oder Judenverfolgung gesprochen. Und als ich mit 14 der Schule verwiesen wurde, weil Juden keine höhere Schulbildung zugestanden wurde, erklärte sie mir, daß ich jetzt nicht mehr zur Schule gehen müsse, weil es wegen der ständigen Bomben zu gefährlich sei. Das konnte ich leicht akzeptieren. Auf diese Weise hat sie die Angst von mir ferngehalten und es mir ermöglicht, zu einem heiteren und furchtlosen Menschen heranzuwachsen. Ich habe keinen Respekt vor der Obrigkeit, die deutsche Gehorsamsmentalität ist mir fremd. Ich bin, im Gegenteil, eine eher anarchistische Person und habe auch nie Angst vor Schwierigkeiten. Sie bringen mich weder zur Verzweiflung, noch machen sie mich depressiv. Ich gehe sie an, und das meistens schnell.

> In meinen Augen gibt es nichts Unmögliches, nichts, was man nicht schaffen kann: Probleme sind dazu da, gelöst zu werden.

Dabei habe ich ein gutes Gespür bei Entscheidungen. Ich entscheide mich spontan und intuitiv. Natürlich mache ich auf diese Weise auch Fehler, aber sehr oft waren die Entscheidungen auch richtig. Ich habe einen starken Überlebenswillen. Und eine große Lebenslust. Auch die habe ich von meiner Mutter. Dennoch sind die Gene natürlich nicht alles. Man muß sich auch selbst entwickeln, und dazu war ich wild entschlossen.

Das war anfangs ziemlich anstrengend, denn meine Mutter war, nach einer kurzen zweiten Ehe mit einem deutschen Offizier, verwitwet und mit ihren beiden kleinen Kindern, meinen Halbgeschwistern, auf meine finanzielle Hilfe angewiesen. Ich mußte also arbeiten, und zwar schnell. Ich bekam die große Chance, Assistentin bei der Werbefotografin Rosemarie Pierer zu werden, die gerade im Begriff war, von Göttingen nach Hamburg zu ziehen. Bei ihr lernte ich das Fotografieren. Dabei war ich technisch total unbedarft und bin es heute noch. Aber ich hatte Augen – ich sah. Und ich war schnell. Das schlug sich auch in meinen Fotos nieder.

Ich hatte kein Geld und schlief deshalb auf einer Luftmatratze in dem kleinen Fotolabor, das sich Rosemarie Pierer in der Milchstraße eingerichtet hatte. Auf diese Weise landete ich auf Anhieb im Zentrum des Hamburger Geschehens, nämlich in Pöseldorf, das sich damals gerade zu einem sehr lebendigen und interessanten Stadtteil entwickelte. Ganz in der Nähe hatten die »Zeit« und der »Spiegel«, der Jahr-Verlag und die Zeitschrift »Constanze« ihre Redaktionsräume.

Nach und nach lernte ich viele interessante Leute kennen. Das überraschte mich zunächst, denn ich hatte auch schon ganz andere Erfahrungen gemacht: In der Tanzstunde in Göttingen war ich ein dünnes, mickriges graues Mäuschen gewesen, für das sich niemand interessierte, und ich dachte schon, daß das immer so bleiben würde. Glücklicherweise war das nicht der Fall: Binnen kürzester Zeit war ich überall.

Ich war ganz hübsch, ganz charmant, ganz sexy und ziemlich lebenslustig. Außerdem einigermaßen intelligent und ein bißchen frech – nicht ohne eine gewisse Göttinger Arroganz: Immerhin hatte ich ein exzellentes Lyzeum besucht, aus dem sieben Nobelpreisträger hervorgegangen waren. Man konnte mich deshalb nicht so leicht beeindrucken. Journalisten mit flotten Autos und den ganzen Errungenschaften der Wirtschaftswundergesellschaft wie überhaupt Leute mit Geld imponierten mir überhaupt nicht, da war ich ganz unabhängig. Um so mehr imponierte ich denen.

Mich interessierten nur Leute, die etwas Besonderes waren – also Geist und Talent hatten: Künstler, Wissenschaftler, Schriftsteller. Das ist mein Leben lang so geblieben.

Unter den Medienleuten, die ich kennenlernte, waren auch Axel Springer und Rudolf Augstein. Augstein kam aus der Provinz, nämlich aus Hannover, und fuhr seinen ersten Cadillac, auf den er sehr stolz war. Die meisten Leute hatten ihren Aufstieg noch vor sich – sie schwebten noch nicht in Aufsichtsratssälen im 20. Stock, sondern waren sehr zugänglich.

Meiner Wirkung auf andere war ich mir nicht sehr bewußt. Ich dachte ja nicht viel über mich nach. Dennoch hatte ich Erfolg, bei Männern ebenso wie bei Frauen. Sie mochten mich irgendwie. Vielleicht habe ich, weil ich klein bin und damals auch sehr zierlich war, auch so etwas wie einen Beschützerinstinkt in ihnen geweckt. Jedenfalls habe ich immer wieder Menschen getroffen, die mich förderten und mir halfen. Einer von ihnen war Heinrich-Maria Ledig-Rowohlt. Die Begegnung mit ihm und seiner Frau war besonders wichtig für mich. Sie nahmen mich als Freundin in ihren Kreis auf, und immer wenn ein berühmter Autor kam, riefen sie mich an und sagten: »Inge, komm doch mal vorbei und mach ein paar Fotos!«

Als Fotoassistentin mußte ich oft von Hamburg nach Freiburg zu einem Fotolabor fahren, in dem die besten Farbabzüge gemacht wurden. Ich fuhr die Strecke immer per Anhalter, das war furchtbar und manchmal geradezu lebensgefährlich. Trotzdem habe ich es gemacht, weil sich unser Fotostudio die Bahnreise nicht leisten konnte.

Nach einer Weile stellte ich allerdings fest, daß mir die Werbefotografie nicht besonders lag: Fotoreportagen interessierten mich viel mehr. Deshalb machte ich mich bald selbständig. Mein erstes Honorar verdiente ich mit einer Reportage über Frauen in Spanien, die ich an »Constanze« verkaufen konnte.

Obwohl es in Hamburg ganz gut für mich lief, wollte ich bald von dort weg. Ich wollte nach New York, unter anderem auch, um meinen Vater wiederzusehen. Ich hörte von einer Schiffahrtslinie, mit der man kostenlos bis nach Kanada reisen konnte. Dort angekommen, fuhr ich weiter nach New York, wo ich bei Freunden von Freunden unterkam. Geld hatte ich so gut wie keins.

Eines Tages traf ich auf der Straße Greta Garbo. Sie stand an einer Ampel auf der Madison Avenue. Sie trug einen weiten, pflaumenblauen Mantel, und ihr Hut erinnerte ein bißchen an den Hut in »Ninotschka«. Niemand erkannte oder beachtete sie. Ich schon. Ich wußte sofort, wer sie war, betete, daß die Ampel lange genug rot bliebe, und fotografierte sie. Sie merkte es nicht. Ich verkaufte das Foto an die Zeitschrift »Life« und verdiente damit meine ersten 50 Dollar. Ich lebte von der Hand in den Mund. Selbst, wenn ich ein paar Fotos verkauft hatte, dauerte es Monate, bis ich das Geld bekam.

Bevor ich nach New York fuhr, hatten die Rowohlts gesagt: »Könntest du, wenn du dort drüben bist, nicht mal bei Hemingway in Havanna vorbeischauen, das ist doch ganz in deiner Nähe?« Es ging darum, Ernest Hemingway zu überreden, seine deutsche Übersetzerin zu wechseln. Man hatte den Schriftsteller schon in vielen Briefen darauf aufmerksam gemacht, aber Hemingway hatte nie geantwortet und war auch nicht ans Telefon gegangen. Ähnlich unproduktiv waren die Kontakte mit seinem Anwalt in New York verlaufen. Der Grund war, daß Hemingway mit Post-Nazi-Deutschland nichts zu tun haben wollte – die deutsche Übersetzung war ihm vollkommen gleichgültig. In Hamburg hatte sich der Auftrag der Rowohlts noch einigermaßen realisierbar angehört. Ich ahnte ja ebensowenig wie sie, daß Havanna 3000 Kilometer von New York entfernt ist! Als ich dann in den USA war, erschien mir die Sache schon ein bißchen schwieriger, zumal ohne Geld für die Reise nach Havanna. Aber wie schon gesagt, vor Schwierigkeiten kapituliere ich ja nicht.

In New York wurden Leute gesucht, die Autos nach Florida überführten. Auf diese Weise kam ich immerhin schon mal kostenlos bis Miami. Von dort fuhr ich per Anhalter nach Key West, wo man für sieben Dollar nach Havanna fliegen konnte. Auf Kuba angekommen, wohnte ich zunächst in einem kleinen Hotel, das sich als Bordell herausstellte, danach in einem Zimmer, das tagsüber von den Angestellten eines Restaurants als Umkleideraum benutzt wurde. Drei Wochen lang habe ich von dort aus bei Hemingway antichambriert, bis ich ihn endlich am Telefon hatte – und er einem Besuch von mir zustimmte. Als seine Frau Mary und er erfuhren, wo ich wohnte, fanden sie, daß ich dort nicht bleiben könnte, und luden mich ein, bei ihnen zu wohnen. Ich war natürlich sehr glücklich, denn Hemingway hatte noch nie jemanden aus Deutschland empfangen. Daß sie mich akzeptierten, hatte sicherlich auch damit zu tun, daß ich als Halbjüdin nichts mit Nazi-Deutschland zu tun hatte. Pflichtschuldig trug ich Rowohlts Anliegen vor, aber das interessierte Hemingway überhaupt nicht. Ungeachtet dessen war ich drei Wochen lang Gast in seinem Haus, in dem er mit seiner Frau, fünf Angestellten und 30 Katzen lebte. Jeden Tag fuhr ich mit ihm und dem Fischer Gregorio Fuentes, dem Protagonisten der Erzählung »Der alte Mann und das Meer«, zum Fischen. Für das Buch erhielt Hemingway wenig später den Nobelpreis.

Hemingway war ein hochsensibler, hochkomplizierter, hochneurotischer Mann. Er konnte entzückend sein, aber auch sehr unangenehm – vor allem, wenn er betrunken war, und das war er täglich schon nach dem Mittagessen. Immerhin ließ er es zu, daß ich einige wenige Fotos von ihm machte.

Eines entstand mit Selbstauslöser und zeigt ihn mit einem großen Fisch, den er gefangen hatte, und dem alten Fischer auf seinem Boot. Ich selbst stehe lachend in der Mitte. Neulich habe ich mir das Bild einmal wieder angeschaut – und finde aus der Distanz, daß ich damals wirklich ganz flott ausgesehen habe. Überdies war ich auch meistens fröhlich.

Das Foto des kamerascheuen Schriftstellers ging um die ganze Welt: alle wichtigen Zeitschriften haben es veröffentlicht. Es war mein Durchbruch. Von da an war ich als Fotoreporterin international bekannt. Ein Glücksfall, sicher. Aber kein Zufall. Sagen wir lieber, ein Glücksfall, den ich mit sehr viel Geduld und Optimismus provoziert habe.

Darin bin ich, glaube ich, generell ziemlich begabt – zugleich aber auch absolut überzeugt davon, daß man für sein Glück etwas tun muß. Es fällt nicht vom Himmel! Natürlich gelingt nicht immer alles, das kalkuliere ich ein. Dennoch muß man an den guten Ausgang glauben und darf sich nicht entmutigen lassen, wenn sich eine Hoffnung nicht erfüllt. Es gibt eine schöne Geschichte im »Don Quijote« von Cervantes. Don Quijote begegnet einer schönen Bäuerin und macht ihr den Hof, wird von ihr aber sehr schlecht behandelt. Als er später eine andere schöne Bäuerin trifft und ihr wiederum Avancen machen will, warnt ihn Sancho Pansa und erinnert ihn an die unangenehme Begegnung mit der ersten. Da weist Don Quijote ihn zurecht: »Wie kannst du so etwas sagen. Nur gewöhnliche Leute ziehen aus negativen Erfahrungen negative Schlüsse!« Ich finde, das ist ein wunderbares Leitmotiv!

Nach dem Foto von Hemingway standen mir alle Türen offen. Ich habe in der Folge viele interessante Persönlichkeiten getroffen und fotografiert, unter ihnen Picasso, Simone de Beauvoir, Marc Chagall sowie John F. Kennedy, Cary Grant, Anna Magnani, Leonor Fini und Fidel Castro.

1953 kehrte ich nach Deutschland zurück. Bei Rowohlt lernte ich fünf Jahre später den italienischen Verleger Giangiacomo Feltrinelli kennen. Ich erlebte ihn als einen ebenso scheuen wie faszinierenden Mann, der fließend Deutsch mit mir sprach. Er war damals ganz allein mit einem Zelt auf dem Weg zum Nordpol und besuchte unterwegs den deutschen und die skandinavischen Verleger des »Doktor Schiwago«. Nach dem Fest bei Rowohlt, auf dem wir uns getroffen hatten, lief ich eine ganze Nacht lang mit ihm durch Hamburg und zeigte ihm die Stadt. 1960 zog ich zu Giangiacomo nach Italien, 1962 wurde unser Sohn Carlo geboren.

> Zehn Jahre lang waren wir sehr glücklich. Wir lebten absolut im gleichen Rhythmus: ein Leben im fünften Gang!

Wenn sich andere Leute, die wir am Abend zuvor in Mailand gesehen hatten, tags darauf immer noch dort saßen, waren wir schon in Washington, New York, Paris, Havanna oder Afrika.

Giangiacomo war sehr international. Er sprach, obwohl er nie eine Schule besucht hatte – weil reiche Jungen damals nur Hauslehrer hatten –, nicht nur perfekt Deutsch, sondern auch fließend Englisch, Französisch und Spanisch.

Er war sehr schwierig, zeitweise melancholisch und depressiv, aber gleichzeitig auch ungeheuer vital und tatkräftig. Der Verleger Kurt Wolff hat einmal gesagt, er sei der erste wirklich moderne Mensch gewesen, den er kennengelernt habe. Giangiacomo war seiner Zeit voraus, hatte großes unternehmerisches Talent, dachte in globalen Dimensionen und verstand sich in seinem Beruf des Verlegers als »Unternehmer der Kultur«. Darüber hinaus war er ein Mann von großer politischer Sensibilität, der nicht nur gegen die soziale Ungerechtigkeit und für den modernen Kommunismus im eigenen Land kämpfte, sondern sich auch für die Probleme der Dritten Welt interessierte und für die Unabhängigkeit unterdrückter Länder – wie zum Beispiel Algerien – eintrat. Er verfolgte auch das politische Geschehen in Kuba, knüpfte Kontakte zu Fidel Castro und dachte, so etwas wie die kubanische Revolution müßte man auch in Europa machen. Dennoch hat er Fidel Castro auch kritisiert – zum Beispiel weil die Homosexualität in Kuba unter Strafe stand – und ihm vorgeworfen, daß er Verhältnisse wie im frühen Christentum schaffe. Er war es auch, der mir zum ersten Mal von den Problemen der Kurden erzählte, Jahrzehnte bevor irgend jemand auf der Welt wußte, wer die Kurden sind und welche Probleme sie haben. Giangiacomo war ein Idealist, romantisch und utopisch. Etwas ganz Besonderes.

Als ich ihn kennenlernte, war ich eine ziemlich unpolitische Person. Obwohl ich nach dem Krieg nach und nach erfahren hatte, was mir als Halbjüdin durch die Fürsorge meiner Mutter erspart geblieben war. Die Engländer, zu deren Besatzungszone Göttingen damals gehörte, leisteten intensive Aufklärungsarbeit und führten uns in der Schule erschüttende Dokumentarfilme über die Konzentrationslager vor: Wir waren schockiert und konnten nicht verstehen, daß Deutsche – die Väter meiner Mitschülerinnen! – das getan haben sollten. Dennoch – oder vielleicht deshalb – war die Wirtschaftswunderzeit sehr unpolitisch. Und ich war es auch.

Das änderte sich, als ich nach Italien kam. Dort bin ich politisch aufgewacht. Zum einen natürlich durch Giangiacomo, zum anderen durch die Umgebung, in die ich geriet. Alles in allem war das Leben in Italien zu jener Zeit sehr politisch, eigentlich sprach man immer von Politik, und das auf einem sehr hohen Niveau. Es gab in Italien damals eine starke und sehr interessante kommunistische Partei, die ganz anders war als die kommunistische Partei in Deutschland. Die deutschen Kommunisten waren total dogmatisch und stalinistisch, zudem geprägt vom Kalten Krieg, der ja in Deutschland sehr viel deutlicher zu spüren war als in anderen europäischen Ländern. Die kommunistische Partei in Italien war dagegen eine große sozialistische Denkpartei, der einfach alle Intellektuellen angehörten. Insofern erschien es mir keineswegs ungewöhnlich, daß auch Giangiacomo ihr angehörte, wenngleich er der Partei intensiver verbunden war und sie finanziell mehr unterstützte als die meisten anderen.

Die kommunistischen Linken Italiens waren zugleich sehr flexibel: viele distanzierten sich während des Ungarnaufstands von der Partei und gaben ihr Parteibuch zurück; Kommunisten sind sie trotzdem geblieben. Allerdings waren die Intellektuellen, die ich kennengelernt habe, nicht nur sehr links, sondern auch sehr antideutsch. Sie lehnten Deutschland heftig ab. Das tun sie bis heute: Die deutschsprachigen Autoren, die wir in Italien verlegt haben – von Günter Grass über Uwe Johnson bis Martin Walser, Ingeborg Bachmann und Peter Handke –, sind hier weniger erfolgreich als in anderen Ländern. Trotzdem interessierten sich die Italiener, denen ich begegnet bin, für Deutschland. Dieses Interesse kam mir zugute, zumal ich als Halbjüdin über jeden politischen Verdacht erhaben war.

Auch in Italien traf ich wieder auf eine Reihe von Menschen, die mich protegierten, allen voran Elio Vittorini, ein großer Homme de lettres, und seine Frau, eine ehemalige Widerstandskämpferin. Durch die Vittorinis lernte ich auch in Mailand alle wichtigen Intellektuellen und Künstler kennen und begann, nach und nach das Haus Feltrinelli für sie zu öffnen. Ich gab viele Einladungen und Feste und brachte viele Menschen zusammen. Und tue das auch heute noch. Ein Freund hat einmal gesagt, für mich sei das Leben wie ein Kindergeburtstag. Das ist natürlich ein bißchen übertrieben. Aber vielleicht ist meine Freude an Festen ja wirklich etwas kindlich. Sie hat sich jedenfalls im Laufe der Jahre nicht verändert. Ich interessiere mich noch genauso wie früher für Menschen, vorausgesetzt, sie haben Talent und Geist, da bin ich allerdings schon ziemlich anspruchsvoll.

Geändert hat sich allenfalls, daß mich junge Menschen heute mehr interessieren als früher. Die alten langweilen mich manchmal ein bißchen. Aber vielleicht auch nur, weil ich viele ihrer Gedanken schon kenne.

Die Sekretärin kommt herein und legt eine Liste für das nächste Fest vor: eine Einladung anläßlich des Mailand-Besuches der chilenischen Schriftstellerin Isabel Allende. 150 Leute werden erwartet. Allerdings sind sie noch gar nicht eingeladen. Inge Feltrinelli fährt mit schnellem Stift über die Gästeliste. Einige Namen streicht sie, andere versieht sie mit Fragezeichen. Manche liest sie laut vor. »Umberto Eco«, sagt sie, »ja, der ist immer dabei. Und wenn er kann, kommt er auch.«

Von Anfang an arbeitete ich an der Seite von Giangiacomo im Verlag mit. Er hat ihn gegründet und ihn im Verlauf von zwei Jahrzehnten, wenn auch nicht zu einem der größten, so doch zu einem in der ganzen Welt angesehenen Verlag gemacht. Dafür hat er schon sehr früh ein Vertriebssystem eingeführt, das sicherstellte, daß seine elitären Bücher auch verkauft wurden, indem er im ganzen Land Verkaufsfilialen einrichtete – die erste im Jahre 1957 in Pisa. Heute haben wir 95. Er etablierte eine Gesellschaft, die für andere Verlage den Vertrieb übernahm. Und er gründete den ersten intellektuellen Taschenbuchverlag. Das war sehr fortschrittlich.

Mit Giangiacomos verlegerischen Vorstellungen konnte ich mich schließlich auch länger identifizieren als mit seinen politischen. Zehn Jahre lang teilte ich auch diese. Dann driftete er immer mehr ab und wurde zu einem radikalen, revolutionären Utopisten. Er war überzeugt, es drohe ein Staatsstreich von rechts, und bereitete seinerseits eine Gegenbewegung vor, um danach ein neues demokratisches Italien aufbauen zu können. Auch wenn sich mittlerweile gezeigt hat, daß er in vielem recht hatte – zum Beispiel damit, daß es in Italien unter dem Namen »Gladio« geheime militärische Gruppierungen gab, die einen Staatsstreich von rechts vorbereiteten und ihre »Soldaten« in geheimen Lagern ausbildeten –, so schätzte er doch seine Möglichkeiten falsch ein: Er hatte zu wenig Erfolg bei den Massen und daher viel zu wenig Leute auf seiner Seite. Sicherlich nicht unbegründet war seine Angst, daß man ein Attentat auf ihn plane. Er hatte internationale Kontakte, darüber hinaus war er reich – und galt deshalb als gefährlich. Dabei war er gar nicht gefährlich: Er wollte nur die Welt verändern. Später hat sich gezeigt, daß alle möglichen Geheimdienste ihn tatsächlich beschatteten. Um sich seinen Verfolgern zu entziehen, ging er in den Untergrund. Von dort aus verfolgte er seine politischen Ziele weiter, bis er drei Jahre später durch eine Explosion an einem Hochspannungsmast, angeblich in Vorbereitung eines Anschlags auf die Stromversorgung Mailands, ums Leben kam. Ganz geklärt wurden die Hintergründe seines Todes nie.

Zu den politischen Meinungsverschiedenheiten in den letzten Jahren unserer Ehe kamen persönliche Differenzen. 1968 trennten wir uns. Auch wenn er danach wieder heiratete, haben wir uns nie ganz verlassen, sondern blieben einander innig verbunden. Einmal durch unseren Sohn Carlo – sein einziges Kind, mein einziges Kind. Ich habe Carlo immer wieder zu ihm gebracht, als er im Untergrund lebte, so daß er ihn, wenn auch manchmal nur für kurze Zeit – zum Beispiel in einem Café –, sehen konnte. Zum anderen waren wir durch den Verlag verbunden, den er mir, als er wegging, übergab. Ich empfand das als ungeheuren Vertrauensbeweis, denn der Verlag war ihm, neben seinen politischen Aktivitäten, außerordentlich wichtig. Dennoch haben wir ihn weiterhin als Präsidenten betrachtet. Ich habe ihn kontinuierlich informiert, und wir alle haben seine Meinung respektiert und seine Ratschläge befolgt. Erst nach seinem Tod im Jahre 1972 bin ich Präsidentin geworden.

Von dem Zeitpunkt an, als Giangiacomo untertauchte, bis in die 80er Jahre, gab es – sogar für mich – schwierige Phasen.

Ich hatte Angst, daß Carlo entführt werden könnte, gewissermaßen als Geisel für seinen Vater.

Es war eine gefährliche Zeit, nicht nur für uns, denn damals wurden viele Kinder gekidnappt. Man riet mir, unseren Sohn in ein Schweizer Internat zu stecken, wie alle Leute das machten, aber ich wollte nicht, daß er das übliche Schicksal reicher Kinder teilte, die mit zehn Jahren im Internat verschwinden und irgendwann verdorben wiederkommen. Ich wollte ihm keine exklusive, sondern eine normale, demokratische Jugend bieten – und habe auch keine Bodyguards angestellt, obwohl das durchaus angebracht gewesen wäre. Statt dessen schickte ich ihn auf wechselnden Schleichwegen in die Schule und ließ ihn teilweise von meinem Hauspersonal bewachen. Manchmal bin ich auch selbst mit dem Fahrrad hinter ihm hergefahren. Wir haben ihn beschützt, wenn auch nicht durch professionelle Leibwächter: Er sollte ein möglichst normales Leben führen können, ohne Ängste und Traumata. Das ist mir, glaube ich, auch gelungen. Er jedenfalls sieht es so. Daß es mir mit ihm ähnlich erging wie meiner Mutter in der Hitlerzeit mit mir, war mir damals nicht bewußt.

Was mir ebenfalls Sorgen machte, war der Verlag. Als Folge seines Verschwindens sperrten die Banken zunächst alle Konten. Die Autoren liefen weg, weil sie nicht wußten, ob es noch einen Verleger gab und wie es weitergehen würde. Alle unsere Anwälte und Berater empfahlen, daß man den Verlag nur auf ganz kleiner Flamme weiterführen sollte, mit etwa vier bis fünf neuen Büchern pro Jahr, damit er keiner Unterstützung aus dem Vermögen meines Sohnes bedürfe. Mit einer so kleinen Produktion wäre der Verlag jedoch eingegangen. Die Alternative war mindestens ebenso furchtbar: Man rechnete mir vor, daß wir zu viele Leute bezahlten und uns von 25 Mitarbeitern trennen müßten. Das war der schlimmste Moment überhaupt: daß wir, als sogenannter linker Verlag, diese Leute entlassen mußten. Es war für mich auch menschlich sehr schwierig, diese Entscheidung zu treffen. Aber ich mußte es tun: Anders hätte der Verlag nicht überlebt.

Dennoch war ich nie deprimiert und eigentlich auch nie schwach. Ich war – trotz allem – immer optimistisch. Im nachhinein betrachtet, hatte die Phase, in der der Verlag um seine Existenz kämpfen mußte, auch viel Positives. Zum einen bewiesen viele Leute in und außerhalb des Hauses eine ungeheure Solidarität. So verzichteten zum Beispiel viele ganz oder teilweise auf ihr Gehalt. Zugleich haben wir das Unternehmen entrümpelt und, wie man im Italienischen sagt, die »rami secchi«, also die trockenen Zweige, abgeschnitten. Wir haben einige Buchreihen aufgegeben, andere initiiert und dem Verlag ein neues Erscheinungsbild verpaßt. Wir haben auch neue, junge Autoren gefunden, und von den alten sind viele – mit schlechtem Gewissen – zurückgekommen. Seit den 80er Jahren ist das Unternehmen wieder stabil. Carlo ist der Verlagsdirektor. Er führt die Geschäfte, während ich mehr für die Kontakte nach außen zuständig bin.

Ich lebe jetzt seit 48 Jahren in Italien. Italienisch spreche ich noch immer nicht wirklich gut, das liegt sicher daran, daß Giangiacomo immer Deutsch mit mir gesprochen hat. Mittlerweile fühle ich mich von der »Nationalität« her als Mailänderin. Das ist, glaube ich, eine gute Definition meiner Identität.

Deutschland hat viele Vorzüge. Das Verkehrssystem, das Gesundheitssystem, das ganze Sozialsystem ist ungeheuer modern und viel besser als in Italien. Es hat zudem seine faschistische Vergangenheit viel besser bewältigt als Italien, hier hat es keine 68er-Revolution gegeben, und ich finde es bewundernswert, daß Deutschland bis vor kurzem einen Bundeskanzler und einen Außenminister hatte, die aktive 68er waren. Diese Auseinandersetzung mit dem Faschismus hat in Italien nie stattgefunden, trotz der vielen linken Parteien.

Dennoch möchte ich nicht mehr in Deutschland leben. Es fehlt mir dort einfach die Leichtigkeit der Italiener. Auch der Spaß. Abgesehen davon bin ich nach wie vor sehr an den Verlag gebunden. Ich arbeite noch immer sehr viel, vor allem muß ich viel reisen. Aber diese Art von Öffentlichkeitsarbeit – die wiederum mein Sohn nicht besonders mag – macht mir sehr viel Spaß. Wir lieben uns sehr, aber wir streiten uns auch oft. Man weiß ja, daß es schwierig ist, mit dem eigenen Vater in einem Unternehmen zu arbeiten. Mit seiner Mutter zu arbeiten ist sicher noch viel, viel schlimmer!

Darüber, daß ich mittlerweile 78 bin, denke ich nicht weiter nach. Eigentlich habe ich mein Alter immer ignoriert. Natürlich hat man so seine kleinen Zipperlein, Arthrosen und so, aber ansonsten nehme ich mein Alter nicht zur Kenntnis. Das einzige, was mich wirklich stört, ist, daß ich nicht mehr so lange tanzen kann! Kürzlich war ich auf einem Gaucho-Fest in Argentinien, wo ich festgestellt habe, daß ich aus der Puste komme, wenn ich lange tanze. Das ist wahrscheinlich das Alter. Schade – ich habe mein Leben lang wahnsinnig gern getanzt.

Alles in allem bin ich ein bißchen kontemplativer geworden. Ich gehe, wenn ich nicht ausgehen muß, gern um acht Uhr abends ins Bett, lasse den Fernseher ohne Ton laufen und lese. Das ist meine größte Wonne, die ich mehr und mehr genieße. Überhaupt genieße ich inzwischen das Alleinsein.

> Meine frühere Vergnügungssucht hat deutlich abgenommen. Ich bin absolut glücklich, wenn ich allein bin, und langweile mich nie.

Als ganz großes Geschenk empfinde ich meine beiden Enkelkinder. Als Mutter war ich sicher eine Katastrophe. Ich war zu anspruchsvoll gegenüber meinem Sohn, zu fordernd, zu ungeduldig, zu wenig einfühlsam, eine Nervensäge. Und ich habe ihn auch oft allein lassen müssen. Natürlich war er nicht ganz allein, aber ich war eben nicht da, sondern mußte arbeiten und verreisen. Aber als Großmutter bin ich, glaube ich, viel amüsanter und mache auf diese Weise sicher wieder etwas gut. Meine Enkelkinder – sie sind acht und elf – sind sehr witzig, und ich habe viel Spaß mit ihnen. Sie nennen mich »Mops«. Sie finden es herrlich, wenn andere Kinder, die ihre Großmutter eben »Großmutter« oder »Oma« nennen, sich wundern, daß ich nicht »Oma« sondern »Mops« bin.

Ich habe ein wunderbares Leben und bin meinem Schicksal sehr dankbar. Oder den Göttern, wo immer die sind. Ich habe versucht, mit meinen Pfunden zu wuchern, habe viel Außergewöhnliches erlebt, phantastische Erfolge gehabt und viel geschenkt bekommen – Freundschaften und andere Glücksmomente. Ich habe auch versucht, viel zu geben. Allerdings habe ich auch viele Fehler gemacht, für die ich bezahlt habe und die ich heute nicht mehr machen würde: Ich war oft zu schnell entschlossen und daher oberflächlich und in meinen Entscheidungen manchmal zu unflexibel. Ich hätte weicher sein müssen. Heute bin ich das schon mehr!

Alles in allem habe ich sehr viel Glück gehabt. Touch wood!

Paul Bocuse
France

Paul Bocuse

über Arbeit

Paul Bocuse, geboren 1926, ist der berühmteste Koch der Welt. Für seine kulinarischen Künste wurden ihm vom Guide Michelin im Jahre 1965 erstmals drei Sterne verliehen – die höchste Auszeichnung, die die Juroren der französischen Gourmet-Bibel zu vergeben haben. Bis heute mußte er keinen Stern davon abgeben, ein Kunststück, das ihm bislang keiner seiner Kollegen nachgemacht hat. Das bedeutet 40 Jahre Ruhm – aber auch Disziplin und harte Arbeit. Sie haben gleichwohl Früchte getragen. Heute ist der Commandeur der französischen Ehrenlegion nicht nur stolzer Besitzer des Drei-Sterne-Restaurants »L'Auberge du Pont de Collonges« und der benachbarten »L'Abbaye« nördlich von Lyon, sondern auch der ultramodernen Brasserie »L'Ouest«, in der internationale Küche – von italienisch über kreolisch bis asiatisch – angeboten wird. Er hält Kochseminare auf der ganzen Welt, hat bekannte Kochbücher verfaßt, ein Institut gegründet, das Kochschüler aus 42 Nationen ausbildet, und vertreibt unter seinem Namen exklusive kulinarische Produkte in Europa, Amerika, Asien und Australien – während zu Hause, im Lyonnais, 400 Angestellte damit beschäftigt sind, täglich 2200 Gerichte zuzubereiten und in seinen Restaurants zu präsentieren. Daß man es dabei mit der »Nouvelle Cuisine« in Nanoportionen zu tun bekommt, ist ein Gerücht, das der Maître energisch dementiert: höchste Zeit, ein Mißverständnis aufzuklären und seine Küchenprinzipien ins rechte Licht zu rücken.

Die Saône ist ein langer, ruhiger Fluß. Pappeln, Platanen und Holunderbüsche säumen das dunkelgrüne Ufer, und dann und wann ein Schloß mit grauem Schie-

ferdach. Das Wasser ist klar und fischreich und zieht die Angler an, die bewegungslos an der Böschung stehen, die schwimmenden Leinen hoffnungsvoll im Blick. An der Uferstraße in Collonges au Mont d'Or, einem 4000-Seelen-Dorf bei Lyon, steht das Haus von Paul Bocuse. Schon in den Vororten weisen Straßenschilder mit nichts als seinem Namen den Weg. Das Gebäude selbst ist unübersehbar: An langen Masten wehen eine französische, eine amerikanische und eine europäische Flagge vor der buntbemalten Fassade mit dem Konterfei des Meisters.

Hier wurde Paul Bocuse geboren. Hier lebt er noch immer, schläft in demselben Zimmer, in dem seine Mutter vor 80 Jahren mit ihm niederkam. Sie hat das Haus mit in die Ehe gebracht und das Restaurant dazu, das schon ihr Vater betrieben hatte und das sie später mit ihrem Mann, Pauls Vater, führte, dessen Vater seinerseits ebenfalls Gastwirt gewesen war: Die Affinität zur Küche liegt Bocuse also in den Genen.

Mit den Michelin-Sternen begann nicht nur der Ruhm, sondern auch das ehemals eher bescheidene Haus an der Saône zu glänzen: an den Küchenborden hängen in langen Reihen blankpolierte Kupfertöpfe, an den Decken funkeln Kronleuchter, an den Wänden Spiegel. Bocuse weiß, was er sich und seinen Gästen schuldig ist: eine perfekte Küche in perfekter Inszenierung. Dazu gehört die Gemessenheit in Gang und Gestik des Patrons ebenso wie die patriarchalische Pose und das Lächeln für den Fotoapparat, wenn Gäste ihr Festessen mit dem Maître im Hintergrund auf den Chip bannen. Dazu gehört auch das makellos weiße Küchen-Habit, gekrönt von einer halbmeterhohen, steifgefältelten Kochmütze, die Bocuse wie eine Tiara trägt, wenn er seine Kunst repräsentiert. Zum Interview nimmt er sie ab und legt sie vorsichtig vor sich auf den Tisch. Den Patriarchen glaubt man ihm auch ohne Mütze. Er spricht lebhaft und nachdrücklich, von 80 Jahren keine Spur.

»Champagner?« fragt er und übergeht die zögerliche Antwort. »Wieso nicht?« »Champagner!« befiehlt er dem Kellner. Er selbst trinkt nicht. Er raucht auch nicht. Und er ißt, wie er sagt, wenig. Morgens Porridge, mittags ein Gericht, wie es den Gästen serviert wird, so kontrolliert er die Qualität seiner Köche. Abends nur eine Kleinigkeit: »Ich bin schließlich 80.«

Paul Bocuse ist zweifellos ein strenger Patron. Zugleich strahlt er eine souveräne Herzlichkeit aus, wenn er eine wildfremde Journalistin mit Wangenkuß begrüßt, den Gästen väterlich die Hand auf die Schulter legt oder einen im Gespräch vertraulich am Arm berührt.

Das Geheimnis meines sogenannten Erfolgs ist gar kein Geheimnis: Ich habe sehr viel gearbeitet und meine Möglichkeiten genutzt. Dazu kommt eine gewisse Geradlinigkeit im Konzept, das ich verfolgt habe. Allerdings: Was ist überhaupt Erfolg? Um davon sprechen zu können, müßte man einen Maßstab dafür haben. Den habe ich nicht. Aber nicht nur deshalb bin ich mit dem Wort sehr vorsichtig: Wer sich für erfolgreich hält, läuft leicht Gefahr, in seiner Arbeit nachzulassen. Und dann ist es mit dem Erfolg schnell vorbei.

Ich reise viel, weil ich wissen will, was die Leute in anderen Ländern essen. Die Zeiten ändern sich, man muß mit der Zeit gehen und auch das Neue zulassen. Zumindest soweit es das Ausland betrifft. In Frankreich dagegen gilt für mich immer noch das Prinzip der klassischen französischen Küche, wie wir sie in der »Auberge du Pont de Collonges« anbieten. Damit meine ich keineswegs die »Nouvelle Cuisine«. Wenn ich als ihr Erfinder gelte, so beruht das auf einem Irrtum.

> »Nouvelle Cuisine« ist ein Etikett, das mir die Journalisten verpaßt haben. Wie sollte man überhaupt einen Küchentrend »erfinden«? Man kann schon froh sein, wenn man auch nur ein einziges Gericht erfunden hat!

Wenn Sie zwei Produkte kombinieren, die nicht zusammenpassen – wie zum Beispiel Seezunge mit Schokoladensauce –, dann ist das noch lange keine Erfindung! Um aber etwas gänzlich Neues zu kreieren, müßte man neue Produkte haben. Und die hat man nicht. Also besteht das »Erfinden« fast immer nur aus einem mehr oder minder neuartigen Arrangement bekannter Zutaten. Ich nehme keinerlei Erfindung für mich in Anspruch. Auch nicht die Suppe

»Valéry Giscard d'Estaing«, die ich im Auftrag des damaligen französischen Präsidenten im Jahre 1975 für ein Diner im Elysée-Palast zum erstenmal gekocht habe und die seither auf meiner Speisekarte steht – eine mit Blätterteig überbackene Bouillon mit kleinen Rindfleischstücken und schwarzen Trüffeln. Etwas davon stammt aus einem Rezept von Haeberlin, ein anderer Teil von jemand anderem und der dritte Teil von mir. Ich habe sie vielleicht zum erstenmal in dieser Kombination serviert. Aber nicht einmal das weiß ich so genau. Wie sollte ich überprüfen, ob sie nicht schon einmal jemand anderem eingefallen ist? Ich glaube, daß alles schon erfunden ist: Die Menschheit ißt ja schließlich schon seit einer ganzen Weile.

Dabei frage ich mich: Warum muß man überhaupt ständig etwas Neues machen? Das verlangen doch nur die Journalisten! Der Guide Gault Millau schrieb einmal lobend über einen Koch, er erfände jeden Tag ein neues Gericht. So ein Blödsinn, so etwas gibt es überhaupt nicht! Das macht mir diesen Koch ziemlich suspekt. Und den, der es geschrieben hat, ebenfalls.

Die Verbindung mit der »Nouvelle Cuisine« verdanke ich einem Versehen. Ich hatte mich in den 60er Jahren mit elf anderen Sterne-Köchen zu einer »Société des Étoiles« zusammengeschlossen. Im Jahre 1970 heuerte uns die Fluggesellschaft Air France an, um das Catering für die Concorde auszuarbeiten, und stellte uns am Flughafen Orly durch einen Mitarbeiter von Gault Millau der Presse vor. Er hatte sagen wollen: »Ich stelle Ihnen die ›große französische Küche‹ vor!« Statt dessen sagte er: »Ich stelle Ihnen die ›neue französische Küche‹ vor.« Damit war der Ausdruck in der Welt und hat fortan zu vielen Mißverständnissen geführt.

> Ich habe nie für eine »neue« Küche plädiert. Für mich gibt es nämlich weder eine »alte« noch eine »neue« Küche, sondern nur eine »gute« Küche! Schluß, aus!

Und die basiert auf der klassischen französischen Küche nach Escoffier – und das heißt: Butter, Wein und Sahne. Das sind die drei Säulen der guten Küche. Es ist nicht gerade eine Diätküche. Warum auch? Diätküche ist Diätküche. Also etwas ganz anderes. Die »gute« Küche dagegen braucht Fett. Ohne Fett kein Geschmack! Nehmen Sie mageres Ochsenfleisch: Es stammt von schlechtgenährten Ochsen und hat keinen Geschmack. Denken Sie dagegen an dieses japanische Rindfleisch von jenen Kobe-Rindern, die ihr Leben lang gut ernährt und massiert werden: es ist das beste Rindfleisch der Welt. Und es ist fett! Denken Sie an gute Würste, an guten Schinken, an schmackhafte Langusten! Oder an die Bresse-Hühner, wie wir sie in unserer Küche verwenden: sie sind wohlgenährt – und fett!

> Die einzige Veränderung, die meine Kollegen und ich seinerzeit angestrebt hatten, war, die Überladenheit, die damals auf den Tellern der herkömmlichen französischen Küche herrschte, zu reduzieren.

Die salz- und fettlose Kost, die von manchen Köchen in der Folge propagiert wurde, gehörte niemals zu meinem Konzept. Heute geht der Trend weg von dieser virtuellen Molekular-Küche, man kehrt wieder zurück zur wahren Küche, die auf erstklassigen regionalen Produkten basiert. In dieser Beziehung ist Frankreich das herrlichste Land der Welt. Dank unserer Meere – dem Atlantik im Norden und dem Mittelmeer im Süden – haben wir die besten Fische. Wir haben Vieh, wir haben Früchte, Gemüse und Wein. Wir sind von Gott gesegnet, besonders hier in dieser Gegend um Lyon, wo wir ebenso nah an den Bergen wie am Meer sind und jede Art von Klima haben. Diese Vielfalt guter Produkte bedingt die Vielfalt der französischen Küche. Und man lernt gerade, sie wieder zu schätzen.

Wir kehren auch zurück zu einer Küche der Authentizität. Damit meine ich: eine identifizierbare Küche. Die italienische Küche ist das beste Beispiel dafür: Sie ist so beliebt, weil man immer weiß, was man ißt. Wie oft passiert es einem anderswo, daß der Oberkellner ein Gericht bringt und erst mal fünf Minuten lang erklären muß, was man auf dem Teller hat. Wenn ich ein Suppenhuhn esse, will ich auch wissen, daß ich ein Suppenhuhn esse!

Abgesehen von der Qualität der Produkte, der richtigen Würze und Garzeit zeichnet sich ein guter Koch durch eine konzeptuelle Linie aus, die er beibehält. Es kommt nicht auf die permanente Änderung an, sondern auf das, was bleibt. Wir versuchen seit jeher, an einer bestimmten Basis festzuhalten, und haben dafür vor 40 Jahren drei Michelin-Sterne bekommen – und sie immerhin bis heute behalten. Wie entschieden wir an unserer Linie festhalten, zeigt unsere Speisekarte: sie ist seit 40 Jahren mehr oder minder dieselbe. Die Trüffelsuppe zum Beispiel servieren wir seit 30 Jahren. Wenn der Gast zu uns kommt, weiß er schon vorher, was er essen wird. Er bestellt oft nicht nur den Tisch, sondern auch schon das Gericht.

Auch viele meiner Mitarbeiter sind seit Jahren dieselben. Sie sind die besten in Frankreich. Wären sie es nicht, wären sie nicht mehr da. Wenn ich neue Leute einstelle, achte ich auf gutes Benehmen, Disziplin, Ausdauer und Motivation bei der Arbeit. Ob sie das mitbringen, sehe ich sofort – und ich täusche mich selten.

Ob sie gut in der Küche oder im Service sind und ob sie ins Team passen, das entscheidet dann die Truppe. Und zwar ziemlich schnell. Wenn nicht … (*Eine wegwerfende Handbewegung, begleitet von einem energischen Pfeifen, signalisiert, wie schnell der Betreffende wieder vor die Tür gesetzt werden kann.*)

> Ich verlange viel. Sehr viel. Aber ich verlange auch sehr viel von mir selbst.

Wichtig ist, daß man mit gutem Beispiel vorangeht. Ich bin jeden Morgen der erste im Restaurant. Und ich erwarte von mir, daß ich die Anweisungen, die ich meinen Angestellten gebe, auch selber ausführen könnte. Man muß es den Lehrlingen vormachen können. Schließlich sind wir keine Künstler, sondern Handwerker und dürfen den Sinn für die Realität nicht verlieren. Das heißt natürlich auch, daß man sich um seine Finanzen kümmern muß. Nur für den Augenblick zu verdienen reicht nicht. Dafür lohnt sich der Aufwand nicht. Man muß in der Lage sein, in den Betrieb zu investieren. Und das geht nur, wenn man langfristig gut ist und eine Küche macht, die die Moden überlebt.

Ich habe schon als Kind gelernt, einen Sinn für die Realität zu entwickeln. Wir hatten nicht viel Geld. Mein Großvater hatte das Restaurant »Bocuse« verkauft, und mein Vater, der im Lokal seines Schwiegervaters gearbeitet hatte, wurde bei Kriegsausbruch 1939 eingezogen. Das Restaurant, das unsere Lebensgrundlage gewesen war, wurde geschlossen, weil eine Bombe die Brücke von Collonges und damit den Zufahrtsweg zerstört hatte. Später habe ich es dann übernommen. Es war immer mein Ehrgeiz, den Namen »Bocuse«, den mein Großvater mit verkauft hatte, zurückzukaufen: Im Jahre 1959 hat mir ein Metzger aus Lyon das Geld dafür geliehen. Und dafür, den Mitinhaber am Restaurant meiner Eltern auszubezahlen. Das war der Anfang. Zwei Jahre später bekam ich den ersten Stern im Michelin.

Daß ich einmal Koch werden würde, stand nie zur Debatte. Mein Großvater war ja Koch, mein Vater war Koch. Es war normal, daß ich ebenfalls Koch würde. Ich habe es mir nicht ausgesucht, es war kein Thema, ich bin es geworden, fertig.

Eine besondere Beziehung zum Essen hatte ich in meiner Jugend eigentlich nicht, obwohl ich schon früh anfing zu kochen. Ich mochte und aß alles. Wir waren ja froh, daß wir etwas zu essen hatten und nicht, wie viele andere Leute im Krieg, gehungert haben. Wir lebten hier in Collonges auf dem Lande, man ging zur Jagd, das tue ich bis heute, und wir fingen die Fische aus dem Fluß, außerdem Enten, Hasen und Kaninchen. Erlaubt war das natürlich nicht. Aber es war ja Krieg, und da gelten für das Wildern andere Gesetze. Mein Vater zeigte mir, wie man das macht. Außerdem hielten wir eine Kuh, Schafe und Ziegen.

Obwohl bei uns ja immer gekocht wurde, erinnere ich mich eigentlich nicht an die Gerüche meiner Kindheit. Oder vielleicht doch: Ich erinnere mich an den Garten meiner Großmutter: an die Äpfel, die im September geerntet wurden, und an die Birnen, die meine Großmutter pochierte und mit karamelisiertem Zucker übergoß. Dieser Geruch von karamelisiertem Zucker ist mir bis heute geblieben.

Ich habe hart gearbeitet. Auch das war normal. Man muß schließlich arbeiten. Ohne Arbeit läuft gar nichts. Ich war sehr froh, als ich nach verschiedenen Lehrstellen im Restaurant einer damals sehr renommierten Köchin, bei Mère Brazier in Col de la Luère in der Provinz Rhône, eine Stelle als Koch bekam. Sie war sehr streng, aber sie war ein Vorbild. Sie engagierte mich, weil ich zum Vorstellen bei ihr viele Kilometer einen steilen Hügel mit dem Rad hinaufgefahren war. Bei Mère Brazier mußte ich um fünf Uhr morgens aufstehen und alles machen, was anfiel: Kühe melken, Holz hacken, im Garten arbeiten, waschen, bügeln und natürlich kochen. Der Tag war lang, meistens kam ich erst gegen elf Uhr abends ins Bett. Das Kochen war übrigens gar nicht so einfach, denn es war ja Krieg, und es fehlten viele Zutaten. Die mußte man auf dem Schwarzmarkt besorgen, indem man das, was man hatte, tauschte gegen das, was fehlte: Kalbfleisch gegen Geflügel, Hasen gegen Zucker und so weiter.

Die Arbeitsmoral hat sich seither enorm verändert. Es gibt niemanden, der länger als 35, höchstens 39 Stunden arbeiten will. Das schreibt schon das Gesetz vor. Und das Gesetz muß man achten.

Als ich 18 war, wurde ich eingezogen. Diesem Umstand verdanke ich eine der wichtigsten Erfahrungen meines Lebens: Schon nach ein paar Monaten wurde ich verwundet und aus der Armee entlassen. An diesem Tag habe ich mir gesagt, daß mir jetzt nichts mehr passieren kann! Wirklich gar nichts! Wäre ich weiter Soldat gewesen, wäre ich vielleicht erschossen worden oder auf eine Mine getreten – wie so viele andere. Aber es ist nicht passiert. Ich bin hier! Ich habe mich damals gefragt: Warum die anderen, warum ich nicht? Die Tatsache, daß ich damals überlebt habe, ist wunderbar und bedeutet für mich 61 Jahre Überfluß! Sie hat mir Mut gemacht und mir eine gewisse Freiheit gegeben – schon mein ganzes Leben lang.

Ich bin jetzt 82. Wie es sich anfühlt, alt zu werden? Hören Sie mal, ich bin nicht alt!

Ich laufe nicht mehr so schnell wie früher. Mehr kann ich dazu nicht sagen. Ich denke nicht darüber nach. Wie ich überhaupt der Meinung bin, daß das Leben zu kurz ist, als daß man sich darin allzu ernst nehmen sollte. Denken Sie nur, wie kurz unsere Passage auf der Erde ist, gemessen an der Geschichte der Menschheit. Ich habe mich jedenfalls nie allzu ernst oder allzu wichtig genommen.

Ich glaube nicht, daß ich mich sehr verändert habe. Ich bin nicht netter geworden. Auch nicht geduldiger. Vielleicht ein bißchen toleranter – allerdings nur bis zu einem gewissen Grad, nicht zu sehr: Man braucht trotz allem Disziplin.

Die Ziele, die ich mir setze, haben sich nicht geändert. Meine Perspektiven sind zwangsläufig kürzer geworden. Auch pragmatischer: Ich konzentriere mich mehr auf das Naheliegende.

Auch mein Privatleben ist so, wie es immer war. Freunde hatte ich nie viele, es sind hauptsächlich die, mit denen ich auf die Jagd gehe. Für andere Freunde hatte ich keine Zeit. Ihre Zahl hat allerdings abgenommen. Marcel Pagnol hat einmal geschrieben: »Wenn man sich im Autobus des Lebens umdreht, stellt man eines Tages fest, daß schon viele Passagiere ausgestiegen sind.« So ist das eben.

Mit meinen Gästen war ich nie befreundet. Es waren bekannte Leute darunter – Präsident de Gaulle, Winston Churchill, Rita Hayworth, Brigitte Bardot, Helmut Kohl und andere – Politiker eben und Schauspieler. Kein Grund, stolz darauf zu sein. Sie sind auch nur Menschen wie ich: stehen am Morgen auf und haben manchmal Kopfschmerzen. Ich sehe da keinen Unterschied.

Ich wohne in diesem Haus schon mein Leben lang. Ich wollte nie woanders sein. Ich bin viel gereist, aber immer gerne hierher zurückgekehrt. Wir besitzen ein Haus auf dem Land, aber wir haben keine Zeit, dorthin zu fahren. Ich habe auch keine Zeit, zu Hause zu kochen. Weil ich nie zu Hause bin. Insofern hat sich auch in dieser Beziehung nicht viel verändert.

Zugegeben, mein Beruf hat mich an einigem gehindert. Zum Beispiel daran, ein richtiges Familienleben zu führen. Ich bin seit 60 Jahren mit meiner Frau zusammen, wir haben nach dem Krieg geheiratet. Ich habe Glück gehabt, man hatte nicht so viel Auswahl damals. Sie arbeitet ebenfalls im Betrieb: 80 Prozent des Hauses Bocuse gehen auf ihr Konto. Wir haben zwei Kinder, aber die Arbeit ging immer vor.

Man führt ja nicht das Leben, das man führen will, sondern das, das man führen kann. Man muß eben seinen Preis bezahlen. Aber ich bereue nichts. Außer den Schmerzen, die ich vielleicht den Frauen zugefügt habe. Ich liebe Frauen. Und es hat nicht nur einmal mehr als eine in meinem Leben gegeben.

Ich arbeite noch immer jeden Tag vom frühen Morgen bis zum Abend. Ich bin gezwungen zu arbeiten: Was würde ich sonst tun? Ich kann nichts anderes. Es gab mal eine Phase, da habe ich gerne fotografiert. Aber ich fand mich nicht gut genug. Ich will das, was ich tue, immer sehr gut machen. Wenn ich nicht gekocht hätte, wäre ich vielleicht Wilddieb oder Wildhüter geworden, was ungefähr auf dasselbe herauskommt. Aber wahrscheinlich eben doch – Koch.

Bin ich glücklich? Es geht mir nicht schlecht. Ich stehe auf, wenn ich wach bin, ich esse, wenn ich Hunger habe, und ich gehe schlafen, wenn ich müde bin, was will ich mehr?

Das Gespräch ist beendet. Paul Bocuse setzt die Kochmütze wieder auf und drängt ins Restaurant, wo der Chef de Rang, Alfred – seit 40 Jahren im Gefolge von Bocuse –, ein meisterliches Menü serviert, das der Chef selbst zusammengestellt hat: als Amuse Gueule ein ultra-cremiges Süppchen aus frischen grünen Erbsen, gefolgt von der legendären Elysée-Bouillon »Valéry Giscard d'Estaing« unter gelblich gebräunter Blätterteighaube, wiederum gefolgt von Rotaugen-Filet auf einer delikaten hellen Soße und einem Hauch von goldenen Kartoffelschuppen. Schließlich – nach einer erfrischenden, sparsam gesüßten »Granité von Beaujolais-Trauben« – ein im Schweinsnetz gegartes Bresse-Huhn, das mit schwarz unter der Haut schimmernden Trüffeln gespickt ist. Das opulente Dessertbuffet, unter dessen Pracht sich der Servierwagen biegt, muß leider unberührt wieder davongerollt werden.

Frank Gehry

über Respekt

Frank Gehry, geboren 1929, ist einer der führenden internationalen Architekten unserer Zeit mit unverwechselbarer baukünstlerischer Handschrift. In Berlin hat er das Verwaltungsgebäude der Deutschen Genossenschaftsbank, in Herford und in Bilbao das Museum, in Los Angeles die Walt Disney Concert Hall gebaut: ebenso kühne wie individuelle Meisterwerke moderner Architektur, die sich sowohl durch originelle Formen und Materialien auszeichnen als auch durch ihre Fähigkeit, sich in die bauliche Nachbarschaft einzuordnen oder ihr zumindest zu entsprechen. In Kanada als Sohn jüdischer Eltern geboren, hat er an der Design-School der Universität Harvard studiert und zunächst in Paris und New York gearbeitet, ehe er endgültig nach Kalifornien übersiedelte. Er ist verheiratet, Vater zweier erwachsener Töchter und lebt und arbeitet bei Los Angeles.

Ein Loft in Marina del Rey, einem Vorort von L.A., nicht weit vom Pazifik entfernt: Schreibtische, Computer, schweigsam-konzentrierte Mitarbeiter bei der Arbeit. Keiner sieht auch nur auf, wenn Frank Gehry an ihnen vorbeigeht, untersetzt, weißhaarig, lässig, ein bißchen müde. Er ist gerade nach sechsstündigem Flug aus New York zurückgekommen. Überall im Raum stehen Modelle, die meisten in vielerlei Variationen; denn für jeden Bau, den er entwickelt, läßt Gehry verschiedene Modelle herstellen, in denen der Auftraggeber seine Wünsche in immer wieder abgewandelter Form Gestalt annehmen sieht. Für ein Hochhaus in Frankfurt wurde gerade ein ganzes Viertel im Modell gebaut, damit schon in der Planung ersichtlich ist, wie sich das Projekt in seiner Nachbarschaft ausnehmen wird. So nähert sich Gehry seinem endgültigen Entwurf: nicht etwa ungestüm und egomanisch, wie man es anhand seiner teilweise monumentalen Bauten auf den ersten Blick vermuten könnte, sondern bescheiden trotz aller Kühnheit, suchend, neugierig auf das Ergebnis, unsicher wie eh und je – ob er der Herausforderung gewachsen sein wird: eine Balance zu finden zwischen der eigenen Vorstellung, dem Respekt vor anderen und der Einsicht in die Realität.

Der Realität des Interviews stellt er sich liebenswürdig und geduldig und ohne jeden Verweis auf die Strapazen des Vormittags. Er spricht langsam, unangestrengt und überlegt. Zuweilen legt er kurze Denkpausen ein, in denen sich der Gedanke aufdrängt, daß er, wie viele bildende Künstler, das Gespräch vermutlich lieber mit dem Zeichenstift als mit Worten führen würde.

Ich bin in einer jüdischen Familie aufgewachsen und habe den Talmud studiert. Mit einer solchen Kindheit stellt man sich sein Leben lang Fragen, denn der Talmud beginnt mit »Warum?«. Ich frage mich also bei jeder Aufgabe: »Warum ist das so? Warum nicht anders?« Bis ich dann irgendwann zu einem Ergebnis komme.

Hinter meiner Arbeit steckt keine kritische intellektuelle Philosophie. Mein Ansatz war immer nur, meine Arbeit gut zu machen. Du hast einen Kunden, und der hat ein Problem. Du setzt dich damit auf der Basis einer gewissen Ethik, Moral und Sensibilität auseinander und versuchst, eine Lösung für das Projekt zu finden. Ich weiß nie, was ich machen werde, wenn ich beginne. Und beginne, indem ich Fragen stelle. Daraus entwickelt sich dann nach und nach alles andere.

Ein wichtiger Aspekt bei jeder Arbeit und auch im Leben ist, daß sie die goldene Regel befolgt. Ich will Ihnen eine Geschichte erzählen. Rabbi Hillel trifft einen Ungläubigen, der zu ihm sagt: »Du glaubst an die falsche Religion. Nur das, was ich glaube, und so, wie ich lebe, ist es richtig.« Rabbi Hillel antwortet: »Du weißt doch gar nicht, wie ich lebe und woran ich glaube. Soll ich es dir sagen?« Darauf der Ungläubige: »Sag es mir, aber mach es kurz. Ich werde dir nur so lange zuhören, wie ich auf einem Bein stehen kann.« Er stellt sich also auf ein Bein, und Rabbi Hillel sagt: »Meine Regel ist: Gehe mit anderen nur so um, wie du möchtest, daß sie mit dir umgehen.« Das ist die goldene Regel. Ich versuche, danach zu leben. Und danach zu arbeiten. Es ist meine ganz einfache Form von Philosophie: Ich versuche, respektvoll zu sein.

> Wenn ich einen Bau plane, schaue ich mir die umliegenden Gebäude an und stelle sie mir als Menschen vor. Ich habe Respekt vor ihnen und betrachte sie als die Nachbarn meines Gebäudes.

Wenn ich meinerseits ein guter Nachbar sein will, kann ich kein 50stöckiges Haus neben das Haus meines Nachbarn stellen. Und ich kann auch sein Haus nicht kopieren, weil ich dabei seine Sprache übernehmen oder es womöglich herabsetzen würde. Das verbietet der Respekt.

Gebäude wie die Disney Concert Hall oder wie das Museum in Bilbao sehen nicht aus wie ihre Nachbarn. Aber sie haben eine ausgewogene Beziehung zu ihnen. Man sieht das leider nie auf den Fotos, die veröffentlicht werden, weil die Architektur-Fotografen die Gebäude immer ohne ihren Kontext fotografieren und ohne Menschen. Beides scheint ihre ästhetische Sichtweise zu stören. Mir gefallen diese Fotos nicht, weil sie wesentliche Aspekte meiner Architektur weglassen. Deshalb habe ich früher Fotos meiner Arbeiten selbst in Auftrag gegeben. Ich gebe zu, in letzter Zeit habe ich etwas die Kontrolle darüber verloren.

Ich will den Bezug meiner Bauten zu ihrer Umgebung anhand des Beispiels der Disney Concert Hall erläutern. Ihr gegenüber, auf der anderen Straßenseite, steht ein Gebäudekomplex in der Form einer Schachtel. Eine Schachtel symbolisiert in der Architektur Stärke. Hätte ich meinerseits eine Schachtel gebaut, wäre eine Wettbewerbssituation zwischen den beiden entstanden. Deshalb habe ich die Form meiner Schachtel in mehrere kleinere Teile aufgebrochen. Jetzt ist sie anders und hat doch eine gewisse Beziehung zum Nachbargebäude. Die Straße macht dort eine leichte Biegung: Diese wird im Schwung der Fassade reflektiert. Der Garten des Museums wiederum ist auf der Seite angelegt, wo in der Nachbarschaft die Wohnhäuser stehen, und die Büros liegen da, wo sich auch in der Nachbarschaft Büros befinden. Von außen ist die Disney Concert Hall also ein guter Nachbar. Und was das Innere betrifft, so war es mir wichtig, daß die Konzertbesucher eine Beziehung zu den Musikern herstellen können und die Musiker zu den Besuchern, so daß sich auf beiden Seiten etwas Gutes entwickelt. Deshalb traf ich mich immer wieder mit dem Direktor, dem Dirigenten und den Musikern, hörte beim Musizieren zu und sprach und diskutierte mit ihnen, weil ich herausfinden wollte, was sie für Bedürfnisse haben und wie ich ihnen entsprechen könnte. Zu diesen Vorgaben kamen dann natürlich praktische Anforderungen: Es mußte eine bestimmte Zahl an Sitzplätzen untergebracht werden, Toiletten, Einrichtungen für die Zubereitung von Essen, Garderoben, Parkplätze, ein Hinterhaus. Es ist wie ein Puzzle, das man zusammenfügen und das hinterher funktionieren und auch noch gut aussehen muß.

Wenn manche Leute behaupten, ich würde mich in meinen Bauten über die Gesetze der Statik hinwegsetzen, nur weil sie manchmal schief oder asymmetrisch sind, kann ich dazu nur sagen: Das stimmt natürlich nicht. Der Beweis ist: Sie fallen nicht um. Und das ist schließlich nur möglich, weil sie den Gesetzen der Statik folgen.

Andere denken, daß meine Gebäude willkürlich entworfen sind. Aber ich werfe natürlich nicht einfach ein Stück Papier in die Luft und überlasse es einer zufälligen Intuition, sich darauf niederzuschlagen! So kann man nicht arbeiten: Ein Gebäude wächst von innen heraus.

> Wieder andere meinen, ich wolle provozieren. Das will ich nicht. Ich spiele kein Spiel!

Jedes einzelne Gebäude ist das Ergebnis einer profunden Analyse der Wünsche des Bauherrn ebenso wie der Gegebenheiten. Ich behandele es als eine Art Forschungsauftrag.

Am einfachsten ist es, wenn es sich um einen einzigen Auftraggeber, schwieriger, wenn es sich um Institutionen wie zum Beispiel Universitäten handelt:

Da hat man für gewöhnlich viele Auftraggeber. Noch schwieriger sind die großen Konzerne. Derjenige, der über den Entwurf entscheidet, ist der Vorstandsvorsitzende. Er delegiert für gewöhnlich die Bauprojekte. Wenn es dann zur Entscheidung über den Entwurf kommt, versteht der Vorsitzende nicht, warum das Projekt so und so entwickelt wurde, und ist irritiert. Ich mache es deshalb zur Bedingung, daß derjenige, der zum Schluß darüber entscheidet, von Anfang an in die Entwicklung des Projekts einbezogen ist.

Jedes Gebäude ist eine Herausforderung. Aber die bei weitem größte, denke ich, war es, die ersten Jahre in meinem Beruf überhaupt zu überleben. Einen Job zu finden, existieren zu können. Das war nicht einfach. Ich war sehr arm und mußte meine Frau und zwei kleine Töchter ernähren. Ich hatte in Harvard Design studiert mit dem Schwerpunkt auf Städteplanung, was meiner Vorstellung von Respekt vor allgemeinen Bedürfnissen entsprach, und danach zwei Jahre Militärdienst in der kanadischen Armee geleistet. Meine erste Anstellung fand ich im Architektenbüro Viktor Gruen in L.A.. Dort arbeitete eine wunderbare Gruppe von Künstlern und Designern an sozialen Stadtplanungsprojekten, was mich sehr interessierte. Aber in dem Büro wurden nur die Manager befördert und nicht die Designer. Nach einiger Zeit war mir klar, daß ich dort nicht bleiben konnte. Es wurde mir auch klar, daß ich meinen eigenen Weg gehen mußte. Allerdings hatte ich zunächst nicht das Geld dafür.

Als ein Freund mich einlud, zusammen mit meiner Familie nach Paris zu kommen und bei ihm zu wohnen, nahm ich sein Angebot an und verließ Wien.

Ich lebte ein Jahr lang in Paris und fand auch eine Arbeit in einem Pariser Architekturbüro in der Nähe der Champs-Elysées. Geld hatten wir trotzdem keins, denn die Löhne waren sehr niedrig. Mein Großvater schenkte mir eine kleine Summe, davon kauften wir einen alten Volkswagen. Damit fuhren meine Frau, meine Töchter und ich an jedem Wochenende in die Umgebung von Paris und sahen uns die Kirchen an. Diese Ausflüge überstiegen zwar eigentlich unsere Mittel, dennoch war es sehr wichtig, daß wir sie unternommen haben.

Europa hat mein Verständnis von Architektur entscheidend beeinflußt: die französischen Kirchen ebenso wie Balthasar Neumann, Le Corbusier oder der französisch-rumänische Bildhauer Brancusi. Dazu kamen Mies van der Rohe und Franklin Lloyd Wright. Leider konnten wir es uns nicht leisten, in Paris zu bleiben, weil ich auch dort keine Zukunft für mich sah.

Eines Tages bekam ich ein Angebot aus Los Angeles, ein kleines Bürogebäude zu bauen. Ich nahm es an, und wir zogen nach L.A. Es folgten andere Aufträge, unter anderem ein Job in einem Regierungsprogramm des damaligen Gouverneurs von New York, Nelson Rockefeller, zur urbanen Erneuerung. Es war mein Thema, und es hat mich sehr interessiert. Geld habe ich noch immer nicht verdient. Wir lebten von der Hand in den Mund. Ich wußte manchmal nicht, wie es weitergehen sollte. Es war eine schwere Zeit – voller Zweifel an mir selbst, meiner Arbeit, meinen Perspektiven.

Ich kann nicht sagen, wann sich dieses Gefühl geändert hat. Und ob es sich überhaupt jemals geändert hat. Bis in die 70er Jahre blieb die Situation finanziell schwierig. Aber auch danach habe ich mich nur selten frei von Druck gefühlt. Letzte Woche zum Beispiel dachte ich, ich hätte diese Unsicherheit für immer überwunden. Diese Woche denke ich das schon nicht mehr. Ich fühle mich eigentlich niemals ganz und gar frei. Man weiß ja in diesem Beruf nie, wie es weitergeht. An manchen Tagen sieht es gut aus, an anderen wieder nicht. Im Augenblick steht uns ein großer Auftrag ins Haus, vor drei Monaten dachten wir noch, daraus wird nie etwas. Vor ein paar Monaten hätte ich nicht sagen könne, ob wir alle Mitarbeiter im Büro behalten können. Im Moment sieht es so aus, als wäre es möglich.

> Ich weiß nie, was ich als nächstes machen werde. Und selbst, wenn ich einen Auftrag bekomme, weiß ich nicht, ob ich eine Lösung dafür finden werde.

Ich bin sehr selbstkritisch. Und stehe deshalb immer ein wenig am Abgrund. Diese Unsicherheit ist einerseits gesund, weil sie einen zwingt, die Realität nicht aus den Augen zu verlieren.

Außerdem ist jedes Projekt auch ein Abenteuer. Und ich bin ein Abenteurer!

Aber manchmal leide ich auch unter meinen Abenteuern, weil ich nicht weiß, ob ich sie überstehe. Das war immer so und ist auch jetzt noch so. Das Alter, die Erfahrung und der Erfolg haben daran nicht viel geändert.

Als ich jung war, habe ich phantasiert und gehofft, man könnte als Architekt verschiedene Handschriften entwickeln, sozusagen nicht nur ein Architekt, sondern mehrere Architekten in einer Person sein und an einem Objekt auf mehrere verschiedene Arten arbeiten. Den Beweis dafür trat ich zunächst in meinem eigenen kleinen Haus in Venice unweit von Los Angeles an, in dem ich versuchte, drei verschiedene Architekten zugleich zu sein. Als es fertig war, stellte ich fest, daß das Haus trotzdem nur eine einzige Handschrift trug – meine! Ich sah ein, daß kein Künstler und kein Architekt, der sich bei seiner Arbeit die eigene Intuition erlaubt, seiner persönlichen Handschrift entgehen kann. Sie ist einfach unausweichlich! Dabei spielt es in der Architektur keine Rolle, welche Materialien Sie verwenden – Glas, Metall oder was auch immer. Ich benutze gern Metall, weil es mir die Freiheit gibt, dasselbe Material für das Dach wie für die Wände einzusetzen. Und weil ich Formen damit machen kann. Außerdem ist es billig. Deshalb kann man mich auch an meiner Handschrift erkennen.

Neben der scheinbar perfekten Ästhetik, die manche Kunden wollen und die ich in manchen Bauten anstrebe, habe ich noch immer nicht das Prinzip des Unfertigen aufgegeben, das einer Reihe meiner anderen Gebäude zugrunde liegt. Mein eigenes Haus, an dem ich gerade arbeite – das erste, das ich für mich und meine Frau wirklich so planen und entwerfen kann, wie ich es möchte –, ist ein Beispiel dafür: Mehrere Einzelgebäude verteilen sich auf einem großen Gartengrundstück, wir arbeiten viel mit Glas und mit Holz, und alles vermittelt den Eindruck des Improvisierten und Unfertigen, als ob die einzelnen Gebäude Zelte wären, die man im Garten aufschlägt, oder Baumhäuser in den Ästen. Dabei basiert natürlich auch mein eigenes Haus auf einer umfangreichen

Analyse der Umgebung und unserer Bedürfnisse. Dabei sage ich nicht, daß die Form der Funktion folgen muß. Dennoch gehe ich von dem Ergebnis meiner Analyse und dem Verständnis dafür aus, wie man lebt und leben will. Manchmal ändert sich die Vorstellung, die man von sich selber hatte, und man findet heraus, wie man wirklich leben will. Oder ich finde heraus, wie meine Frau wirklich leben will. Das geht uns genauso wie vielen meiner Klienten. In unserem Fall hat es ein ganzes Jahr gedauert. Und jetzt erst verleihe ich dem Ganzen eine Form. Keinesfalls gehe ich den umgekehrten Weg – indem ich eine Form vorgebe und mein Leben hineinzwänge.

Zu meinem Leben gehören zum Beispiel Hunde. Meine Frau und ich, wir lieben Hunde, aber wir hatten bisher keinen Garten. Jetzt haben wir ein Stück Land gekauft und werden einen Garten haben. Das Haus ist gewissermaßen darin verteilt. Mit einer Outdoor-Küche und einem Wohnzimmer mit einem Kamin als getrenntes Gebäude daneben. Und wiederum ein weiteres kleines Gebäude, in dem sich das Bett, ein Badezimmer und ein Schrank befindet. Sowie ein anderes für unsere Gäste. Alles in allem gibt uns dieses neue Haus die Freiheit, von einem Gebäude in ein anderes zu wechseln, in verschiedenen Häusern zu wohnen, jeden Tag. Natürlich ist es nur bei einem Klima wie hier in Kalifornien möglich, daß man das Äußere derart ins Innere einbeziehen kann und umgekehrt.

Ein Traumhaus mit 77: Man erwartet von einem Architekten vielleicht, daß er das früher schafft. Was mich betrifft, so hatte ich vorher ganz einfach kein Geld dafür.

Über mein Alter denke ich nicht allzuviel nach. Ich stelle fest, daß ich schneller müde werde als früher. Vor allem die vielen Flugreisen sind anstrengend. Ich delegiere sie noch zu selten, weil mir die persönlichen Gespräche mit den Kunden wichtige Aufschlüsse über ihre Vorstellungen geben.

Dazu kommen die Reisen, die ich machen muß, weil man mich dafür benutzt, Stiftungsgelder – zum Beispiel für einen Museumsbau – lockerzumachen. Da sitze ich dann auf einer Dinner-Party mit lauter komischen Leuten herum, weil die Bauherren sich davon versprechen, daß mehr Geld für den Bau zusammenkommt. Ich mag das gar nicht. Aber fürs Budget ist es wohl nützlich. Beim Bau der Disney Music Hall bin ich mit meiner Firma selbst unfreiwillig zum Sponsor geworden: Man hat uns für viele Arbeiten nicht bezahlt und uns dafür unter den Stiftern in der Eingangshalle verewigt. Gott sei Dank kommt so etwas selten vor.

> Die Menschen und ihre Wünsche zu erfassen und zu verstehen ist ein Prozeß, der mir mit zunehmendem Alter immer leichter fällt.

Zunächst einmal mußte ich ja für mich selbst herausfinden, wer ich bin und wofür ich stehe. Und dann mußte ich akzeptieren lernen, daß die anderen oft etwas anderes wollen als ich, weil sie nun mal anders sind. Es hat eine Weile gedauert, bis ich verstanden habe, daß sich die Welt nicht um mich dreht, sondern daß ich nur ein Spieler im Spiel bin, genau wie alle anderen – auch wenn ich es bin, der am Ende alles zusammenbringen und realisieren muß.

Dieser Prozeß der Annäherung wird immer leichter. Wenn man älter wird, versteht man die Menschen besser und auch, warum sie so oder so auf meine Arbeit reagieren. Früher war ich bei negativen Reaktionen manchmal sehr verletzt. Trotzdem habe ich Kritik immer akzeptiert und sie nie nur als Ausdruck des Unverständnisses seitens des Klienten angesehen, sondern mich mindestens zur Hälfte mitverantwortlich gefühlt. Trotzdem sind meine Bereitschaft zur Auseinandersetzung mit anderen und meine Offenheit ihnen gegenüber gewachsen.

Was sich ebenfalls verändert hat, ist, daß sich der Horizont meiner Arbeit erweitert hat. Indem ich begonnen habe, Gebrauchsobjekte wie Stühle, Sessel, Flaschen, Gläser, Uhren zu entwerfen. Und indem ich vor rund zehn Jahren eine Firma gegründet habe, die Computer-Software für Architekten produziert. Wir verkaufen diese Software in die ganze Welt. Das sind die Dinge, die man mit 65 macht – und die man nicht vorher machen kann, weil einem die nötige Erfahrung fehlt.

Was im Laufe der Jahre immer wichtiger geworden ist, ist meine Familie. Ich habe heute ein wesentlich größeres Bedürfnis, mit ihr zusammenzusein, als früher. Ähnlich geht es mir mit alten Freunden. Ich ertappe mich dabei, daß ich Freunde von vor 50 Jahren anrufe, die ich seit Jahrzehnten nicht gesprochen habe, nur um mich ihrer Freundschaft und der Tatsache zu vergewissern, daß sie noch da sind.

Was sich in all der Zeit nicht geändert hat, ist meine Einschätzung, daß künstlerische Architektur Kunst ist, so wie bildende Kunst auch. Früher habe ich das sozusagen als These postuliert. Aber den amerikanischen Künstlern gefällt das nicht, und da ich keine Lust habe, mich deshalb immer wieder zu streiten, sage ich es eben nicht mehr.

Brigitte Bardot

über Ängste

In den 50er und 60er Jahren war Brigitte Bardot, geboren 1934, das Idol einer ganzen Generation: die Verkörperung von Schönheit, Lebenslust, Unabhängigkeit und sexueller Freiheit. Mit 14 lernte sie den russisch-französischen Regisseur Roger Vadim kennen, mit 18 heiratete sie ihn. Er hat Brigitte Bardot »erfunden« und den Medien zugeführt, die sie ihr Leben lang verfolgt haben. Die Hauptrolle in seinem Film »Und immer lockt das Weib« machte sie über Nacht zum Star, der dem Zeitgeist entsprach wie kein anderer. Propagierten die Pariser Existentialisten zur selben Zeit die »subjektive Handlungsfreiheit des Individuums«, so lebte sie sie: sorglos, gedankenlos, rücksichtslos – auch gegen sich selbst. Sie hatte zahlreiche Liebhaber, heiratete dreimal, unter anderem den deutschen »Playboy« Gunter Sachs, ließ – die Pille war zu dieser Zeit noch nicht erfunden – viermal abtreiben und unternahm vier Selbstmordversuche: bittere Bilanz ihrer Unfähigkeit, das Leben – zwischen Bewunderung und Einsamkeit, Euphorie und Depression – zu bewältigen. Der frühe Ruhm hinderte sie daran, erwachsen zu werden: die kindliche »Unschuld«, die sie in ihren Rollen verkörperte, war authentisch – wenn man denn Instinkt, Aufrichtigkeit und den Verzicht auf Taktik und Kalkül als »Unschuld« bezeichnen kann. Obwohl sie in 21 Jahren 48 Filme drehte, blieb ihr die Schauspielerei fremd. Mit 38 gab sie sie für immer auf, um sich einem Lebensinhalt zuzuwenden, der ihr mehr als das Film-Business entsprach: der Fürsorge für mißhandelte Tiere. Mit Hilfe ihrer Stiftung kämpft sie gegen Tierquälerei auf der ganzen Welt. Gegen das Abrichten von bulgarischen Tanzbären auf glühenden Kohlen und für ihre Unterbringung in Freigeländen, ebenso wie gegen das Schlachten von Robbenbabys in Kanada, den Handel mit Haustierfellen und für die Sterilisation von Straßenkatzen.

Vor 40 Jahren hat sie das Fischerdorf St. Tropez für sich entdeckt und wesentlich zu seiner Berühmtheit beigetragen. Seither lebt sie, Mutter eines erwachsenen Sohnes, mit ihrem Lebensgefährten Bernard d'Ormale in ihrer Villa »La Madrague« am Strand. Von hier fährt sie täglich um die Mittagszeit ein paar Kilometer landeinwärts in ihr rustikales Refugium »La Garrigue«, wo auch ihr Privatzoo mit vor dem Schlachthof geretteten Tieren untergebracht ist : eine Schimmelstute, ein Pony, ein Esel, zwei riesige Schweine, ein Hängebauchschwein, ein halbes Dutzend Ziegen, Gänse, Hühner und Katzen, allesamt wohlgenährt und sichtlich entspannt. Gegen Abend begleiten ihr Freund und ihre fünf Hunde sie zurück in das Haus am Meer.

Nachmittag in »La Garrigue«, einer vier Hektar großen Oase in der bewaldeten Wildnis über der Bucht von Ramatuelle: Brigitte Bardot hat das Gelände vor 20 Jahren gekauft, um sich von dem Rummel in St. Tropez zurückziehen zu können. Es ist absolut still hier. Man hört nichts als das Gurren der Turteltauben in den Bäumen. Rund hundert Meter oberhalb des Hauses hat sie eine kleine Kapelle bauen lassen. Eine Gips-Madonna steht inmitten der Fotos von Hunden und Katzen, die um Fürsprache im Tierhimmel bitten: sie werden, nebst Votivbildern und Rosenkränzen, von Tierfreunden aus der ganzen Welt geschickt.

Das Wohnhaus, neben der Koppel für die Tiere auf einer Lichtung gelegen, ist klein und gleicht einer dämmrigen Höhle: eine Küche, ein Wohnzimmer mit riesigem Kamin und ein Schlafzimmer, die ineinander übergehen. Brigitte Bardot tritt, auf zwei Krücken gestützt, aus der Küchentür auf die Veranda. Volles graues Haar, das sie hochgesteckt und am Hinterkopf mit ein paar Papierblumen geschmückt hat, weiße Strähnen rechts und links des Gesichts, schwarz umrandete Augen, schwarzer Pullover, schwarze Hose, Turnschuhe. Sie schürzt die Lippen, die das Gesicht beherrschen: Wangenküsse zur Begrüßung. »Wollen wir draußen sitzen? Ist es Ihnen auch nicht kalt? Haben Sie etwas gegessen? Möchten Sie ein Glas Champagner?« Sie stellt eine kleine Schüssel Tomatensalat mit Mozzarella auf den Tisch, Frank, der Sekretär, wärmt ein Stück Pizza vom Mittagessen auf.

»Es ist ziemlich einfach hier«, sagt sie. Ihr Nachbar hinter den Bäumen zur Linken war jahrelang der deutsche Verleger Rudolf Augstein. Nach seinem Tod und dem Verkauf des Hauses habe der neue Besitzer verlangt, daß sie ihr Gelände – für »wahnsinniges Geld« – einzäunen lasse, damit ihre Tiere seine Pflanzen nicht mehr auffräßen, berichtet sie. Eine alte Bassetthündin watschelt heran. »Sie ist gerade zum zweitenmal innerhalb von wenigen Wochen operiert worden«, sagt Brigitte Bardot. »Sie hatte jedesmal einen Stein gefressen, so groß, daß ich mir gar nicht vorstellen kann, wie sie es geschafft hat, ihn runterzuschlucken. Jetzt habe ich Angst, daß sie das wieder macht. Sie gehörte einem Millionär oben auf dem Hügel. Er hatte sie ausgesetzt.« Um das Tonbandgerät auf dem Verandatisch streichen die Katzen.

B. B. setzt sich, die Krücken gegen die Hauswand gelehnt. Sie leidet unter Hüftgelenks-Arthrose. Eine neue Hüfte wäre fällig. Aber sie hat Angst vor Krankenhäusern, eine Operation kommt nicht in Frage. »Ich würde auf dem Weg in die Klinik einen Herzinfarkt bekommen. Alle sagen mir, daß Hüftoperationen heutzutage eine Kleinigkeit sind, ich weiß, alle haben neue Hüften und raten mir, mich operieren zu lassen, nennen mir Spezialisten und machen mir Mut. Sinnlos. Ich würde vor Angst sterben. Da gehe ich lieber an Krücken.«

Wie ich mich fühle? Alles was ich heute empfinde, ist eng verbunden mit dem Schicksal der Tiere auf unserem Planeten. Ob man sich um sie kümmert oder ob man sie leiden läßt. Wenn ich weiß, daß sie leiden, leide ich intensiv mit. Ich kann mich dem nicht entziehen. Im Augenblick geht es mir schlecht, weil die Jagd auf die Robbenbabys in Kanada nach zehnjährigem Moratorium wieder aufgenommen worden ist. Bis zum Ende dieses Monats werden Hunderttausende wehrloser kleiner Robben erschlagen. Und ich kann nicht anders, als ununterbrochen daran zu denken.

Ich war im Februar im Kanada. Ich wollte die kanadische Regierung zu einer Verlängerung des Moratoriums bewegen. Aber der Premierminister hat mich nicht empfangen, ja, nicht einmal am Telefon mit mir gesprochen. Ich wurde statt dessen als unerwünschte Person behandelt und zwei Stunden lang bei der Einwanderungsbehörde am Flughafen festgehalten. Ich mußte abstruse Fragen beantworten, ob ich schon einmal jemanden umgebracht hätte oder plane, jemanden umzubringen – ich schwöre es bei meinem Leben! –, oder ob ich einen Volksauflauf organisieren wolle, der die öffentliche Ordnung gefährden könnte. Wir haben dann trotzdem eine Pressekonferenz in Ottawa gegeben, zu der 250 Journalisten kamen. Viele wußten nicht einmal, daß das Moratorium ausgesetzt ist und die Robbenbabys in ihrem Land wieder auf die scheußlichste Weise getötet werden. Nur ihrer Felle wegen! Und zwar allein 350 000 in dieser Saison, dreimal soviel wie vor zehn Jahren! Das aber wird von der Regierung verschwiegen – ja mehr als das: Es wird eine bewußte Desinformation betrieben, um den Handel mit den Fellen und die pelzverarbeitende Industrie zu schützen.

Seit 33 Jahren kämpfe ich für die Robbenbabys – und wie sich zeigt: vergeblich. Deshalb zögere ich immer, wenn man mich nach unseren Erfolgen fragt. Wir haben ab und zu kleine Erfolge, aber eben nur kleine. Es gab zum Beispiel eine kurze Phase, in der die Modeschöpfer und die Models das Tragen von Pelzen abgelehnt haben. Aber die ist vorbei. Pelz ist wieder Mode! Und nicht nur in Form von Mänteln, sondern auch als Applikation an Kragen, Handschuhen, Taschen und Schuhen, die sich auch junge Mädchen leisten können. Ich denke, daß es sehr lange dauern wird, bis man wirklich von Erfolg sprechen kann, und daß wir dabei immer wieder auch große Rückschläge hinnehmen müssen: Zu vieles, was den Tieren widerfährt, beruht auf alten Gewohnheiten, die nicht von heute auf morgen abgeschafft werden können. Wir müssen eben weitermachen, weitermachen, weitermachen.

Ich mochte Tiere immer. Und zwar alle Tiere. Als ich ein Kind war, hatten wir nur eine Katze zu Hause. Wir lebten in einer sehr eleganten Wohnung im 16. Arrondissement von Paris. Dort spielte ausschließlich das gesellschaftliche Leben meiner Eltern eine Rolle, für Tiere war sie nicht geeignet. Mir wurde erst nach und nach bewußt, was Tiere für mich bedeuten. Ich fühle mich in ihrer Gesellschaft einfach wohl, viel wohler als mit Menschen: Sie sind wie ich – instinktiv, aufrichtig, abhängig, verletzlich. Sie lügen nicht, sie verfolgen keine strategischen Ziele, sie nehmen das Gute und das Schlechte hin, das die Natur ihnen beschert.

Das tue ich auch. Ich nehme zum Beispiel das Alter hin. Man kann sich nicht dagegen wehren. Es ist ein Prozeß im Leben, den die Natur vorgesehen hat. Glücklicherweise altert man ja nicht über Nacht. Als ich beschlossen habe, keine Filme mehr zu drehen, habe ich es nicht gemacht, weil ich dachte, daß ich nicht mehr jung oder schön genug bin. Im Gegenteil, ich war jung, nämlich 38, und noch sehr, sehr schön. Ich hätte noch lange weiterarbeiten können. Aber ich wollte es nicht. Nicht etwa, um den Mythos meiner Schönheit aufrechtzuerhalten, wie Greta Garbo – manche Leute haben das später behauptet. Das hat mich nicht im geringsten interessiert. So wenig wie es mich vorher interessiert hatte, ob ich für die Feministinnen ein Symbol der Freiheit war, wie Simone de Beauvoir geschrieben hat.

> Mir ging es ausschließlich um meine eigene Freiheit. Die Freiheit der anderen Frauen war mir total egal.

Ich erinnere mich noch sehr gut an jenen Tag, an dem ich mich vom Film verabschiedet habe. Wir drehten auf dem Land in der Provinz Lot-et-Garonne. Zur Statisterie gehörte eine kleine Ziege, die immer mal durch die Kulisse lief. Sie gehörte einer Bäuerin aus der Gegend. An jenem Morgen kam die Frau auf mich zu und sagte mir, wir sollten uns mit dem Filmen beeilen, denn die Ziege könne nur noch bis zum Sonntag mitspielen. Dann sei sie nämlich als Festtagsbraten zur heiligen Kommunion ihres Sohnes vorgesehen. Nach Drehschluß ging ich zu ihr, kaufte die Ziege und kehrte zusammen mit ihr zum Hotel zurück, in dem das Filmteam wohnte. Dort beherbergte ich schon einen kleinen Hund, der mir während der Dreharbeiten zugelaufen war. In jener Nacht schliefen wir zu dritt in meinem Bett: der Hund, die Ziege und ich. Nie zuvor war mir das Filmen und die Kunstwelt, in der ich mich bewegte, so grotesk vorgekommen. Ich beschloß, daß ich mich künftig um Tiere kümmern wollte.

Am nächsten Morgen verkündete ich, daß dies mein letzter Film wäre. Die Schauspielerei hatte mir nie besonders gefallen, und ich war auch nie wirklich gut, bis auf meine Rolle in »Die Wahrheit« von Clouzot, in der ich derart aufgegangen bin, daß ich auch im wirklichen Leben danach gelebt habe. Ich habe mich, wie im Drehbuch, in den männlichen Hauptdarsteller, Sami Frey, verliebt. Und wie im Drehbuch habe ich zwei Monate später einen Selbstmordversuch unternommen. Meine anderen Rollen haben mich dagegen wenig berührt.

> Ich bin eine absolut aufrichtige und ehrliche Person, im Film aber ist alles Lüge: die Gefühle sind Lüge, die Kulissen sind falsch, alles ist Schminke und Dekoration. Im Grunde ist es das Gegenteil von dem Leben, das ich leben wollte, nämlich auf dem Lande und nah an der Natur.

Als ich sagte, daß ich mit dem Filmen aufhören würde, glaubte mir natürlich niemand. Die anderen dachten, ich hätte schlecht geschlafen und alles sei nur eine Laune. Sie hatten nicht damit gerechnet, wie ernst es mir war: »Colinot Trousse-Chemise« war tatsächlich mein letzter Film. Ich gebe zu, daß es mir schwergefallen ist, meinen Entschluß durchzuhalten. Zum einen ist man ja als Star ein sehr luxuriöses Leben gewöhnt: man wohnt in Fünf-Sterne-Hotels, hat einen Wagen, einen Chauffeur, einen Visagisten, einen Pressebetreuer, und wo man hingeht, wird der rote Teppich vor einem ausgerollt und Champagner serviert. Das alles hatte ich plötzlich nicht mehr. Ich hatte überhaupt nichts mehr. Ich fragte mich denn auch sofort, wie ich mit meinem Geld auskommen sollte, und beschloß, einfacher zu leben. Dazu kam, daß man natürlich genau dann, wenn man sich zurückzieht, die besten Angebote bekommt; aber ich blieb konsequent. Selbst eine Rolle mit Marlon Brando als Partner habe ich abgelehnt.

Schlimmer war, daß ich von einem Tag auf den anderen keinen festen Tagesablauf und kein Ziel mehr hatte. Bisher war meine Zeit ja mit dem Drehen ausgefüllt gewesen. Jetzt hatte ich plötzlich Zeit im Überfluß und wußte nicht, was ich damit machen sollte. Und wie ich den Tieren helfen könnte, war mir ebenfalls nicht klar. Ich konnte ja nicht durchs Land fahren und Ziegen aufkaufen. Also rief ich bei Tierschutzorganisationen an und fragte, ob ich ihnen irgendwie nützlich sein könnte. Die Leute nahmen mich jedoch nicht ernst, sondern gaben mir zu verstehen, daß es besser wäre, ich würde meine Filme drehen, statt sie zu belästigen. Ich saß regelrecht in einem Loch. Und es hat vier Jahre gedauert, bis ich da herauskam und mir die Leute im Tierschutz endlich vertrauten.

1979 bin ich zum erstenmal ins kanadische Packeis, dem Schauplatz des Robbenschlachtens, gefahren. Ich habe bitterlich geweint bei dem, was ich dort gesehen habe. Vor drei Monaten war ich zum zweitenmal da. Es ist deprimierend zu sehen, wie wenig wir erreicht haben. Und wie die Menschen mit diesen Tieren umgehen. Sie erschlagen heute dreimal mehr Robbenbabys als vor zehn Jahren: Sie haben nicht das Recht dazu!

In seiner Vorstellung von sich selbst ist der Mensch hilfreich und gut. In Wirklichkeit entfernt er sich von diesem Bild immer mehr: Die Menschheit wird immer unmenschlicher. Es ist eine Entwicklung, die ich seit langem beobachte, die mich sehr beschäftigt und mir angst macht.

Vor 50 Jahren war das Leben soviel einfacher, soviel freier und soviel fröhlicher. Die Leute hatten Arbeit und waren froh darüber, man arbeitete 48 Stunden lang, und niemanden störte das.

Auch ich habe die ganze Woche über gearbeitet, wenn ich drehte, nur die Sonntage waren frei. Es gab nicht soviel Papierkram, weit weniger Gesetze und Vorschriften, man konnte auch noch seine Steuererklärungen selber machen, das war zwar mühsam, aber es war auch nicht so schlimm, wenn man Fehler machte. Heute beschäftige ich dafür einen Typen, der an der Universität studiert hat. Es gab auch viel weniger Gewalt. Niemand klaute Autos, man mußte keine

Codenummern eingeben, wenn man in eine Wohnung wollte: in den Städten gab es Pförtnerinnen, und auf dem Land ließ man Häuser wie dieses hier einfach offen, ging aus, kam morgens um vier zurück – und niemand war eingebrochen. Es gab auch kein Aids.

Man schlief, mit wem man wollte und wo man wollte, man brauchte kein Kondom. Das Leben war viel sorgloser.

Heute dagegen haben wir ein Klima der Unsicherheit, der Gewalt und der Angst. Und das hat nichts damit zu tun, daß ich selber damals sorgloser war.

Einer der Gründe für die zunehmende Gewalt ist die Banalisierung der Gewalt durch die Medien. Wir werden von Bildern überschwemmt, in denen uns die Gewalt auf jedem Erdteil und in jeder Form vorgeführt wird. Das Mitleidsempfinden der Zuschauer wird damit schlicht überfordert. Die Menschen schützen sich, indem sie das, was sie sehen, verdrängen oder banalisieren. Ein anderer Grund für die zunehmende Gewalt ist, daß es zu viele Menschen auf der Erde gibt. Sie nehmen sich gegenseitig das Land weg, und es ist nur normal, daß der, der es bewohnt, es verteidigt. Das tut jedes Tier – jeder Wolf, jeder Löwe –, und der Mensch verhält sich in diesem Punkt nicht anders. Die Überbevölkerung zerstört das Gleichgewicht auf dieser Erde. Die Folge sind zu viele Abgase, die Umweltverschmutzung und all diese Schweinereien. Wenn es weniger Menschen gäbe, hätten sie mehr Respekt voreinander. Und vor den Tieren. Und vor der Natur. Aber die Entwicklung geht in die entgegengesetzte Richtung. Man rechnet mit einer Bevölkerung von neun Milliarden Menschen im Jahre 2025. Im Augenblick sind wir bei etwas über sechs Milliarden. Es ist dramatisch – und kann so nicht weitergehen. Ich sage das seit 20 Jahren. Man hat mir vorgeworfen, ich sei Faschistin. Aber ich will die Leute ja nicht umbringen, ich will nur, daß man dafür Sorge trägt, daß die Menschheit sich nicht weiter mit dieser rasenden Geschwindigkeit reproduziert.

Ich bin überzeugt, daß wir auf eine Katastrophe zusteuern. Keine Ahnung, wie diese Katastrophe aussehen wird.

Ob sie von außen kommt, ob sie von den Menschen selbst ausgelöst wird oder durch Epidemien, die ja durch die vielen Reisen heute in jeden Winkel der Welt getragen werden können. Nur eine Katastrophe wird das Gleichgewicht wiederherstellen. Sie wird mit großen Schäden und vielen Toten einhergehen, leider.

Ich bin nicht pessimistisch. Nur realistisch. Und ich bin auch nur realistisch, wenn ich sage, daß ich mit Sorge die Islamisierung Frankreichs und Europas betrachte. Es kommen zu viele Muslime in unser Land: Menschen, die sehr oft keine Papiere, die keine Ausbildung und eine vollkommen andere Kultur haben als wir. Sie haben viele Ehefrauen und viele Kinder. Die Frauen tragen den Schleier. Und sie schächten die Schafe und die Lämmer, das heißt, sie lassen die Tiere bei lebendigem Leib verbluten. Unsere Gesellschaft wird diese fremde Kultur nicht verkraften können, und die Regierung tut seit Jahrzehnten nichts, sondern läßt zu viele Leute ins Land, die keine Arbeit, sondern einfach nur Unterstützung für sich und ihre Familien suchen. Es wird zu Gewaltakten kommen. Wir sehen es ja bereits an den Unruhen in den Vorstädten. Man wirft mir Rassismus vor. Aber ich bin nicht rassistisch. Es gibt durchaus auch Muslime, die ich akzeptiere. Aber es gibt auch sehr viele, bei denen ich das nicht kann. Dazu kommen die, die von den Fundamentalisten politisch aufgehetzt werden. Ich habe nichts gegen diese Leute, solange sie da bleiben, wo sie sind. Und ich weiß, daß ich nur das ausspreche, was viele Leute in Frankreich denken. Mein Buch »Ein Ruf aus der Stille«, in dem ich diese Themen angesprochen habe, wurde in Frankreich 350000mal verkauft. Ich selbst habe ungefähr 20000 Briefe von Menschen bekommen, die fast alle meiner Meinung sind.

Was die rituelle Schlachtung von Tieren durch Schächten betrifft, so bemühe ich mich seit Jahren um einen Kompromiß, der es einerseits erlaubt, daß die Tiere verbluten, wie die Tradition es nun einmal vorsieht, der aber andererseits verhindert, daß die Tiere bei vollem Bewußtsein verbluten: sie müßten lediglich vorher mit Elektroschock betäubt werden. Der Vorsitzende der islamischen Gemeinde in Frankreich, der Imam der Moschee von Paris, hat mich vor zwei Jahren empfangen und mir zugestanden, daß die Tiere auf diese Weise narkotisiert werden können. Ich habe das dem französischen Innenminister und auch dem Umweltminister mitgeteilt und darum gebeten, daß die Regierung entsprechende Maßnahmen ergreift. Aber die Regierung tut nichts. Ich glaube, sie hat einfach Angst vor Unruhen.

Die Schimmelstute, das Pony und der Esel grasen auf der Wiese vor dem Haus. Einer der Hunde rennt kläffend in die kleine Herde, die Stute scheut. Brigitte Bardot brüllt den Hund an, fuchtelt mit der Krücke. Er trollt sich davon.

Ich verbringe alle meine Nachmittage hier in »La Garrigue«, weil mein Haus am Meer zu viele Touristen anzieht. Sie kommen am Mittag, und sie gehen erst am Abend, es ist ein Trubel wie am Eiffelturm. Immerzu fahren Schiffe vorbei, und durch die Megaphone tönt es, daß dies das Haus von Brigitte Bardot sei, über dem Gunter Sachs aus einem Hubschauber tausend rote Rosen abgeworfen hat und dergleichen Blödsinn mehr. Manche Leute scheuen sich nicht, über die Mauern auf das Grundstück zu klettern – um irgend etwas sehen zu können. Mich jedenfalls sehen sie nicht: Ich flüchte hierher, bevor sie kommen, und fahre erst zurück, wenn sie den Strand verlassen. Ganz und gar hierher in die Wildnis möchte ich jedoch nicht ziehen. Und obwohl es ein Schlafzimmer gibt, schlafe ich nie hier. Ich hänge an meinem Haus am Meer, es war das erste Haus, das ich gekauft habe, und ich finde es noch immer wunderschön. Ich habe es meiner Tierstiftung vermacht, aber ich habe Wohnrecht darin, solange ich lebe.

Glücklich – nein, glücklich bin ich nicht. Einmal, weil ich glaube, daß man ohnehin nur für Sekunden glücklich sein kann. Und zum anderen, weil die Anlässe dafür mit dem Alter abnehmen. Dazu kommt, daß man das Gewicht der Vergangenheit mit sich herumträgt: die Erinnerungen an all die Menschen und Tiere, die man geliebt und verloren hat. Deshalb denke ich auch nie an die Vergangenheit. Ich denke auch nicht über die Fehler nach, die ich gemacht habe. Ich bedauere sie nicht. Wem sollte es nützen, wenn ich sie bedauerte? Was geschehen ist, ist geschehen. Was zählt, ist das Heute und Morgen. Und darin fühle ich mich nicht besonders wohl. Es gibt zu viele Dinge, die mich belasten, zu vieles, was mir angst macht. Ich bin sehr, sehr, sehr verletzlich. Das war immer so und hat sich nicht geändert. Im Gegenteil.

> Ich habe immer nach Männern gesucht, die mich beschützen, und bin immer bei solchen gelandet, die dazu nicht imstande waren. Das war sicher ein Fehler, aber ich weiß nicht, wie ich ihn hätte vermeiden sollen.

Ich habe mich nie ja nie nach Plan verliebt, sondern instinktiv und jedesmal Hals über Kopf. Und wenn ich verliebt war, war diese Liebe das einzige, was zählte: Ich wollte dann nicht mehr arbeiten, den Mann nicht mehr verlassen, auch nicht für einen Augenblick, wollte für immer und ununterbrochen mit ihm zusammensein. Es waren immer absolute Leidenschaften. Sie haben nie sehr lange gedauert, und kurz bevor sie endeten, habe ich dann auch ein bißchen nachgedacht und festgestellt, daß es wieder einmal der falsche Mann war, aber dann war es ja ohnehin zu spät. Ich überlege niemals vorher, ob etwas gut für mich wäre. Nie. Bis heute nicht. (*Sie lacht.*)

Ich glaube, die Beziehung zu Gunter Sachs war die längste in meinem Leben. Wir waren immerhin zwei Jahre zusammen, das war für meine Verhältnisse ziemlich lang. Er war der einzige, der in der Lage war, mich zu beschützen. Allerdings lebte er dieses mondäne Leben: 50 Leute zum Mittagessen, 50 Leute zum Abendessen, Freunde auf Reisen, sie kamen und gingen, es war der absolute Wahnsinn. Ich dagegen wollte nur ruhig auf dem Lande leben. Nach zwei Jahren war ich fix und fertig. Gunter hat noch immer ein Haus in St. Tropez, in dem er die Sommer verbringt, aber wir sehen uns nie. Zuletzt haben wir uns vor zwei Jahren auf der Beerdigung eines gemeinsamen Freundes getroffen. Er ist wunderbar zu mir, er gibt mir sehr viel Geld für meine Stiftung. Seit Jahren. Er hilft vielen Leuten, er hat eine sehr menschliche und sehr großzügige Seite, die niemand kennt, weil die meisten ihn nur in Verbindung mit dem Glamour sehen.

Vielleicht sind wir einander auch nur zu früh begegnet. Wie ich höre, lebt er ja jetzt viel ruhiger, das würde mir mehr entsprechen. Aber was soll's. Man kann mich eben wohl auch nicht beschützen. Und ich habe nie gelernt, mich selbst zu schützen. Wie soll man sich auch schützen vor all dem, was Menschen den Tieren und einander antun? Ich habe große Ängste. Immer. Und sie nehmen nicht ab, sondern zu. Ich spreche nicht darüber. Ich verberge sie unter meiner Frechheit und unter meiner Unverschämtheit. Wenn ich das Gefühl habe, daß sie unerträglich werden, flüchte ich in die Natur. Sie gibt mir Kraft. Ich gehe zu meinen Tieren, meinen Ziegen, meinen Schweinen, meinen Hunden, meinen Katzen, ich betrachte die Vögel in den Zweigen, oder ich lege meine Arme um einen Baum. Ich liebe Bäume, sie sind so stark.

Ich glaube fest an das, was ich tue. Ich bin sehr religiös, und ich glaube auch an die Vorsehung. Ich bin überzeugt, daß ich nur deshalb ein Star geworden bin, um heute meinen Namen für meine Sache nutzen zu können. Dennoch: Mein Weg für die Tiere auf unserem Planeten ist ein Kreuzweg.

Rosamunde Pilcher

über Unabhängigkeit

Rosamunde Pilcher, geboren 1924, ist mit einer Auflage von 60 Millionen Büchern die erfolgreichste Autorin romantischer Liebesgeschichten der Welt. Mit Ehemann Graham und den Dackelhündinnen Daisy und Dora lebt sie, anders als ihre Geschichten es vermuten lassen, nicht auf einem verwunschenen Landsitz, sondern – ganz englisches Understatement – in einem Einfamilienhaus in einem kleinen Dorf im Nordosten von Schottland.

Die Schriftstellerin auf den ersten Blick: schöne, glatte graue Haare, das Gesicht voller Falten – Mimikfalten, Lachfalten – und die Bewegungen einer 40jährigen, schnell, energisch, von Gemessenheit keine Spur. Cousine Rosemary ist zu Besuch und trägt heimlich und voller Bewunderung zum Porträt der berühmten Verwandten bei: Eine phantastische Mutter sei sie und eine fabelhafte Ehefrau, voller Bescheidenheit und Humor, von den Erfolgen als Schriftstellerin gar nicht zu reden. Diese sitzt auf dem – natürlich – rosengemusterten Leinensofa in ihrem Arbeitszimmer, flankiert von ihren Dackeldamen, umgeben von Dutzenden von Silberrahmen mit den Fotos ihrer Enkel, vor sich – natürlich – eine Tasse Tee.

Schon möglich, daß meine Leser mich für romantisch halten. Aber ich muß sie enttäuschen: Ich bin es nicht. In der Zeit, in der ich es – wenn überhaupt – hätte sein können, weil ich im richtigen Alter dafür war, war Krieg. Das war keine romantische Zeit. Und die Zeit danach war es auch nicht. Außerdem bin ich, vermute ich mal, eher eine pragmatische Person. Immer gewesen.

Hinter meinen Büchern stecken deshalb keineswegs meine romantischen Träume. Ich habe geschrieben, um mein Talent zum Schreiben zu nutzen. Außerdem hat mir Schreiben großen Spaß gemacht. In erster Linie aber wollte ich unabhängig sein. Vor allem finanziell. Manchmal wollte ich auch von der Realität unabhängig sein. Ich konnte mir ja mit dem Schreiben meine eigene, geheime Wirklichkeit schaffen. Eine, die nur mir gehörte und niemandem sonst. Und in die ich mich zurückziehen konnte, wann immer ich es wollte. Ich habe ein geheimes Doppelleben geführt. Und ich habe es genossen.

Ich wäre gerne Malerin oder Zeichnerin geworden. Aber ich habe früh gemerkt, daß ich dafür nicht gut genug war. Blieb also das Schreiben. Ich war natürlich unsicher, ob die Leute das, was ich schrieb, auch lesen wollten. Das aber war wichtig, ich wollte ja davon leben und war deshalb entschlossen, für den Markt zu schreiben.

Ich habe es mir mehr oder weniger selbst beigebracht. Es gab damals eine ganze Reihe von englischen und amerikanischen Frauenzeitschriften, die ganz gute Kurzgeschichten veröffentlichten. Die habe ich aufmerksam studiert: Es war sozusagen meine Art von Marktforschung. Als ich 18 war, wurde dann meine erste Geschichte von einer englischen Frauenzeitschrift veröffentlicht. Ich war zu der Zeit als Mitglied des Königlichen Frauen-Flotten-Service in Ceylon stationiert, dem heutigen Sri Lanka, das damals zum englischen Kolonialreich gehörte. Ich habe das Leben mit meinen Freunden dort sehr genossen und damit begonnen, ein riesiges Reservoir für meine späteren Geschichten anzulegen. Nach drei Jahren kam ich nach Hause und lernte meinen Mann kennen. Ich war 21. Vier Monate später haben wir geheiratet.

Das war für heutige Verhältnisse ziemlich früh. Aber mein Entschluß hatte wohl etwas mit dem Krieg zu tun. Er hat meine Generation und mich sehr geprägt, vermutlich mehr als irgend etwas anderes. Es war eine unberechenbare Zeit und ein großer Einschnitt in unserem Leben. Als er vorbei war, fingen wir an, endlich wieder Pläne zu schmieden. Es machte sich so eine Art Aufbruchstimmung breit:

> Alle wollten plötzlich heiraten. Ich auch. Ich wollte eine Dame werden und Kinder kriegen.

Meine Unabhängigkeit blieb dabei durchaus erhalten. Mein Mann Graham und ich haben nicht aus blinder Verliebtheit heraus geheiratet, sondern uns unseren Entschluß gut überlegt. Wir fanden, daß wir gut zueinander paßten. Da wir außerdem denselben familiären Hintergrund hatten, war ich mir sicher, daß die Entscheidung richtig war. Das mag altmodisch klingen. Aber es hat funktioniert. Und es funktioniert noch immer.

Das Geheimnis unserer Ehe ist, daß wir die Unabhängigkeit des anderen nicht einschränken. Vor allem Graham hat im großen und ganzen sein Junggesellenleben weitergeführt. Mich hat das nicht gestört. Ich hatte auf diese Weise viel Zeit für unsere vier Kinder, und das hat mir sehr gefallen. Graham und ich haben einander immer viel Raum gelassen, auch in unseren Erwartungen. Dabei spreche ich nicht von Untreue. Aber ich habe meinen Mann auch nicht kontrolliert: Ich finde es kleinlich, die Jackentaschen eines Mannes zu durchsuchen, wie manche Frauen das tun, und eine Ehe aufzugeben, weil der Mann eine Freundin in der nächsten Stadt hat. Zugegeben, ich habe gegenüber manchen anderen Frauen den Vorteil, daß ich nicht eifersüchtig bin. Das ist absolut kein Verdienst – ich bin es einfach nicht. Nicht die Spur.

> Ich habe Glück gehabt: Das Leben hat mir die Erfahrung eines gebrochenen Herzens erspart. Zugleich hatte ich auch das Glück, immer dieses Doppelleben führen zu können. Das war ein wunderbarer Ausgleich.

Es war auch eine Möglichkeit zur Flucht. Das habe ich vor allem in den ersten Jahren meiner Ehe so empfunden. Damals lebten wir im Haus meiner Schwiegereltern in Schottland, einem alten, viktorianischen Herrenhaus aus dem Jahr 1865, in dem es keine Heizung gab. Es war besonders im Winter sehr dunkel und eiskalt – und der schottische Winter ist lang! Da habe ich mich mit dem Schreiben immer ins wunderbar warme Klima von Sri Lanka versetzt und, gleichgültig wie kalt es war, innerhalb von zwei Minuten alles um mich herum vergessen.

Das Schreiben fiel mir sehr leicht. Zuerst schrieb ich auf der Basis meiner

Erinnerungen an die Jahre im Fernen Osten. Dann auf der meines Lebens hier in Schottland. Es war immer voll wunderbarer Menschen und voller Geselligkeit. Und, obwohl eigentlich alle Leute hart arbeiteten, auch ziemlich glamourös. Alle meine Figuren entstammen irgendwie dem wirklichen Leben. Ich habe das Ganze nur anders zusammengesetzt.

Manche Frauen in meinen Büchern sind ein bißchen wie ich, manche mehr, wie ich gerne wäre. Viele sind tüchtig und optimistisch.

Auch ich selbst bin optimistisch, oder sagen wir lieber: zuversichtlich. Und hoffnungsvoll. Das ist kein Zufall und schon gar nicht Erziehung. Ich wollte auf keinen Fall so sein wie meine ältere Schwester, die immer nur unglücklich war, sich in ihren Büchern vergrub und sich ohne jede Eigeninitiative ihrem Schicksal überließ. Sie ist auch unglücklich geblieben. Ich wollte auch nicht so sein wie meine Mutter, die alles und jeden kritisierte und herunterzog und über alle Leute schlecht redete. Das fand ich langweilig und blöd. Ich habe mich schon als Kind in diesem Punkt von meiner Mutter und meiner Schwester ganz bewußt distanziert und mich bemüht, besonders tolerant zu sein. Vielleicht ein erster Schritt zur Unabhängigkeit.

Natürlich hatte mein Wunsch, finanziell unabhängig zu sein, etwas mit meiner Kindheit zu tun. Wir hatten wenig Geld. Ich muß dazu sagen, daß ich trotzdem ein sehr glückliches Kind war: Wir lebten in einem herrlichen Haus mit einem großen Garten am Meer in Cornwall – und das Leben war wirklich wunderbar. Mein Vater arbeitete in Burma und mußte von seinem Verdienst dort einen Hausstand – mit Personal und vielleicht einer kleinen chinesischen Geliebten, wer weiß – unterhalten und darüber hinaus den unseren in England. Deshalb hatten wir zum Beispiel auch kein Auto und kein Telefon wie andere Leute. Wir hatten viele Freunde, aber wir waren irgendwie anders, und das hatte etwas mit Geld zu tun. Ich weiß daher, wie es ist, keins zu haben. Deshalb habe ich in meinen Büchern auch immer wieder dafür gesorgt, daß meine Romanfiguren unvermutet zu Geld kommen, indem sie eine Erbschaft machen oder etwas Wertvolles in ihrem Besitz entdecken, ein Gemälde oder eine Antiquität zum Beispiel.

Ich selbst habe am Anfang um die 1000 Pfund im Jahr verdient. Nach und nach habe ich mich auf 25 000 Pfund gesteigert. Ich fand, daß das ziemlich gut war. Ich konnte meine Kleider davon kaufen, den Frisör bezahlen, die Geschenke, die ich machte, und ein paar Extras für die Kinder. Skier oder Fahrräder oder eine Ferienreise. Für den Rest sorgte Graham. Er arbeitete in der Jute-Industrie, in der seine Familie ihr Vermögen gemacht hatte. Er verdiente das Brot, ich die Butter. Allerdings hatte er auch teure Hobbys: Er ging auf Moorhuhn- und auf Fasanenjagd und war Mitglied in fünf Golfclubs.

Anfänglich habe ich durchaus versucht, die Ausgaben ein bißchen anders zu verteilen. Aber Graham hat das gar nicht verstanden.

> Schottische Männer sind eben wahnsinnige Machos und furchtbar gern unter sich. Mit seinen Hobbys hatte ich deshalb auch nie etwas zu tun. Ich glaube, das hat er gar nicht gemerkt. Erst als einige seiner Golffreunde gestorben waren, hat er mich gefragt, ob ich nicht mit ihm Golf spielen wolle.

Er hatte mich das noch nie zuvor gefragt, und ich hatte es gar nicht gelernt. Damals war ich 76, und er war 84: Ich fand, daß es zu spät sei, jetzt noch damit anzufangen.

Was ich auch niemals gelernt habe, ist Klavierspielen. Ich hätte es gerne gekonnt. Das bedauere ich viel mehr, als daß ich nicht Golfspielen kann.

Mit dem Roman »Die Muschelsucher« kam plötzlich der große internationale Durchbruch. Das war 1987. Schon 20 Jahre vorher, also im Jahr 1967, habe ich für meine Erzählung »Sleeping Tiger« eine sehr gute Kritik in der »New York Times« bekommen. Ich war damals sehr erstaunt, daß sie mich überhaupt kritisierten. Normalerweise wird dort Unterhaltungsliteratur gar nicht zur Kenntnis genommen, und etwas anderes habe ich nie geschrieben. Ich hatte deshalb keine Komplexe, obwohl es auch in England einen ungeheuren literarischen Snobismus gibt. Ich war nun mal keine intellektuelle Schriftstellerin, ich habe ja auch nie studiert. Als dann mein Roman »Die Muschelsucher« in den USA erschien, landete er sofort auf den Bestseller-Listen. Dort hat er sich zwei Jahre lang gehalten. Andere Märkte sind gefolgt. Vor allem Deutschland. Es ist heute der zweitgrößte Markt nach den USA.

Angesichts des unerwarteten Reichtums hat Graham mich einmal gefragt, ob ich mich nun ändern würde. Aber ich glaube nicht, daß ich mich deshalb geändert habe. Meine finanzielle Unabhängigkeit hat unsere Ehe nicht beeinflußt. Allerdings war ich mir der Gefahr bewußt. Ich hatte große Angst, daß ich mit dem Geld etwas falsch machen könnte, und bin deshalb besonders sorgfältig damit umgegangen. Ich habe alles mit Graham geteilt. Es wäre mir nie in den Sinn gekommen, das Geld als Waffe gegen ihn zu benutzen. Manche Leute tun das, aber das zerstört eine Beziehung. Wir haben das Darlehen auf unser Haus in Longforgan getilgt, das wir außerhalb des Dorfes für die Familie gebaut hatten, es war ziemlich viel größer als das, in dem wir jetzt wohnen. Den Rest habe ich in Papieren angelegt. Das war alles.

> Man stellt hier in Schottland sein Geld nicht zur Schau. Weder mit neuen Kleidern noch mit schicken Autos. Damit aufzufallen gilt hier als schlechter Geschmack.

Abgesehen davon hatten wir keine unbefriedigten Bedürfnisse. Doch, einen Wunsch hatten wir, und den haben wir uns erfüllt: einen Gartentraktor.

Alles, was ich mit den beiden Romanen nach den »Muschelsuchern« verdient habe, habe ich zu gleichen Anteilen unseren vier Kindern überschrieben. Das war und ist das schönste Geschenk, das ich mir selber machen konnte: daß ich ihnen den Start ins Leben erleichtern und wiederum ihre Unabhängigkeit sichern konnte.

> Was es für mich bedeutet, alt zu sein? Ich komme kaum dazu, darüber nachzudenken.

Natürlich, das eine oder andere hat sich verändert. Wir haben unser großes Haus verkauft und statt dessen dieses kleinere gekauft. Es hat einen großen Garten und einen Rasen, auf wir Krocket spielen können und auf dem Graham das Putten übt. Das Haus ist unser Bekenntnis zum Alter. Ich fand, daß wir uns umstellen sollten, ehe es zu spät ist. Zum anderen habe ich aufgehört zu schreiben, weil ich fand, daß 60 Jahre Schreiben genug sind, und ich das Gefühl habe, daß ich nicht mehr genügend von der ganz jungen Generation weiß. Die Generation meiner Kinder kenne ich – ihre Sprache, ihre Moden, ihre Denkweise –, die meiner Enkel nicht gut genug. Ob ich es für immer durchhalten werde, weiß ich nicht. Versprochen habe ich es jedenfalls niemandem.

Daß ich älter aussehe als früher, stört mich nicht. Das einzige, was mir ein bißchen mißfällt, ist, daß ich nicht mehr so schlank bin wie früher: Ich hatte immer lange Beine und eine sehr gute Figur. Hübsch aber fand ich mich auch früher nicht – obwohl ich mich im nachhinein in etwas milderem Licht sehe –, und die paar zusätzlichen Falten, mein Gott, was für ein geringer Preis, wenn man dafür alt und gesund ist! Meine Schwester war 52, als sie starb: Wenn ich daran denke, was ich in den Jahren, seit ich meinerseits 52 war, alles erlebt habe!

Das Alter hat durchaus auch Vorteile. Wenn man jung ist, glaubt man, wenn etwas schiefgeht, die ganze Welt ginge unter. Wenn man älter ist, weiß man, daß sie das nicht tut. Daß die Katastrophen nicht von Dauer sind und das Leben so weitergeht wie zuvor.

Karlheinz Böhm

über Sinnsuche

Karlheinz Böhm, geboren 1928, gehörte zu den Stars des deutschen Nachkriegskinos. Die legendären »Sissi«-Filme, in denen er neben Romy Schneider als Sissi die Rolle des österreichischen Kaisers Franz Joseph spielte, brachten es zu Weltruhm, der die letzten 50 Jahre gut überstanden hat. Erst vor kurzem sind sie in China auf DVD erschienen: »Ein komisches Gefühl«, sagt Böhm, »wenn man sich als österreichischer Kaiser Chinesisch sprechen hört.« In ihrem überwältigenden Publikumserfolg überschattete die k.u.k.-Trilogie seine übrigen Filmrollen: immerhin waren es weitere 43, davon allein fünf unter der Regie von Rainer Werner Fassbinder. Dasselbe gilt für seine Arbeit als Theaterschauspieler und -regisseur. Anders als Romy Schneider kann Karlheinz Böhm jedoch damit leben. Heute nutzt er seine Popularität für die »Stiftung Menschen für Menschen«, die er im Jahre 1981 gegründet hat, um Menschen in Äthiopien im Kampf gegen den Hunger zu helfen. Er begann seine Projekte im Erer-Tal im Osten des Landes, unweit der Grenze zu Somalia. Dort hat ihm die äthiopische Regierung 1000 Hektar Land zur Bewirtschaftung durch die Bevölkerung überlassen. Im Gegensatz zu staatlicher Entwicklungshilfe, die sich meist auf die Nahrungsausgabe an Hungernde beschränkt, leistet Böhm »Hilfe zur Selbsthilfe«, um die Voraussetzungen dafür zu schaffen, daß auch in Zukunft niemand mehr hungern muß. 275 Millionen Euro hat seine Stiftung bislang aufgebracht und in Äthiopien investiert. Brunnen wurden davon gebohrt, Vieh und Traktoren gekauft, Straßen gebaut, Siedlungen geschaffen, drei Krankenhäuser und 40 Krankenstationen, ganze 132 Schulen sowie drei agrotechnische Trainingscolleges errichtet – um nur einige der Erfolge der Stiftung zu nennen.

Dafür mußte Karlheinz Böhm viel Überzeugungsarbeit leisten: bei den Spendern ebenso wie bei der äthiopischen Regierung und nicht zuletzt bei den Menschen selbst. Seit 25 Jahren verbringt er jedes Jahr vier bis sechs Monate in Äthiopien. Sieben Monate ist er mit Vortragsreisen unterwegs und absolviert Fernsehauftritte und Interviews in Deutschland, Österreich und der Schweiz, um das Spendenaufkommen für die Stiftung zu sichern. Die Kunst, die ihn als Sohn des weltberühmten Dirigenten Karl Böhm von Kindheit an in Form von Musik begleitet und in der er später seine Identität als Schauspieler gesucht hat, ist seit Beginn seiner Arbeit für Äthiopien kein Thema mehr. Geblieben ist gelegentliches Klavierspiel in seinem Haus im österreichischen Grödig, wo er mit seiner vierten Ehefrau, der Äthiopierin Almaz, und den gemeinsamen Kindern Nikolas und Aida lebt.

Schnürlregen über dem Salzburger Land. Der Untersberg im Westen der Festspielstadt ist in grauen Wolken verschwunden, die fast bis auf die schwarzglänzenden Dächer hinunterreichen. Die Häuser ducken sich in regennasse Wiesen. Am Ortsrand von Grödig, da, wo die Gärten in die Wiesen übergehen, liegt das Haus von Karlheinz Böhm. Es ist ein bißchen weniger schick hier als im angrenzenden Anif, aber die Aussicht vom Böhmschen Garten, durch eine Forsythienhecke von der weiten grünen Landschaft getrennt, ist genauso schön. Auf der Gartenmauer liegt eine nasse, schwarzweiße Katze und lauert auf eine leichtsinnige Maus. Böhm schützt sein Privatleben, so gut er kann. Leicht ist es nicht, die Grenze zwischen Privatheit und Arbeit zu ziehen, schließlich greifen beide ineinander über: Auch seine Frau arbeitet in der Stiftung mit. Interviews gibt er deshalb lieber im Stiftungsbüro, ein paar 100 Meter von seinem Wohnhaus entfernt, unweit des Rathauses und der Karlheinz-Böhm-Straße. Es signalisiert dem Besucher auf Anhieb, daß es hier nicht auf Ausstattung ankommt. Die Sekretärin bringt äthiopischen Schwarztee.

Karlheinz Böhm ist ein schmaler, schlanker, überaus höflicher Mann, weiß mittlerweile die glatten, gescheitelten Haare, blau die Augen hinter der randlosen Brille, prüfend der Blick.

Daß es ihn nach Äthiopien verschlagen würde, hatte er sich während der ersten 50 Jahre seines Lebens nicht träumen lassen. Nicht, bis er im Oktober 1981 zum erstenmal dorthin reiste und einer Realität begegnete, die ihn überwältigte – und fortan sein Leben bestimmte.

Es begann damit, daß mich der Fernsehmoderator Frank Elstner im Mai 1981 in seine Sendung »Wetten, dass ...?« einlud. Ich hatte keine Lust auf so eine »billige« Unterhaltungssendung. Um so weniger, als ich zu jener Zeit im Düsseldorfer Schauspielhaus den »König Lear« von Shakespeare spielte, ein Stück, in dem sich ein Mensch auf der Suche nach seiner Identität auf verstörende Weise mit sich auseinandersetzt – bis er sich dann im Tod erkennt. Auch ich war damals noch immer auf der Suche nach mir selbst, und es wurde mir im Verlauf dieser Theaterarbeit wieder einmal klar, daß ich noch immer nicht den Sinn und Zweck meines Lebens gefunden hatte.

Dennoch nahm ich Elstners Angebot schließlich an: Ich hatte die Idee, daß ich in der Fernsehsendung eine Wette abschließen könnte, mit der Geld für die hungernden Menschen in der afrikanischen Sahelzone zusammenkäme. Ich wettete also, daß von den üblicherweise 18 Millionen Zuschauern – so hoch waren damals die Einschaltquoten, weil es noch so wenige Kanäle gab – nicht einmal jeder dritte eine Mark für die Sahelzone spenden würde. Ich hoffte dabei, daß ich die Wette verliere und mindestens sechs Millionen Mark gespendet würden, mit denen ich ein Jahr lang dafür sorgen wollte, daß niemand mehr an Hunger starb.

Es spendete dann tatsächlich nicht jeder dritte, ja nicht einmal jeder zehnte. Dennoch kamen immerhin 1,7 Millionen Mark zusammen – auf die niemand vorbereitet war, am wenigsten ich selbst. An die praktische Seite, wie man meine Idee umsetzen konnte, hatte ich gar nicht gedacht.

Ich hätte das Geld natürlich der UNICEF geben können. Das wollte ich aber nicht. Ich wollte es selber nach Afrika bringen und etwas Sinnvolles damit machen.

Angst vor der Verantwortung oder davor, daß ich mir zuviel zugemutet haben könnte, hatte ich dabei nicht. Nicht am Anfang und auch niemals danach.

Ich studierte zunächst alle Informationen über die Sahelzone, die ich bekommen konnte, um herauszufinden, in welches Land ich gehen sollte. Ich bot den Botschaften der drei ärmsten Länder in diesem Gebiet – dem Sudan, dem Tschad und Äthiopien – meine Hilfe an. Doch nur Äthiopien akzeptierte meine Bedingung, seinerseits keine Bedingungen zu stellen.

Damit stand mein Ziel fest: Ende Oktober 1981 brach ich auf. Ich hatte keine Vorstellung, was mich in Äthiopien erwarten würde. Ich wußte eigentlich gar nichts. Ich wußte nur, daß ich nichts wußte. Dieses Bewußtsein hat mich während meiner gesamten Arbeit in Afrika begleitet. Ich habe niemals vorgegeben, Bescheid zu wissen nach dem Motto »Jetzt will ich euch mal zeigen, wie der Laden läuft!«. Es ist ein Fehler, der in der Entwicklungshilfe oft gemacht wird, daß die Leute, die helfen wollen, zwar guten Willens, aber gleichzeitig auch der Meinung sind, daß sie alles besser wissen.

Ich habe meinerseits immer nur Fragen gestellt: »Warum ist das so?«, »Warum können diese Menschen sich nicht selber helfen, sondern geraten in die Lage, daß sie verhungern?« und »Warum muß überhaupt ein Mensch auf unserem Planeten an Hunger sterben, wo wir so viele Nahrungsüberschüsse haben, daß wir nicht wissen, wie wir sie vernichten können, ob wir sie verbrennen oder ins Meer schütten sollen, und was am kostengünstigsten ist?«. Diese Frage stelle ich mir immer noch.

Was Hungertod wirklich bedeutet, erfuhr ich allerdings erst drei Jahre nach meiner ersten Äthiopienreise, als ich im Jahre 1984 ein Hungerlager im Osten des Landes besuchte. Ich war in der Nähe des Lagers allein aus dem Auto ausgestiegen, weil ich den Menschen ohne Begleitung begegnen und mir ein Bild von der Lage machen wollte. Plötzlich kam ein Mann auf mich zu, er war vielleicht Anfang 30, nur Haut und Knochen unter der Decke, die er über dem nackten Körper trug. Sein Kopf glich einem Totenkopf. Ich erschrak über das, was sich mir da als Mensch zeigte, und blieb etwa zehn Meter vor dem Mann stehen. Auch er blieb stehen. Wir sahen einander stumm an. Plötzlich fiel er, ohne die geringste Abwehrbewegung seiner Hände, vornüber auf sein Gesicht. Er gab keinen Laut von sich, ich hörte nur dieses entsetzliche Geräusch, als sein Körper und sein Gesicht auf den steinigen Boden aufschlugen. Dann war es still. Ich stand da, fassungslos und wie gelähmt, sah den Mann vor mir liegen und konnte keinen Ton herausbringen, auch nicht um Hilfe rufen. Nach ein paar Minuten kamen zwei Äthiopier mit Rote-Kreuz-Binden an den Armen, der eine beugte sich über den Mann und drehte ihn um. Sein Gesicht war ganz blutig. Er war tot.

Ich werde dieses Erlebnis nie vergessen. Es war eine der Ursachen dafür, daß ich mir langsam immer sicherer wurde, daß ich auf dem richtigen Weg war und daß ich meine Arbeit in Äthiopien weiterführen müßte.

Immer schon habe ich mich mit der Frage auseinandergesetzt, warum man lebt, warum man tut, was man getan hat und was man tun sollte. Dabei war ich weitgehend auf mich selbst gestellt. Ich war ja als Kind sehr oft von meinen Eltern getrennt, weil diese viele Konzertreisen machten, und so bekam ich all die Informationen, die andere Kinder von ihren Eltern bekommen, nicht. Vielleicht fühlte ich mich deshalb von Anfang an irgendwie für mich selbst verantwortlich. Von einem gewissen Zeitpunkt an begann ich mich dann zu fragen, welche Verantwortung ich für andere habe.

Mein Vater hatte mir immer gesagt, daß ein Künstler kein politisch denkender Mensch sein dürfe, daß er nicht wählen und in keine Partei eintreten solle. Diese Meinung teilte ich zwar nicht, dennoch entwickelte sich mein soziales und politisches Bewußtsein erst ziemlich spät.

Auf der Suche nach meiner eigenen Identität wollte ich zunächst Pianist werden. Statt dessen wurde ich Schauspieler. Nach den Sissi-Filmen habe ich viele andere gedreht, mit denen ich mich mehr identifizieren konnte als mit reinem Unterhaltungskino. Dennoch habe ich mich nie so heftig davon distanziert wie Romy Schneider. Sie hat mir immer sehr leid getan. Nicht nur, weil sie dieses Sissi-Syndrom hatte, sondern auch, weil ihr Kind auf so grauenhafte Weise umgekommen ist. Und weil sie – eine Frau, die so begabt war und ein wunderbares Leben hätte führen können – so früh und auf so traurige Art und Weise gestorben ist.

Natürlich läuft man nach einem solchen Erfolg, wie es die Sissi-Filme waren, Gefahr, auf ein Klischee festgelegt zu werden. Dennoch identifiziere ich mich mit ihnen. Das verdanke ich nicht zuletzt Fassbinder. Als ich ihm gegenüber einmal im Gespräch eine gewisse Unsicherheit darüber äußerte, sagte er: »Ich weiß gar nicht, was du willst. Die Filme hast du doch gedreht! Ob sie dir heute passen oder nicht, ist doch scheißegal.« Und weiter:

> »Du mußt dich in jeder Sekunde deines Lebens mit der notwendigen Selbstkritik zu allem bekennen, was du getan hast. Nur dann wirst du dich weiterentwickeln.«

Der Satz war für mich lebensbestimmend. Wie Fassbinder überhaupt. Er war 17 Jahre jünger als ich und auf der Suche – wie ich. Dabei war er mir in manchem voraus. Er war es, der mein politisches und soziales Bewußtsein geprägt hat, das während der Zeit der 68er-Bewegung geweckt worden war. Ich spielte in Frankfurt Theater, als dort die Studenten demonstrierten. Ihre Motive konnte ich zunächst nicht verstehen. Ich fragte mich vielmehr verwundert, warum die Kinder reicher Leute auf die Straße gingen. Die Antwort darauf fand ich dann in den Diskussionen, die damals geführt wurden: daß sie es taten, weil sich die Generation ihrer Eltern weder moralisch noch politisch mit den Verbrechen Hitlers auseinandergesetzt hatte und sie diese Auseinandersetzung erzwingen wollten. Nach und nach wurde mir klar, daß auch ich mich mit der Gesellschaft auseinandersetzen mußte. Dabei wurde ich mir zwangsläufig mehr und mehr der Diskrepanz zwischen Arm und Reich und der Ungerechtigkeit bewußt, die es auf dieser Welt gibt. Dieses Bewußtsein hat mich schließlich in die Richtung geführt, die ich dann eingeschlagen habe. Darüber sollten allerdings noch weitere 13 Jahre vergehen.

In den 70er Jahren stieß ich dann auf die Arbeit von Rainer Werner Fassbinder. Ich sah eine Theaterinszenierung von ihm in seinem Münchner Studententheater und seinen Film »Katzlmacher« über den Fremdenhaß. Beides hat mich unglaublich beeindruckt. Wenig später traf ich ihn in den Bavaria-Film-Studios in München. In einer Drehpause sah ich ihn, wie er in der Kantine saß und eine Suppe löffelte. Ich ging spontan auf ihn zu und sagte ihm, wie toll ich seine Arbeit fände. Ich glaube, ich habe eine ganze Menge geredet. Als ich geendet hatte, war Totenstille. Schließlich hob Fassbinder den Kopf, über seinem Teller, sah mich an – und grunzte. Das war alles. Ich war total wütend und fand, daß er ein arroganter Scheißkerl war, weil ich ihm meine Bewunderung ausgedrückt hatte und er nur grunzte. Zwei Tage später schickte er mir ein Drehbuch. Das war der Beginn unserer Zusammenarbeit, die zwei Jahre bis zu seinem Tod im Jahre 1982 andauerte.

Ich lebte sogar ein paar Wochen lang mit seiner Gruppe in einer Wohngemeinschaft. Aber ich merkte schnell, daß das nicht meine Art zu leben war. Das änderte aber nichts daran, daß Fassbinder und die Art und Weise, wie er mit dem Thema der sozialen Ungerechtigkeit umging und dieses Thema in seinen Filmen behandelte, mich entscheidend beeinflußt haben.

Worauf er genau hinauswollte, wurde mir freilich erst in einem Gespräch über den Film »Mutter Küsters Fahrt zum Himmel« klar, in dem er mir die Rolle eines kommunistischen Journalisten angeboten hatte, wohlwissend übrigens, wie sehr ich den Kommunismus ablehnte. Nach der Lektüre des Drehbuchs hatte ich ihn in seiner Direktionskanzlei im Frankfurter Theater am Turm, das er damals leitete, aufgesucht: »Ich verstehe dich nicht«, sagte ich, »ich weiß, daß du gegen die Rechten bist, aber offensichtlich bist du auch gegen die Linken und gegen die Alternativen. Wo*für* bist du eigentlich?« Er wartete einen Augenblick, schob dann den Hut aus der Stirn, zog die Füße mit den Stiefeln vom Tisch, setzte die Brille ab, sah mich lange an und sagte: »Ich schieße überallhin, wo es stinkt. Ob das rechts, links, hinten oder vorn ist, ist mir egal!« Ich habe diesen Satz nie vergessen.

Auch ich begann endlich hinzuschauen. Nächtelang habe ich mit Gleichgesinnten darüber geredet, wie ungerecht und beschissen alles wäre, bis mir eines Tages aufging, daß wir mit Reden nichts verändern würden.

Ich sagte mir: »Man kann nicht bloß endlos darüber quatschen! Man muß etwas tun!« Aber was?

Der Zufall wollte es, daß mich in dieser Zeit mein Arzt zum Auskurieren einer langwierigen Bronchitis nach Kenia schickte. Ich wohnte in einem schönen Hotel und unterhielt mich eines Tages mit einem der farbigen Kellner. Ich fragte ihn, was er im Monat verdiente – es war weniger als der Preis für eine einzige Übernachtung – und wo er wohnte. Er schlug vor, mit ihm in sein Dorf zu fahren, was wir mit dem Fahrrad nach eineinhalb Stunden erreichten: ein Dorf, in dem bis zu zehn Familienmitglieder in armseligen Hütten wohnten. Sie boten mir eine Brühe an, die aus einem Fischkopf gekocht war. Betroffen von der Diskrepanz zweier so nah beieinanderliegender Welten, kehrte ich ein paar Stunden später aus dem Busch in mein Hotel zurück.

Von da an beschäftigte ich mich mit Afrika und dem Kolonialismus. Auch mit der Hungersnot in vielen afrikanischen Ländern. Das Thema ließ mich nicht mehr los. Als dann »Wetten, dass …?« kam, sah ich plötzlich eine Möglichkeit, endlich etwas tun – und vielleicht etwas verändern zu können. Ich sage das im Rückblick. In der Situation selbst war mir das durchaus nicht so klar.

Im Oktober 1981 fuhr ich zum erstenmal nach Äthiopien. Es gelang mir, die äthiopische Regierung zu überzeugen, mir Land zur Verfügung zu stellen, damit man die Halbnomaden aus den Hungerlagern umsiedeln und ihnen Gelegenheit geben konnte, sich eine eigene Existenz aufzubauen. Ich kam auch gleich mit einem konkreten Vorschlag und bat um eine abgewirtschaftete Farm im Erer-Tal mit 1000 Hektar Land, auf die ich am vierten Tag meiner ersten Reise nach Äthiopien gestoßen war. Sie war in Privatbesitz gewesen, mittlerweile jedoch staatlich und bestand aus einem Getreidesilo aus Wellblech, einer offenen Mechanikerwerkstatt, ein paar Baracken und einer Hütte, in der so etwas wie ein Büro eingerichtet war. Es gab sogar ein Telefon und einige Traktoren, die alle mehr oder minder kaputt waren. Rings um die Farm wuchs viel Grün, was auf Wasser schließen ließ. Ich bekam das Land und einen Vertrag, der mir erlaubte, zu machen, was ich wollte. Im Dezember 1981 fing ich mit einer kleinen Gruppe von Freiwilligen an, im Erer-Tal zu arbeiten.

Natürlich hatte man mich in Deutschland vor meiner Unternehmung gewarnt – ich hatte ja wirklich keinerlei Fachwissen. Aber das verunsicherte mich nicht. Ich stellte vielmehr fest, wieviel es zu tun gab und wieviel man machen konnte! Das beflügelte mich ungeheuer und setzte alle meine Kräfte frei. Auch dafür, die Menschen zu überzeugen. Daß sie uns vertrauten. Und daß sie zunächst mal seßhaft wurden. Es gelang, innerhalb von 14 Monaten 4000 Menschen aus dem Hungerlager Babile im Erer-Tal auf das Gelände unserer Farm umzusiedeln. Jeder einzelne von ihnen kam freiwillig, und das, obwohl sie als Halbnomaden die Seßhaftigkeit nicht gewohnt waren. Wir halfen ihnen, ihre Felder zu bestellen, nachdem sie zunächst das Land mit Hacke und Schaufel gerodet und von Buschgewächs und Kakteen befreit hatten. Heute bauen sie darauf Getreide, Kartoffeln, Tomaten, Paprika, Peperoni, Gurken, Wassermelonen, Papaya, Bananen, Karotten, Blumenkohl und Kraut an. Wir kauften Hühner, Ziegen, Schafe und Kühe für sie, damit sie Viehzucht betreiben konnten. Und wir sorgten dafür, daß sie die Einrichtungen, die wir mit ihnen gebaut hatten, auch nutzten.

Vor allem die Schulen liegen mir am Herzen: Mehr als die Hälfte aller äthiopischen Kinder besucht keine Schule. Entwicklung ist aber ohne Bildung unmöglich!

Wir erreichten, daß die Menschen in unseren Dörfern inzwischen auch ihre Töchter zur Schule schicken und die Mädchen nicht schon mit zwölf verheiraten, was früher dazu führte, daß diese um so länger und um so mehr Kinder bekamen. Wir erreichten, daß sie verlassene oder verwitwete Frauen nicht mehr aus der Gemeinschaft verstoßen, weil diese, von uns mit Kleinkreditprogrammen in Weben, Flechten oder Töpfern geschult, ihren eigenen Lebensunterhalt verdienen können, indem sie ihre Waren auf Märkten verkaufen. Und es gelang uns, auf immer mehr Eltern einzuwirken, daß sie auf die Beschneidung ihrer Töchter verzichten und ihnen dieses teils tödliche, teils lebenslange Martyrium ersparen. Die Stiftung leistet unermüdlich Aufklärung – nicht zuletzt darüber, daß der Koran diese Verstümmelung, entgegen landläufiger Meinung, durchaus nicht vorschreibt.

Inzwischen sind die Frauen, die in Äthiopien nicht nur arm, sondern zudem rechtlos sind, zumindest in unseren Dörfern, viel selbstbewußter geworden. Es bilden sich überall Frauengruppen, sogar außerhalb unseres Einflußbereiches.

Der ist im Laufe der Jahre enorm gewachsen. Mittlerweile unterhalten wir in Äthiopien sieben weitere Projekte, von denen 2,8 Millionen Menschen direkt oder indirekt profitieren: durch die Weiterentwicklung der Landwirtschaft, die Versorgung mit sauberem Trink- und Waschwasser, den Bau von ländlichen Zufahrtsstraßen, die Aufforstung, die Erosionsbekämpfung, die Erweiterung und Verbesserung des Schulsystems und der Gesundheitsversorgung inklusive der Aufklärung über Aids.

Äthiopien ist heute meine eigentliche Heimat. Nicht zuletzt deshalb, weil ich mit einer Äthiopierin verheiratet und dadurch Teil einer großen äthiopischen Familie geworden bin. Seit kurzem besitze ich – als einziger Ausländer – die äthiopische Ehren-Staatsbürgerschaft.

Meine Arbeit ist eine große Befriedigung für mich.

Ohne meine Filme oder die von Rainer Werner Fassbinder kann die Menschheit ohne weiteres auskommen. Demgegenüber würden – wenn ich nicht nach Afrika gegangen wäre – zweifellos viele Menschen nicht mehr leben. Was will ich mehr?

Dabei überkommt mich immer noch ein Gefühl der Wut, wenn ich nach dem Rückflug aus Afrika – wo ich zusammen mit den Menschen in ihren Hütten auf der nackten Erde sitze – am Frankfurter Flughafen lande und diesen Überfluß sehe, in dem wir leben: diese unendlich vielen Dinge, die hier verkauft werden und die niemand braucht, während es dort am Nötigsten fehlt. Gewiß, man muß mit der Ungerechtigkeit auf dieser Welt leben. Das heißt aber nicht, daß man die Augen davor schließen, sie hinnehmen oder gar akzeptieren muß! Ganz im Gegenteil: Ich akzeptiere sie, je älter ich werde, desto weniger!

Das Alter selbst empfinde ich nicht als Einschränkung – wenn man davon absieht, daß es mit einem gewissen Nachlassen der Kräfte einhergeht. Ich nehme das freilich nicht allzu ernst und habe gelernt, damit umzugehen. Ich habe gelernt zu delegieren, wenn das eine oder andere zu anstrengend wird. Ansonsten lebe und arbeite ich wie bisher und werde es auch weiter tun.

Mein Vater, der bis kurz vor seinem Tod mit 85 Jahren als Dirigent einen der körperlich anstrengendsten Berufe ausgeübt hat, die es gibt, hat mir gesagt: »Arbeite, solange dein Körper und dein Geist es zulassen. Und auch, wenn du mal 60 bist, denk nicht an Rente oder Pension – wenn du das tust, kannst du dir lieber gleich ein schönes Grab kaufen!« Dieser Satz wird immer wichtiger für mich. Wenn ich mir vorstelle, daß heute unendlich viele Rentner und Rentnerinnen nicht wissen, was sie mit ihrem immer längeren Leben anfangen sollen, dann halte ich das Pensionistentum, wie es sich bei uns entwickelt hat – nämlich daß Menschen nur einfach deshalb aufhören zu arbeiten, weil sie ein bestimmtes Alter erreicht haben – für eine ganz und gar trostlose Perspektive.

Habe ich mich im Laufe der Jahre verändert? Ich denke schon. Ich bin nachdenklicher und bewußter geworden. Und kritischer, auch mir selbst gegenüber. Das gilt besonders für den Umgang mit anderen Menschen. Ich gehe heute viel vorsichtiger mit anderen um und bemühe mich mehr als früher, andere nicht zu verletzen. Trotzdem geschieht es ab und zu – was mir hinterher immer sehr leid tut. Ich bin auch geduldiger geworden. Und toleranter. Das habe ich im Laufe meiner Ehen gelernt. Es gilt aber auch für den Umgang mit meinen Kindern. Ich bin heute sicher ein verständigerer und ruhigerer Vater als früher.

Afrika und die Menschen dort waren und sind noch immer eine ganz wichtige Erfahrung für mich. Sie haben mich das Lachen gelehrt.

Sie lachen so viel lieber und leichter als wir, und das noch in den schwierigsten Situationen. Auch die Bedeutung von intakten, festen Familienstrukturen ist mir dort bewußt geworden. In Äthiopien spielt die Familie eine viel größere Rolle als bei uns. Dabei ist die Hierarchie innerhalb der Familie viel ausgeprägter, so wie sie das bei uns auch einmal war und wie ich sie aus meiner Kindheit im Verhältnis zu meinen Eltern, besonders aber zu meinen Großeltern kenne. Das ist einerseits gut, weil Kinder feste Strukturen brauchen und von zu großer Liberalität, wie sie bei uns herrscht, leicht überfordert sind. Es ist aber andererseits auch nicht gut, weil sie auf diese Weise zu lange daran gehindert werden, selbständige Entscheidungen zu treffen. Die Wahrheit liegt hier, wie bei allem, in der Mitte.

Die wichtigste Erfahrung, die ich Afrika verdanke, ist jedoch die, mich selbst und meine eigenen Probleme – in Anbetracht der Not, der man dort begegnet – weniger wichtig zu nehmen und das eigene Leben und die eigenen Bedürfnisse unter anderen Gesichtspunkten zu sehen.

Jane Goodall

über Verständnis

Die englische Ethnologin Jane Goodall, geboren 1934, ist die berühmteste Schimpansen-Forscherin der Welt. Mehr als 40 Jahre lang hat sie im Gombe National Park in West-Tansania unsere nächsten Verwandten im Tierreich beobachtet. Ihre Studien waren bahnbrechend: weil sie bis dahin unbekannte Fähigkeiten der Schimpansen entdeckte – zum Beispiel die, daß sie Werkzeuge benutzen, ja sogar herstellen können. Und weil Goodall ihnen als erste Wissenschaftlerin überhaupt eine Persönlichkeit und seelische Regungen attestierte. Heute ist Jane Goodall eine leidenschaftliche Botschafterin für Tier- und Umweltschutz und Gründerin der Organisation »Roots und Shoots« (www.janegoodall.de und www.rootsand-shoots.de), die sich mit ihren mehr als 200 000 jugendlichen Mitgliedern weltweit dafür einsetzt, die Erde vor der Zerstörung durch die Menschen zu bewahren. Jane Goodall ist verwitwet, hat einen Sohn und drei Enkelkinder und wohnt in ihrem Elternhaus an der Südküste Englands. An rund 300 Tagen im Jahr reist sie im Dienste ihrer Mission zu Vorträgen und Vorlesungen rund um den Globus.

Jane Goodall ist noch immer eine schöne Frau: groß und schlank, mit einer hohen Stirn über hellen blauen Augen und einer schmalen Nase, dazu vollen, mittlerweile weißen Haaren, die sie seit 50 Jahren zu einem Pferdeschwanz gebunden trägt – ihr Wildnis-Look, der an ihr allerdings gar nicht wild, sondern ziemlich edel aussieht. Sie spricht sehr leise, und wäre da nicht zuweilen eine gewisse Bestimmtheit in ihrer zarten Stimme und eine überraschende Präzision, in dem, was sie sagt, könnte man glauben, man habe es einfach nur mit einer reizenden Dame der englischen Gesellschaft zu tun – und nicht mit einer bedeutenden Wissenschaftlerin, einer angesehenen Verhaltensforscherin und einer vehementen Aktivistin für Tier- und Umweltschutz.

Von klein auf war ich äußerst interessiert an allem, was lebendig war, ganz egal ob es sich um Würmer, Spinnen, Schnecken oder Vögel handelte: ich beobachtete sie stundenlang. Meine Mutter unterstützte dieses Interesse. Dabei lehrte sie mich von Anfang an, Tiere als Lebewesen zu achten, indem sie mir geduldig erklärte, daß die Schnecken auf dem Fußboden meines Kinderzimmers ebensowenig überleben könnten wie die Regenwürmer in meinem Bett. Worauf ich meine Studienobjekte wieder in den Garten zurückbrachte. Als ich dann lesen konnte, las ich alles über Tiere, was ich in die Finger bekam.

> Es war mein Traum, später mit wilden Tieren zu arbeiten. Ich wollte sie verstehen. Wollte wissen, wer sie waren und wie sie lebten. Alle haben mich ausgelacht, nur nicht meine Mutter.

Sie sagte: »Jane, wenn du es wirklich willst, dann laß dich nicht beirren, arbeite daran und gib nicht auf.« Sie hat mich dazu erzogen, an mich selbst zu glauben und beharrlich zu sein.

Eine andere Schlüsselfigur in meinem Leben war der Verhaltensforscher Louis Leaky. Ich lernte ihn auf einer Afrikareise, die ich mir hart erarbeitet und erspart hatte, im Museum von Nairobi, Kenia, kennen. Er interessierte sich für Schimpansen, weil er glaubte, daß sie ihm Aufschluß über die Geschichte der frühen Menschheit geben könnten. Sie haben eine DNS, die zu 98,4 Prozent der menschlichen entspricht, dasselbe Blut, dasselbe Nervensystem und sind für dieselben Krankheiten anfällig wie wir: sie sind unsere nächsten lebenden Verwandten. Er wollte aus seiner Forschung Rückschlüsse auf das Verhalten des prähistorischen Menschen ziehen und suchte jemanden für Feldstudien unter den Schimps. Schließlich fragte er mich! Ich konnte es nicht glauben –

mein Traum sollte in Erfüllung gehen! Louis kämpfte dann ein Jahr lang um meine Arbeitserlaubnis in Tansania. Die Regierungsbehörden sträubten sich: Sie wollten die Verantwortung für mich nicht übernehmen, weil meine Arbeit unter den wilden Tieren ja gefährlich sein konnte. Außerdem war ihnen meine Forschung äußerst suspekt: Frauen machten damals keine Feldstudien, sie gingen auch nicht in den Urwald, und schon gar nicht allein. Ich hatte nie so gedacht – ganz im Gegenteil. Ich stamme aus einer Familie starker, selbstbewußter Frauen, die sich selbst und auch mir alles zutrauten. Ich kann mich nicht erinnern, daß in meiner Kindheit auch nur ein einziges Mal davon die Rede gewesen wäre, daß man dies oder jenes nicht tun könne, weil man ein Mädchen war. Und wenn ich auf mein Leben zurückblicke, kann ich nur sagen:

> Gott sei Dank bin ich eine Frau! Ich hätte meine Arbeit, so wie ich sie getan habe, als Mann gar nicht tun können.

Männer sind anders und forschten damals anders. Frauen bringen die nötige Geduld für diesen Beruf mit, ebenso wie die Offenheit, etwas Neues zu lernen. Außerdem sind sie viel geschulter in der Beobachtung. Ihre Rolle in der Familie hat sie seit Jahrtausenden gezwungen, das Verhalten und die Körpersprache anderer Familienmitglieder zu beobachten, um den Familienfrieden aufrechtzuerhalten – nach dem Motto »Vater ist heute schlechter Laune, halten wir mal lieber den kleinen Hans von ihm fern«. (Genau das tun Affenmütter übrigens auch!) Insofern ist die Verhaltensforschung für Frauen ein idealer Beruf – und die Zahl derer, die ihn ergreifen, wächst heute kontinuierlich.

Es war für mich übrigens noch aus einem anderen Grund von Vorteil, eine Frau zu sein: Die Afrikaner hatten aufgrund ihrer Vergangenheit unter der Kolonialherrschaft großes Mißtrauen gegenüber europäischen Männern – weniger gegenüber Frauen. Das hat mir sehr geholfen.

Nachdem ich Leaky kennengelernt hatte, kehrte ich zunächst nach England zurück und arbeitete als Kellnerin und Sekretärin, um das Geld für die zweite Überfahrt zu verdienen. Ein Jahr später hatte Louis meine Arbeitserlaubnis – und ich fuhr wieder nach Gombe. Ich war 26 Jahre alt. Daß ich mehr als

20 Jahre in Tansania bleiben, zweimal dort heiraten, einen Sohn bekommen und in Gombe aufziehen würde, konnte ich damals natürlich nicht wissen.

Hatte ich Angst? Nicht vor meinem Vorhaben. Ich war zur richtigen Zeit am richtigen Ort, dessen war ich mir ganz sicher. Natürlich habe ich mich manchmal im Urwald gefürchtet, wenn ich irgendwo auf die Schimps wartete und plötzlich ein dröhnendes Krachen oder ein unheimliches Schnauben hörte, das ich nicht identifizieren konnte. Aber diese Art Angst ist normal, sie hilft einem, das Richtige im richtigen Augenblick zu tun.

Es gelang mir, die Schimpansen nach und nach an mich zu gewöhnen und sie immer besser zu verstehen. Ich stellte fest, daß sie, die einander auf den ersten Blick zum Verwechseln ähnlich schienen, in Wirklichkeit sehr unterschiedlich aussahen und auch in ihrem Wesen sehr verschieden waren. Ich gab ihnen Namen , »Flo«, »Fifi«, »Gilka«, »Pam«, »David Greybeard« und »Goliath«.

Es war »David Greybeard«, der mir als erster erlaubte, mich ihm zu nähern. Ich hatte ihn auf einer Lichtung sitzen sehen, folgte ihm und verlor ihn wieder aus den Augen. Plötzlich fand ich ihn, wie er ruhig mitten auf einem Pfad saß. Er war so nah, daß ich ihn hätte berühren können. Natürlich wagte ich es nicht. Statt dessen hielt ich ihm auf meiner ausgestreckten Hand einen Palmkern hin. Er sah mich ganz ruhig an, dann den Palmkern, dann wieder mich. Schließlich nahm er den Kern – und ließ ihn absichtlich fallen, während er mir in die Augen blickte. Gleichzeitig drückte er ganz leicht meine Hand, was bei den Schimpansen eine Geste der Beschwichtigung ist, als wolle er sagen, daß er, obwohl er den Palmkern nicht wollte, meine Geste verstanden hatte. Auch ich hatte ihn verstanden. Er war der erste Schimpanse, der mir vertraute.

Daß ich den Schimpansen Namen gab, hat meine Professoren zunächst verwirrt. Sie waren es gewohnt, daß ihre Forschungsobjekte Nummern hatten und sonst nichts: weder Namen noch Charaktereigenschaften, geschweige denn Gefühle! Genau das aber hatte ich an den Schimpansen beobachtet.

Ich stellte fest, daß sie in festumrissenen Sozialstrukturen lebten: in Gruppen, die manchmal größer, manchmal kleiner waren und daß diejenigen, die keinen Platz mehr in der Hierarchie hatten, die Gruppe verließen und alleine lebten. Ich erfuhr, daß es unter ihnen außerordentlich liebevolle Mütter gab, die ihre Kinder gut versorgten, sie beschützten und mit ihnen spielten, und daß es die Sprößlinge solcher Mütter waren, die später die Führung der Gemeinschaft übernahmen – anders als die Kinder unsicherer und nervöser Mütter mit indifferentem Verhalten, die es niemals bis zur Spitze brachten. Von ihnen habe ich viel über die unermeßlich große Wichtigkeit der Mutter, aber auch über die unendliche Freude und Zufriedenheit gelernt, die die Beziehung zu ihrem Kind für eine Mutter bedeuten kann.

> Die Schimpansenmütter waren meine Lehrmeisterinnen in der späteren Beziehung zu meinem Sohn.

Ich beobachtete unverbrüchliche Familienbande unter Müttern und ihren Kindern, die sich in lebenslange Freundschaften mit ihren erwachsenen Kindern verwandelten. Ich erlebte enge Beziehungen unter Geschwistern sowie »Männerfreundschaften« unter männlichen Schimpansen. Ich erkannte viele menschliche Gesten wie Küssen, Händehalten, Umarmen oder Schulterklopfen wieder und entdeckte, als ich zwei männliche Schimpansen beim Verspeisen eines verendeten Frischlings antraf, daß sie nicht, wie angenommen, nur Blätter und Früchte, sondern auch Fleisch fraßen. Besonders aufregend war es, »David Greybeard« dabei zu beobachten, wie er eines Tages einen Grashalm in einen Termitenhügel steckte, um ihn dann, mit Termiten übersät, wieder herauszuziehen und diese mit den Lippen abzupflücken: Schimpansen benutzten also Werkzeuge, und das nicht nur in der Gefangenschaft, sondern in der Wildnis! Mehr noch: Ich sah auch, wie sie Blätter zu Schwämmen zusammendrückten, um damit Wasser aus Pfützen aufzusaugen – also Werkzeuge nicht nur benutzten, sondern sogar herstellten.

Das waren neue Erkenntnisse, die sich heute in der wissenschaftlichen Literatur niederschlagen. Neu war auch, daß die Schimpansen Charaktereigenschaften, Stimmungen, Gefühle und die Fähigkeit zu leiden haben.

Damit ich mein Wissen auf eine solide Basis stellen konnte, sorgte Louis Leaky dafür, daß ich an der Universität von Cambridge Verhaltensforschung studieren und darin promovieren konnte. Damals erkannte ich, daß es durchaus eine Brücke zwischen dem herkömmlichen wissenschaftlichen Ansatz und meinem eigenen gab: Ich mußte nur meine Ausdrucksweise ändern! Anstatt zu sagen »Die Schimpansin Flo war eifersüchtig« (denn das konnte ich ja nicht beweisen), sagte ich nun »Die Schimpansin Flo benahm sich so, daß man, wäre sie ein Kind, sagen würde, sie sei eifersüchtig«. Damit gelang es mir mehr und mehr, auf die in meinen Augen so offensichtliche Gefühlswelt der Schimpansen hinzuweisen, ohne mich der Kritik auszusetzen.

Ein weiterer Stein des Anstoßes für die Wissenschaft war meine Entdeckung, daß die Schimps nicht ausschließlich friedlich waren, sondern daß sie ohne Not Artgenossen überfallen und sogar töten konnten. Vielen Wissenschaftlern gefiel das nicht, bedeutete es doch, daß auch der Mensch womöglich genetisch böse sein könnte. Was mich betrifft, so bin ich überzeugt, daß die Tendenz zum Bösen, ebenso wie die zum Guten im Menschen existiert und der Mensch die Wahl und die Verpflichtung hat, damit auf moralische Weise umzugehen.

Was uns von den Schimpansen grundlegend unterscheidet, ist das Bewußtsein für unser Handeln. Auch haben wir ein größeres Gehirn und damit einen größeren Verstand – und die Fähigkeit zu sprechen. Damit können wir uns über den Augenblick hinaus verständigen. Wir können uns an die Vergangenheit erinnern, in die Zukunft planen und Gedanken austauschen. Schimpansen sind in der Lage, 500 Zeichen der Taubstummensprache zu erlernen und sich damit zu verständigen. Aber es ist unwahrscheinlich, daß sie Gedanken über die Gegenwart hinaus austauschen können.

Das allgemeine Verständnis für die Schimpansen ist in den mehr als fünf Jahrzehnten, in denen ich mich mit ihnen beschäftige, kontinuierlich gewachsen.

Wir wissen heute, daß der Graben zwischen den Menschen und dem Tierreich weit weniger tief ist, als wir geglaubt haben. Andererseits besteht kein Zweifel daran, daß wir die intellektuell höher stehenden Wesen sind – ein Vorzug, der uns zugleich die Verantwortung für alle anderen Lebewesen und unsere Erde auferlegt.

Das ist mir selbst gewissermaßen über Nacht klargeworden, als ich 1986 an einer Konferenz über »Das Verstehen von Schimpansen« an der Academy of Science in Chicago teilnahm. Einige Vorträge beschäftigten sich mit den Grausamkeiten, denen die Schimpansen von Menschen in Labors, Zirkussen und anderen entwürdigenden Gefängnissen ausgesetzt sind. Ein Vortrag über Tierschutz hat mich zutiefst erschüttert und mein Leben von einem Tag auf den anderen verändert. Ich war als Wissenschaftlerin gekommen – und reiste als Aktivistin wieder ab.

Ein Vierteljahrhundert lang hatte ich die Schimpansen analysiert, jetzt sah ich plötzlich, daß ich ihnen helfen konnte. Und nicht nur ihnen: Ich hatte plötzlich verstanden, daß wir trotz unseres hochentwickelten Geistes unsere Verantwortung für andere Lebewesen und ihre Umwelt, unsere gemeinsame Erde, vernachlässigen und im Begriff sind, durch unser gedankenloses Verhalten die Welt zu zerstören.

Wir glauben, wir könnten die Natur beherrschen, aber das ist ein Irrtum.

Denken Sie nur an die Hurrikane, die Tornados, die Tsunamis, die Erderwärmung, die Erdbeben, die Klimaveränderungen, denen wir ausgeliefert sind! Und denken Sie darüber hinaus an die Umweltverschmutzung, die Zerstörung der Natur, die Versteppung, an die Armut, die Habgier und Gewalt, die wir verursachen oder zulassen!

Ich dachte an meine drei Enkel und daran, welch kaputte Welt ich ihnen hinterlassen würde, und ich fragte mich: »Was kann ich nur tun?« Das einzige war, meine Fähigkeit zur Kommunikation zu nutzen und mit möglichst vielen Menschen zu sprechen, damit sie die bedrohliche Lage verstehen und ihr Verhalten ändern würden. Es war mir klar, daß ich dafür meine Forschung aufgeben müßte. Aber es mußte sein. Der Gombe-Nationalpark und die Forschungsstation waren mittlerweile so groß und mit so vielen Mitarbeitern ausgestattet, daß sie auch ohne mich weiterleben konnte. Also verließ ich Afrika und begann meine Reisen durch die Welt.

Heute, 20 Jahre später, bin ich an rund 300 Tage im Jahr unterwegs. Ich halte Vorträge an Universitäten, besuche Gemeinden, Regierungen und Politiker und arbeite mit der UNO sowie Umweltschutzorganisationen zusammen. Ich diskutiere über Umweltschäden oder unzulängliche Entscheidungen mit gefährlichen Konsequenzen für die Umwelt von lokaler oder auch globaler Auswirkung. Denn es stimmt:

> Der Flügelschlag eines Schmetterlings in Marokko ist bis nach Japan zu spüren. Und den Sand aus der Sahara weht der Wind bis nach China.

Natürlich setze ich mich auch für die Tiere ein. Vor allem aber für die Schimpansen. So besuche ich medizinische Forschungslabors, um auf die Lage der unglücklichen Tiere hinzuweisen, die dort gefangengehalten und für medizinische Tests benutzt werden. Aufgrund ihrer menschenähnlichen DNS und ihrer Anfälligkeit für die menschlichen Infektionskrankheiten wie Hepatitis B oder Aids glaubt die Pharmaforschung, nicht ohne die Versuche an Schimpansen auskommen zu können und setzt sie – die doch uneingeschränkte Freiheit und die Gesellschaft des Rudels gewöhnt sind! – der Gefangenschaft in winzigen Käfigen und unvorstellbaren Grausamkeiten aus. Was diesen Tieren im Namen der Wissenschaft angetan wird, ist oft die reine Folter – und würde auch als solche betrachtet, wenn es nicht Wissenschaftler wären, die diese Verbrechen begehen. Ich finde diese Laborbesuche schrecklich und bin jedesmal hinterher ganz krank.

> Manchmal empfinde ich auch eine tiefe Scham, ein Mensch zu sein.

Aber es muß sein, denn wenn ich mit den Verantwortlichen spreche, muß ich wissen, worüber ich rede. Dabei gebe ich die Hoffnung nicht auf, daß ich bei ihnen das Bewußtsein dafür wecken kann, was den Tieren im Namen der Wissenschaft angetan wird und wie sehr diese leiden. Und auch dafür, daß erwiesenermaßen viele Versuche vollkommen überflüssig sind und dieselben Ergebnisse auch ohne Tierversuche erzielt werden können.

In meinen Vorlesungen und Vorträgen versuche ich, die Zuhörer zu umweltbewußtem Verhalten im Alltag zu motivieren. Viele denken, daß sie als einzelne nichts ausrichten können, aber sie vergessen, daß viele einzelne sehr wohl eine große Macht haben: Wenn sie sich weigern, an Tieren getestete Kosmetikprodukte zu kaufen, oder Teppiche, die von Kindersklaven geknüpft worden sind, bleiben die Händler auf ihren Produkten sitzen – und werden aufhören, sie zu produzieren. So einfach ist das.

> Die Ursachen für das, was wir den Tieren und der Umwelt antun, sind zum einen Gedankenlosigkeit und Unverständnis. Zum anderen ist es die Verschwendungssucht der westlichen Welt.

Als ich aus Afrika in die Zivilisation zurückkehrte, sind mir zwei Phänomene aufgefallen. Das eine war der Lärm, der außerhalb des Dschungels herrscht. Das andere war die Verschwendung.

Ich bin während des Zweiten Weltkriegs aufgewachsen. Wir hatten zu essen, aber kein Geld, um vernünftige Kleidung, geschweige denn ein Fahrrad zu kaufen. Es reichte nur für das Nötigste. Alles, was darüber hinausging, empfanden wir als besonderes Geschenk. Meine Großmutter zum Beispiel zählte jeden Abend die Segnungen, die ihr am Tag widerfahren waren. Das hat mich geprägt. Und deshalb bedrücken mich Gier und Verschwendungssucht – um so mehr, wenn ich merke, zu welchen Konsequenzen sie in der Natur führen.

Die junge Generation heute hat sehr hohe Ansprüche. Sie hält die komfortable Ausstattung des Lebens – mit Autos, Computern, Fernsehern und Spülmaschinen – für selbstverständlich und den Anspruch darauf für ihr gutes Recht. Dennoch sind viele junge Leute keineswegs glücklich, sondern antriebslos und deprimiert. Das habe ich auf meinen Reisen immer wieder festgestellt. Aber man kann etwas tun, um die Dinge zu ändern.

Genau das ist der Grundgedanke, weshalb sich mehr als 200 000 Schüler und Studenten in meiner Organisation »Roots und Shoots« zu mehr als 8500 Gruppen in über 90 Ländern der Welt zusammengeschlossen haben. In ihren Heimatgemeinden leisten sie ehrenamtliche Hilfe im Tier- und Umweltschutz, wobei auch die Haustiere mit eingeschlossen sind. Sie sind meine große Hoffnung, und die künftige Hoffnung für die Welt: Sie müssen nur verstehen, daß sie helfen können. Deshalb verbringe ich mit ihnen soviel Zeit wie möglich.

Noch denke ich nicht daran aufzuhören. Ich werde in meiner Mission weiterreisen, solange ich kann. Und wenn ich nicht mehr reisen kann, werde ich schreiben, solange ich dazu in der Lage bin.

Daß ich 72 bin, stört mich nur aus einem einzigen Grund: Wäre ich jünger, könnte ich noch mehr erreichen. Ansonsten nehme ich mein Alter gar nicht wahr, ich fühle mich sogar körperlich viel kräftiger als früher. Früher hätte ich das Pensum, das ich heute absolviere, gar nicht geschafft. Ich esse wenig und vegetarisch, weil ich weiß, wie die Menschen mit den Tieren umgehen, die sie schlachten.

> Rückblickend denke ich, daß ich mich im Laufe meines Lebens nicht sehr verändert habe. Ich habe einen starken Willen und gebe niemals auf.

Natürlich hilft mir die Weisheit der Jahre: heute kann ich die Konsequenzen meines Handelns besser abschätzen.

Ich glaube an Gott in dem Sinne, daß ich davon überzeugt bin, daß es ein höheres Wesen gibt. Natürlich gab es Phasen, in denen ich an seiner Existenz gezweifelt habe. Angesichts der Grausamkeiten und der Folter, die die Völker in Burundi, dem Nachbarland von Tansania, einander zugefügt und die ich miterlebt habe. Ein anderes Mal, als vier Studenten aus meinem Forschungscamp entführt wurden mit dem Ziel, Lösegeld zu erpressen, und ich darüber entscheiden mußte, ob wir es zahlen oder nicht. Gott sei Dank sind die Studenten nach einigen schrecklich bangen Tagen wieder freigelassen worden. Eine andere Phase des Zweifelns war, als mein zweiter Mann an Krebs starb.

Dennoch habe ich auch sehr viel Glück gehabt. Das Glück, eine Frau zu sein. Das Glück, den Beruf, von dem ich geträumt habe, ausüben zu können und seine Perspektiven sogar noch zu erweitern. Und das Glück, ein unendlich reiches Leben mit vielen wunderbaren Begegnungen zu führen.

Das Wichtigste, was ich dabei gelernt habe, war, den Mut zu haben, zu meiner Überzeugung zu stehen. Mitgefühl zu empfinden. Wahrhaftig zu sein. Sich selber treu, aber gleichzeitig verständnisvoll, tolerant und offen zu sein.

Lauren Hutton

über Abenteuer

Es war Lauren Hutton, geboren 1943, für die der Begriff »Supermodel« erfunden wurde. In den 60er und 70er Jahren rissen sich die Fotografen und Zeitschriften um die Frau mit der berühmten Zahnlücke. Die amerikanische »Vogue« brachte ihr Porträt mehr als 28mal auf dem Titel und feierte sie noch im Vorjahr als Ikone des klassischen amerikanischen Stils; das US-Hochglanz-Magazin »Big« widmete ihr unlängst eine komplette 200-Seiten-Ausgabe. Als einem der ganz wenigen Fotomodelle gelang ihr der Sprung nach Hollywood: Sie spielte die weibliche Hauptrolle in 31 Filmen, darunter »Ein Mann für gewisse Stunden« mit Richard Gere und »Einmal beißen bitte« mit Jim Carrey. Mit 47 schaffte sie, was außer ihr noch niemandem gelungen ist: ein erfolgreiches Comeback ins Model-Business.

Vor fünf Jahren gründete sie eine Kosmetikfirma, die Make-up für ältere Frauen produziert und vertreibt. Dabei war ihre Karriere für sie nie Selbstzweck, sondern lediglich das Mittel, um ihre Leidenschaft, das Reisen, zu finanzieren: Seit vier Jahrzehnten verbringt sie mehrere Monate im Jahr auf den Spuren ursprünglicher Völker – sozusagen den Anfängen unserer Kultur. Sie lebt in New York und Los Angeles.

Laurens Loft liegt in Down Town Manhattan, einem lebhaften, unprätentiösen Stadtteil von New York, ihr Viertel seit 43 Jahren. Der Aufzug hält im sechsten Stock direkt in dem langgestreckten, großen Wohnraum, der von einem Küchen- und Badkomplex in Wohn- und Schlaftrakt getrennt wird. Afrikanische Masken und Waffen, Tierschädel, Landkarten sowie Fotos von Lauren –

beim Tauchen unter Haien – zeugen von einem bewegten Leben außerhalb ihrer vier Wände.

»Hi.« Die Stimme ist laut und tief, das Lachen breit, die Besorgnis echt, weil sie nicht rechtzeitig zum Termin zu Hause war.

In dem langen schwarzen Blazer über dem weißen T-Shirt und dem überaus kurzen Flanellrock wirkt sie sehr schmal und mädchenhaft. Die Beine stecken in dicken, schwarzen Strumpfhosen, die Füße in bunten Sneakers. Die lockigen Haare hat sie zu einem Pferdeschwanz gebunden, das Gesicht mit der hohen Stirn, den hellen, blaugrünen Augen und dem weichen Mund ist ungeschminkt. Lauren Hutton ist eine außerordentlich attraktive Frau, temperamentvoll, offen, natürlich und voller Humor.

Sie kocht schwarzen Tee, kickt die Sneakers von den Füßen, setzt sich im Schneidersitz auf den Fußboden. Von der Straße dringt eine Polizeisirene herauf.

Mein Leben war immer von Extremen geprägt. Eigentlich von Kindheit an. Es begann damit, daß meine Eltern aus sehr unterschiedlichen Welten kamen. Meine Mutter stammte aus Charleston, South Carolina, der damals extravagantesten Stadt Amerikas, die das erste Museum, das erste Theater und die erste Oper hatte. Mein Vater hingegen kam aus einer ländlichen Kleinstadt in Mississippi. Sein Nachbar und der Anführer seiner Pfadfinder-Gruppe war der Schriftsteller William Faulkner.

Meine Mutter war 20, als ich 1943 in Charleston zur Welt kam. Es war Krieg, und mein Vater war, als ich geboren wurde, als Soldat in Europa stationiert. Meine Mutter war ein bißchen verrückt und erlaubte nicht, daß ich seine Familie oder auch ihn selbst kennenlernte, als er aus dem Krieg zurückkam. Sie war in einem exklusiven Pensionat erzogen worden, war eine Superfechterin und hatte zwei Jahre lang das College besucht – die letzte Generation von Frauen in Amerika, die keine Wahl im Hinblick auf ihre Zukunft hatte. Sie zogen vom Elternhaus in das Haus des Ehemannes, bekamen Kinder und waren mit 40 alt. Sie waren niemals unabhängig, außer in jenen wenigen herrlichen Jahren, in denen sie Jobs hatten und alleine lebten, während ihre Männer im Krieg waren. Meine Mutter wollte arbeiten und zog von ihren Eltern in Charleston zu ihrer älteren Schwester, meiner geliebten Tante Gaga, nach Miami. Sie ließ sich scheiden, als ich noch ein kleines Kind war. Als ich zwölf war, starb mein Vater, ich habe ihn nie kennengelernt. Die einzige Hutton, der ich begegnet bin, als ich mit 19 endlich allein reisen und sie besuchen konnte, war seine Mutter, meine Großmutter. Sie war die tollste Frau, die ich je getroffen habe.

Meine Mutter heiratete ein zweites Mal, als ich sechs war. Mein Stiefvater war ein richtiger Waldmensch, der im Krieg sieben Jahre am Amazonas gelebt und dort Bohrinseln gebaut hatte. Wir hatten wenig Geld. Ich denke, daß es vor allem die eingeschränkten Perspektiven in ihrer beider Leben waren, weshalb meine Mutter und mein Stiefvater zu trinken begannen: das bedeutete für mich immer wieder unberechenbare Phasen und – Schläge. Ich lernte früh, mich davor zu fürchten. Aber auch, auf der Hut zu sein und diese Phasen zu überleben. Es war eine außerordentlich hilfreiche Erfahrung für mein späteres Leben.

Der wunderbare Ali-Baba-Zauber, den Florida, die größte tropische Halbinsel zwischen Atlantik und Golfstrom, zu jener Zeit besaß, wurde in den 50er Jahren vor unser aller Augen zerstört. Zuvor war es einer der schönsten und üppigsten Landstriche der Welt. Wenn ich an unseren Garten denke und die unglaubliche Schönheit und Vielfalt von Fröschen, Schildkröten, Schlangen, Fischen und Insekten, die dort und in den Seen hinter unserem Häuschen lebten, kommen mir die Tränen. Heute ist alles asphaltiert und tot. Vielleicht waren es ja auch die Bulldozer, die meinen Stiefvater zum Alkoholiker machten. Die älteren Leute konnten es nicht ertragen, mit ansehen zu müssen, wie 600jährige Wasser-Eichen niedergemacht und die Sümpfe trockengelegt, aufgeteilt und planiert wurden. Und sie konnten ja nichts dagegen tun! Ich versuchte es immerhin: mit Schraubenziehern und Zangen bearbeitete ich wütend die »Caterpillars«. Natürlich gelang es mir nicht, in das Innere dieser schrecklichen Maschinen einzudringen oder sie auch nur zu verletzen.

Auch wenn ich mich manchmal vor ihm fürchtete, lernte ich viel von meinem Stiefvater. Er brachte mir bei, keine Angst mehr vor der Dunkelheit zu haben. Er ging mit mir nachts in den nahe gelegenen Wald, erklärte mir die Geräusche, die die Tiere in der Dunkelheit machten, und zeigte sie mir mit der Taschenlampe: Frösche, Eulen, Grillen, Alligatoren.

Von da an war ich frei. Frei von feinen Organzakleidern, wie ich sie früher getragen hatte, frei von der Häuslichkeit meiner Mutter, frei von vielen meiner Ängste. Von da an verbrachte ich soviel Zeit, wie ich nur konnte, in den Sümpfen.

Natürlich fürchtete ich mich vor den Alligatoren, von denen es damals dort nur so wimmelte. Auch vor den Schlangen. Am meisten allerdings vor den Riesenschildkröten, die bis zu 150 Kilogramm wiegen können, im Schlamm lauern und einem den Fuß abbeißen, wenn man versehentlich auf sie tritt – wir waren ja immer barfuß! Aber das waren Ängste vor ganz konkreten Gefahren, sozusagen normale Ängste, die ich mit allen anderen Kindern im Wald teilte.

Es spielten nur wenige Kinder dort, allerdings nur Jungen, ich war das einzige Mädchen. Als ich zwölfeinhalb war, mußte ich mich allmählich vor den Jungen verstecken. Niemand wußte so genau, warum, weder sie noch ich. Von Sex hatten wir alle keine Ahnung – es waren die 50er Jahre in Amerika –, aber die Jungen schlossen sich zu Banden zusammen und wurden gefährlich. Sie begannen mich zu jagen. Wenn ich mir dann nicht mehr anders zu helfen wußte, rettete ich mich auf einen Baum. Ich war dünner und konnte besser klettern als die anderen – vor allem höher, weil mich auch die dünnen Äste noch trugen. Oft saßen sie stundenlang unter einem Baum, auf den sie mich wie ein Opossum gejagt hatten, und warteten, bis es dunkel wurde und sie zum Abendessen nach Hause mußten. Erst dann konnte ich von meinem Baum herunterklettern und in der Dunkelheit ebenfalls nach Hause gehen. Ich ging zwischen Palmen durch den Sumpf und hörte bei jedem Schritt das Rascheln der Schlangen und das Rufen der Eulen. Es war ein aufregender nächtlicher Horrortrip – vermutlich war es das, was mich süchtig nach Abenteuern gemacht hat.

Ich hatte niemanden zum Spielen, denn die Mädchen gingen nicht in den Wald, und die Jungen spielten damals nicht mit Mädchen. Deshalb war ich meistens allein. Ich beobachtete die Tiere und lernte viel über ihr Verhalten. Es gab vor allem Schlangen: Wasser-Mokassinschlangen, Mokassinschlangen, schwarze Königsnattern, wunderschöne kleinere Schlangen und Diamant-Klapperschlangen – zwei Meter lange Klapperschlangen, die giftigsten Schlangen in ganz Amerika –, außerdem Korallenschlangen, die sehr aggressiv sind und einen verfolgen. Und natürlich die Alligatoren. Sie waren überall: sie kamen aus den Seen in die Gärten und liefen völlig frei herum. Wenn man zu spät zur Schule kam, war es eine beliebte Ausrede, zu behaupten, ein Alligator hätte vor dem Garagentor gelegen und die Ausfahrt versperrt.

Das Leben in den Wäldern war eine himmlische Alternative zu der Unterdrückung zu Hause.

Es dauerte drei Jahre. Als ich 13 war, bekam meine Mutter nach einer damals dreijährigen Tochter im Abstand von elf Monaten noch zwei weitere kleine Mädchen. Weil meine Mutter krank wurde, sorgte ich für meine Schwestern. Bis halb vier Uhr nachmittags ging ich in die Schule. Danach kümmerte ich mich um die Kinder, bis ich sie abends zu Bett gebracht hatte. Zum Spielen in den Wäldern – oder anderswo – blieb von da an keine Zeit mehr.

Mehr als 30 Jahre später kehrte ich noch einmal zu den Alligatoren meiner Kindheit zurück: Anlaß war ein Shooting mit dem Fotografen Helmut Newton. Ich war damals 47 und gerade im Begriff, wieder ins Model-Business einzusteigen. Da das noch niemand zuvor in meinem Alter versucht hatte, freute ich mich, als die Zeitschrift »Vanity Fair« eine Reportage über mich machen wollte. Weniger glücklich war ich, daß ausgerechnet Helmut Newton mich fotografieren sollte. Ich hatte mit ihm 20 Jahre zuvor gearbeitet und wußte, daß ich in keiner Weise den 1,85 Meter großen Riesenfrauen mit ihren gepanzerten Brüsten entsprach, die er am liebsten fotografierte. Ich fürchtete deshalb, daß er, um zumindest originelle Fotos zu kriegen, besonders scheußliche von mir machen würde. Meinem Comeback wäre das nicht sehr dienlich gewesen. Trotzdem wagte ich nicht, den Job abzulehnen, ich brauchte ihn.

Also zerbrach ich mir den Kopf darüber, was in Newtons Augen originell genug wäre und mich einigermaßen gut davonkommen lassen würde. Helmut sagte mir, daß er die Fotos in Florida machen wolle, weil es dort ein Restaurant gab, in das er besonders gerne ging, um Krabben zu essen. Ich erinnerte mich, daß die Indianer in Florida Wettkämpfe mit Alligatoren veranstalteten. Sie setzen sich auf einen Alligator und versuchen, ihn allein durch die Kraft ihrer Arme und Schenkel dazu zu bringen, daß er auf den Rücken rollt und – weil die Tiere nur ein kleines Gehirn haben, das in der Rückenlage nicht mehr mit Blut versorgt wird – ohnmächtig wird. Ich dachte mir, daß Helmut Newton die Idee, mich im Ringkampf mit einem Alligator zu fotografieren, gefallen würde.

Ich hatte als Kind ein solches »Alligator-Wrestling« erlebt, allerdings wußte ich nicht, wie man das macht. Ich fuhr also mit einer Cousine nach Florida in ein Indianer-Reservat, um mich auf das Shooting vorzubereiten.

Die Indianer wollten mir zunächst nicht helfen. In ihren Augen war ich eine alte Dame, die den Kampf mit dem Alligator nicht überleben würde.

Das Risiko wollten sie nicht eingehen. Aber ich ließ nicht locker, und schließlich wurden sie zugänglicher. Ich erfuhr, daß es, wie ich mir schon gedacht hatte, bei der Sache einen Trick gibt: Weil ihre Muskeln zum Öffnen des Mauls schwach, die zum Schließen dagegen unheimlich stark sind, muß man den Tieren das Maul fest zuhalten. Schließlich fragten mich die Indianer, ob ich ein wildes oder ein in Gefangenschaft geborenes und aufgewachsenes Exemplar wolle. Sie erklärten mir den Unterschied: Der wilde Alligator wehrt sich heftig, einmal ohnmächtig, ist er jedoch weniger gefährlich, weil er beim Erwachen schnell davonläuft; der Käfig-Alligator wiederum ist leichter niederzuringen, versucht jedoch, wenn man den Griff lockert, einen zu fressen. Ich dachte mir, daß ich nicht stark genug für den wilden Alligator sei, und entschied mich für den Kannibalen. Allerdings nahm ich mir vor, den Griff lieber nicht zu lockern. 45 Minuten lang habe ich dann mit ihm gekämpft, ein tödlicher Tanz. Schließlich lag das Tier ohnmächtig auf mir. Helmut hatte die ganze Zeit seine Fotos gemacht. Als ich später meine Jeans auszog, sah ich, daß die Innenseiten meiner Oberschenkel lila von Blutergüssen waren. Es waren die konzentriertesten 45 Minuten meines Lebens. Die gefährlichsten?

Pause. Sie denkt nach. Legt den Stoff ihres grauen Flanellrocks in kleine Falten. Glättet ihn wieder. Fältelt neu. Der Tee auf dem Fußboden ist schon lange kalt.

Alle Situationen, in denen es um Leben und Tod geht, sind gleichermaßen gefährlich. Wie soll man abwägen, was mehr und was weniger gefährlich ist, wenn das Leben auf dem Spiel steht? Was ist gefährlicher: afrikanischen Kopfjägern gegenüberzustehen, die sich für jeden Löwen, jedes Rhinozeros und jeden Menschen, den sie töten, eine Straußenfeder anstecken und wie lebende Staubwedel daherkommen – wie die Karamojong, oder einem bewaffneten Haufen mexikanischer Banditen? Vom Dach eines Jeeps direkt vor die Füße eines angriffslustigen Rhinozeros zu fallen oder, eingeschlossen in ein Badezimmer, von acht schwarzen Prostituierten mit Messern bedroht zu werden, weil du als Weiße – 1967 – verbotenerweise in einen schwarzen Club in Uganda gegangen bist? Oder aber mit dem Motorrad in die Luft zu fliegen? In solchen und ähnlichen Situationen bin ich mein Leben lang gewesen. Der Kampf mit dem Alligator war nur eine davon. Ich habe mich darauf eingelassen, um mich vor Helmut Newton zu schützen. Immerhin konnte ich ihn davon abhalten, häßliche Fotos von mir zu machen. Das allein war die Anstrengung wert. Dazu kommt die Erfahrung der 45 Minuten äußerster Konzentration auf dem Rücken dieses riesigen Reptils. Dafür bin ich Helmut Newton sehr dankbar.

Obwohl ich die meisten dieser Erlebnisse unfreiwillig gemacht habe, sind sie nun einmal der Preis für die wilden Plätze dieser Welt. Ich mußte sie in Kauf nehmen. Andererseits war es genau das, was ich liebte.

Lauren Hutton lacht. Ein herrliches, lautes, tiefes Lachen, das ihre schönen Zähne entblößt. »With love and laughter, Lauren« setzt sie gern unter ihre Briefe.

Nach dem High-School-Abschluß studierte ich zunächst Kunst an der Tulane University of New Orleans und verdiente Lebensunterhalt und Studiengebühren, indem ich abends und nachts im Französischen Viertel als Kellnerin jobbte. Nach zwei Jahren war ich es leid, tagsüber zu studieren und nachts zu arbeiten. Ich ging nach New York, weil ich hoffte, von dort irgendwie nach Afrika zu kommen. Außerdem dachte ich, New York sei der richtige Ort, um mich von meiner Herkunft aus einer kleinen amerikanischen Provinzstadt zu befreien. Und das stimmte auch irgendwie. Wenn man aus dem Süden kommt, wie ich, dann ist man in einer Stadt wie New York gezwungen, über sich selbst hinauszuwachsen – und zwar so! *Sie schnippt mit den Fingern.*

Ich mußte alles, aber auch alles überdenken und neu ordnen, vor allem natürlich mich selbst. Es war eine Phase, vergleichbar nur mit dem Erinnerungsverlust, den ich nach meinem letzten Motorradunfall hatte. Trotzdem verlor ich dabei mein Ziel nicht aus den Augen: die Welt kennenzulernen und herauszufinden, wie die Menschen anderswo leben. Diesem Ziel habe ich von Anfang an alles andere untergeordnet. Meine Karriere als Model ebenso wie als Filmschauspielerin. Ich habe immer nur gearbeitet, um mein anderes, mein »wirkliches Leben« – meine Reisen – zu finanzieren.

Ich hatte Glück, ich war fotogen und lernte schnell, Licht und Make-up zu nutzen. Ich landete in einer Model-Agentur, schließlich bei Diana Vreeland, der legendären Chefredakteurin der amerikanischen »Vogue«, die mich auf Anhieb für ein Shooting mit Richard Avedon engagierte. Und das, obwohl ich viel kleiner war, als ein Model sein mußte, und diese Zahnlücke zwischen meinen Vorderzähnen hatte. Ich sah aus wie die frühen Hippie-Mädchen, denen sie damals auf den Straßen von New York begegnete: ich trug T-Shirts und Jeans, natürliches Make-up und hatte frisch gewaschene Haare – ich war sehr anders als die riesigen, zumeist deutschen Models der »Vogue«. Später bekam ich einen Lückenfüller für meine Zahnlücke, damit ich auf Werbefotos lächeln konnte. Als Model für den Kosmetikkonzern Revlon habe ich ihn getragen, danach nicht mehr.

Ich mochte meine Zahnlücke. Deshalb habe ich sie auch nicht korrigieren lassen, ebensowenig wie meine Nase, obwohl man mir das natürlich nahegelegt hat. Und je länger ich im Geschäft war, desto sicherer war ich, daß ich beide so lassen sollte, wie sie waren.

Als Dick Avedon bei unserem ersten Shooting merkte, daß ich keine Model-Erfahrung hatte, fragte er mich, woher ich käme, und ich sagte: »Aus Florida.« Er wollte wissen, was ich dort gemacht hätte, und ich sagte: »Hauptsächlich klettern und über Holzstöße springen.« Also ließ er mich springen, immer wieder quer über das weiße Studio-Papier. Das war's. Von da an habe ich nie mehr aufgehört zu arbeiten. Ich habe mit allen großen Modefotografen jener Zeit gearbeitet – von Avedon zu Irving Penn und Steve Meisel. Nach und nach lernte ich dabei mein Gesicht und meinen Körper kennen und meine Muskeln – auch meine Gesichtsmuskeln – zu trainieren und zu kontrollieren. Auf diese Weise kann man sein Aussehen stark beeinflussen.

Als Model zu arbeiten machte mir großen Spaß, zumal ich es einrichten konnte, immer nur ein paar Wochen oder Monate zu arbeiten und dann für ebenso lange Zeit auszusteigen und zu reisen. Für mich war es deshalb der tollste Job der Welt. Zugleich hat er mir auch großen Spaß gemacht.

Es ist herrlich, vor den Kameras genialer Fotografen zu stehen und von den jüngeren unter ihnen den ganzen Tag zu hören, wie schön und wundervoll man ist – und dafür auch noch irrsinnig viel Geld zu kriegen! Die Models, die etwas anderes sagen, sagen nicht die Wahrheit.

Es ist einfach dumm, diese Arbeit nicht gut zu finden, allerdings auch, ihr Ausmaß nicht zu kontrollieren. Man kann sich alles, was man lernen will, leisten, selbst ein Studium der Astrophysik oder der Paläoanthropologie. Glauben

Sie mir, als reiches Model kommt man an fast jeden heran: Schönheit ist fast so wertvoll wie angereichertes Uran, vielleicht noch wertvoller. Supermodels haben deshalb eine ungeheure Macht und die Freiheit, sich selbst zu gehören, statt Lohnsklaven zu sein. Sie können Jobs ablehnen und sich Auszeiten nehmen. Wenn man das tut, entwickelt sich auch das Gesicht, weil man sich selbst entwickelt. Wenn man die Gelegenheit nicht nutzt, dann nicht, weil der Job es nicht erlaubt, sondern aus Mangel an Phantasie.

Natürlich ist das Model-Business auch riskant. Die meisten Models beginnen als Kinder und schaffen es nicht, erwachsen zu werden. Sie kommen nicht mehr davon los, sich herzurichten, Drogen zu nehmen und bewundert zu werden. Eine Droge, die schlimmer ist als Heroin.

Auch in diesem Punkt habe ich Glück gehabt. Ich war immerhin schon 21, als ich mit dem Business konfrontiert wurde. Ich hatte geholfen, Kinder aufzuziehen, mich selbst aufs College geschickt und vier Jahre lang meinen Lebensunterhalt finanziert. Und ich habe Champagner, Schminke, Haarteile, falsche Wimpern und Mode-Labels nie mit dem »wirklichen Leben« verwechselt. Sie waren für mich nichts weiter als die Requisiten meines Berufslebens.

Auch wenn man dafür dankbar sein muß und es nützlich ist, wenn man gut aussieht, wußte ich doch, daß das, was in meinem Kopf war, wichtiger war als mein Gesicht.

Wenn ich es vergaß, haben mich gute Freunde und die wilde Welt um mich herum daran erinnert.

Auch das Filmen hat mir großen Spaß gemacht. Es war eine weitere Möglichkeit, das Leben zu finanzieren, das ich führen wollte, ohne ununterbrochen gebunden zu sein.

Sechs Monate nach meiner Ankunft in New York lernte ich Bob kennen, einen hochgebildeten, athletischen Philosophen, der – wie ich fand – einfach alles wußte. Anfangs hatte ich vorgehabt, zuerst nach Europa und dann erst in die wilden Gegenden zu reisen, die mein eigentliches Ziel waren. Aber Bob sagte: »Wir *sind* europäisch! Laß uns zu den ursprünglichen Kulturen fahren:

zum Amazonas, in den Nahen Osten, den Orient und nach Afrika! Sofort! Denn die Menschen und die Tiere dort werden verschwinden.«

Auch Bob wollte reisen. Es hätte andere und jüngere Männer gegeben, eigentlich hatte ich eine ganze Menge von Bewerbern, als ich nach New York kam. Ich habe mich sicherlich unter anderem deshalb für ihn entschieden, weil ich soviel von ihm viel lernen konnte und weil er, wie ich, die Welt kennenlernen wollte. Fast 30 Jahre haben wir gemeinsam die Welt bereist, ehe er starb. Das war vor zehn Jahren.

Die Wand gegenüber der Eingangstür wird von einer sicherlich zehn Quadratmeter großen Weltkarte bedeckt. Unzählige kleine rote und fast ebenso viele weiße Wimpel stecken darauf. Die roten bezeichnen die Gegenden, in denen Lauren häufig gewesen ist: den Nahen Osten, Afrika, Südamerika, Zentralamerika, den indischen und den südpazifischen Ozean und Neu-Guinea. Die weißen Wimpel markieren die Landstriche, wo sie höchstens ein- oder zweimal gewesen ist.

Was mich interessiert hat und noch immer interessiert, ist die Begegnung mit ursprünglichen Kulturen. Man findet sie noch am ehesten unter den Nomadenvölkern in Afrika oder Südamerika, also den Buschmännern, den Pygmäen oder den Karamojong. Wir haben sie alle besucht. Drei Monate lang sind wir mit einem VW-Käfer 16000 Kilometer durch Afrika gefahren, ohne Führer, denn die wollten uns meistens nicht begleiten. Zum Beispiel fanden wir weder einen weißen noch einen schwarzen Führer, der uns den Weg zu den Karamojong in Uganda zeigen wollte. Bob wußte, warum, aber er sagte es mir nicht. Wir haben die Karamojong, ein nomadisches Hirtenvolk, dann über eine alte Ingenieurstraße gefunden – das sind unbefestigte, auf den Landkarten rot-weiß-gestrichelte Straßen, die von den Ingenieuren angelegt wurden, als sie das Land erschlossen haben, um Mineralien oder Holz zu transportieren. Wir sind fast ausschließlich auf diesen Straßen gereist. Daß uns niemand zu den Karamojong führen wollte, lag daran, daß sie während der Zeit, als die Eisenbahn gebaut wurde, viele Arbeiter der Eisenbahngesellschaft umgebracht haben. Von ihnen habe ich diesen Schemel, der so schön ist, daß man ihn im MOMA ausstellen könnte. *Sie zeigt auf einen kunstvoll geschnitzten Schemel neben sich.*

Die Männer tragen ihn bei sich, wenn sie durch den Busch laufen, für den Fall, daß sie auf einen anderen Karamojong treffen und sich mit ihm zu einem Plausch niederlassen wollen. Sie sitzen dann auf ihren Schemeln und reden. Sie waren das erste Volk, mit dem ich eine Weile gelebt habe: 1,90 Meter große, lilaschwarze Menschen mit langen, spitzen Zähnen sowohl im Ober- als auch im Unterkiefer, richtige Aristokraten mit feinen Manieren.

Ich habe viel von den Menschen gelernt, denen ich auf meinen Reisen begegnet bin. Die beste Zeit meines Lebens habe ich unter den Nomaden verbracht. Nie habe ich mich glücklicher, friedlicher und fröhlicher gefühlt als bei ihnen. Ich spreche, wohlgemerkt, von den Jägern und Sammlern, nicht von den seßhaften Stämmen.

Die Seßhaftigkeit, so habe ich beobachtet, bringt eine Reihe unglücklicher Umstände mit sich. Solange wir Jäger und Sammler waren, hatten wir keinen Besitz und nur alle drei bis vier Jahre ein Kind, so daß unsere Bewegungsfreiheit nicht allzusehr eingeschränkt war. Schließlich schleppt man als Frau schwer an vielen Töpfen, Pfannen und Babys. Die Männer dagegen trugen gar nichts, nur ihren Speer – für den Fall, daß ihnen Raubtiere oder Wild begegnete.

Sie springt auf, nimmt einen knapp drei Meter langen, sehr dünnen Massai-Speer von der Wand, demonstriert, wie man ihn hält – indem man die Faust um die Mitte des Schafts schließt – und wie man zielt. Die dünne Speerspitze vibriert.

Leider wird es immer schwieriger, ursprüngliche Völker zu treffen. Bob hatte recht – sie verschwinden. Es gibt sie eigentlich nur noch in nördlichen Breiten – am nördlichen und südlichen Polarkreis –, weil es den Touristen dort zu kalt ist. Deshalb habe ich in den letzten Jahren gelernt, Hundeschlitten zu führen.

> Bis ich 40 war, war ich ängstlich, gleichzeitig war ich abenteuerlustig – und zwar mehr, als ich ängstlich war.

Eine – wirkliche – Gefahr verlangt eine so ungeheure Geistesgegenwart, wie man sie niemals sonst aufbringen muß, und das – *sie klatscht in die Hände* – in jeder Nanosekunde! Man ist hundertprozentig bei der Sache. Und danach ist man in dieser phantastischen Stimmung, und es wird einem bewußt, welches Wunder es ist zu leben! Natürlich ist das Leben ein unermeßliches Wunder, aber man vergißt das im Alltag oft und glaubt, daß es ewig währt, was natürlich absolut nicht stimmt. Wenn man dagegen eine Gefahr und diese sekundenlange Todesangst überstanden hat, dann erlebt man ein unglaublich süßes, intensives Gefühl für das wunderbare Geschenk des Lebens, begleitet von dem leicht schmerzlichen Bewußtsein, daß man es beinahe verloren hätte. Niemals vorher und nie wieder danach ist das Leben so herrlich wie in diesem Augenblick, in dem man sich seiner nach einer großen Gefahr neu versichert. Es ist eine vermutlich adrenalinbedingte philosophische Wachheit und Dankbarkeit. Das einzig vergleichbar gute Gefühl, das ich kenne, ist Liebe.

Früher habe ich immer gedacht, daß ich sehr zart und verletzlich bin.

Vielleicht, weil ich so aussah und alle anderen mich so einschätzten. Aber nach meinen ersten Abenteuern wußte ich, daß ich so schwach gar nicht bin, sondern, ganz im Gegenteil, ziemlich stark – es müssen die Gene meines deutschen Urgroßvaters Behrens sein – und unabhängig von anderer Leute Lächeln oder Scheckbuch. Überstandene Gefahren vermitteln einem ein großes Selbstvertrauen.

Das ganz normale Leben dagegen ist in meinen Augen nicht gefährlich. Wir leben ein Leben mit Sicherheitsgurt, gut versorgt, ohne besondere Höhen und Tiefen. Den Job zu verlieren oder Feinde im sozialen Umfeld zu haben ist unangenehm, aber es gehört nun einmal zum Alltag. Das Gute ist, daß man, je älter man wird, desto besser damit umgehen kann. Dabei sollte man sich auf seinen gesunden Menschenverstand verlassen: Jeder, der am 11. September vom World Trade Center aus den US-Notruf 911 anrief und der »Autorität« gehorchte, blieb, wo er war – und starb.

Die gefährlichste Situation, in die ich in den letzten Jahren geraten bin, war vermutlich mein Motorradunfall, der mich leicht mein Leben hätte kosten können. Selbst als klar war, daß ich überlebt hatte und die übrigen Verletzungen heilen würden, bestand die Gefahr, daß ich nicht mehr laufen könnte.

Ich machte mit einer Gruppe von Freunden, der »Guggenheim Motorcycle Gang«, eine Motorradtour in der Wüste um Las Vegas. Unter ihnen war auch der Schauspieler Jeremy Irons, der mir vermutlich das Leben gerettet hat, weil er ausgerechnet an jenem Tag darauf bestand, daß ich einen Helm mit Visier trug, während ich sonst immer ohne Visier gefahren war. Wenige Minuten später passierte es: Ich nahm eine Kurve zu weit außen, wurde aus der Bahn geschleudert, rammte ein paar Felsbrocken und flog mit der Maschine rund zehn Meter hoch in die Luft. Ich muß eine Geschwindigkeit von etwa 175 km/h gehabt haben. Noch in der Luft bin ich offensichtlich instinktiv von der Maschine abgesprungen, habe mich gedreht, sie mit beiden Händen von mir weggestoßen, so daß sie nicht auf mich gefallen ist, als sie Sekunden später explodierte. Sonst wäre ich tot gewesen. Ich fiel kopfüber auf die Stirn und schlitterte dann noch 60 Meter weiter über die Felsen. Jeremys Visier hat meine Augen, meine Nase, meine Zähne und vermutlich mein Gehirn gerettet. Allerdings war ein Bein und ein Fuß gebrochen, meine Rippen und meine Armknochen hatten sich durch meinen Motorradanzug gebohrt. Ein paar gebrochene Rippen hatten die Lunge verletzt, so daß ich nicht atmen konnte. Die Jungs befreiten als erstes meinen Mund und meine Nase vom Dreck, beatmeten mich und riefen einen Hubschrauber. Der erste ist bei der Landung verunglückt, der zweite brachte mich dann ins Krankenhaus nach Las Vegas. Natürlich weiß ich das nur aus den Erzählungen meiner Freunde. Mir selbst fehlt noch immer die Erinnerung an die zwei Minuten vor dem Unfall und an etwa zweieinhalb Wochen danach.

Sie holt einen silber-roten Motorradhelm aus dem Regal. Er ist ziemlich verschrammt, das Innenfutter fleckig von getrocknetem Blut. Zwei Drittel des Visiers fehlen. Dann schiebt sie den Ärmel ihres T-Shirts hoch und entblößt eine gut 30 cm lange Narbe, die vom inneren Handgelenk bis zur Beuge des Ellbogens verläuft.

Solche Erfahrungen verändern etwas im Leben: Ich habe dabei festgestellt, wie viele wunderbare Freunde ich habe, die mich wirklich lieben. Sie kamen von überall her – aus New York, San Francisco, L. A. – und besuchten mich, und manche meiner Freundinnen sind wochenlang geblieben. Später haben sie mir erzählt, daß sie an meinem Bett gesessen und mich immer wieder gefragt haben: »Lauren, wer bin ich?« Ich konnte mich an sie erinnern, aber nicht an den Unfall. Ich dachte lange, daß Haie mich angegriffen hätten, und fragte immer wieder, was für Haie es gewesen seien.

An meiner Abenteuerlust haben diese Erfahrungen nichts geändert. So wenig wie die Tatsache, daß ich 63 bin. Immerhin habe ich meinen Freundinnen versprochen, daß ich keine Motorradrallyes mehr mache.

Daß ich seit fünf Jahren auf meine Reisen und Abenteuer verzichte, hat weder mit Einsicht noch mit meinem Alter zu tun, sondern damit, daß ich damals eine Firma gegründet habe, die Kosmetik für ältere Frauen herstellt. Ältere Frauen haben eine ganz andere Haut als jüngere, weil die Unterzellen der Haut nicht mehr prall durch Feuchtigkeit, sondern dünn sind, sie brauchen deshalb andere Produkte. Nicht nur pflegende Produkte, sondern vor allem Make-up. Ich habe es für mich selbst erfunden, als ich ins Model-Business zurückkehrte. Damit kenne ich mich natürlich aus – und dieses Know-how habe ich in meine Produkte gesteckt.

Wie ich mich fühle mit 63? Schrecklich gestreßt! Ich fühle mich im Augenblick wirklich nicht so, wie ich mich gern fühlen würde. Abgesehen davon – finde ich mein Alter großartig. Ich bin ausgeglichener geworden. Das war ich keineswegs immer.

> Zwischen 39 und 46 hatte ich eine echte Krise im Hinblick auf mein Alter. Meine Mutter hat mir immer gesagt, daß Schönheit nicht ausschließlich bedeutet, eine junge Haut zu haben. Aber es dauert eine Weile, bis man das auch glaubt.

In dieser Zeit bin ich eigentlich erst erwachsen geworden – und war schließlich auch mit meinem Alter einverstanden. Es ist mir dann leicht gefallen, 50 und 60 zu werden. Irgendwann werde ich 70 sein, das ist auch in Ordnung. Und mit 80 werde ich dann hoffentlich weise sein. Als die bekannte Modejournalistin Eugenia Shepard mich als junges Model einmal fragte, was ich werden wolle, wenn ich erwachsen sei, antwortete ich ihr: »Eine weise Frau.« Alle haben sich damals totgelacht. Dennoch wäre das noch immer mein Ziel.

Mit 47 habe ich eine zweite Model-Karriere begonnen. Daß mir das gelungen ist, hat sicherlich auch damit zu tun, daß ich immer wieder aus meinem Berufsleben ausgestiegen bin. Wenn ich dann zurückkam, hatte ich jedesmal etwas Neues erfahren und gelernt. Und das konnte man auch an meinem Gesicht ablesen. Die Fotografen haben mir gesagt, daß ich von meinen Reisen immer mit einem neuen Gesicht zurückgekommen bin. Ich habe mich also durch dieses andere, mein »wirkliches« Leben gewissermaßen immer ein bißchen erneuert. Es war sicher einer der Gründe für meinen Erfolg.

Im Laufe der Jahre bin ich weicher, offener, umsichtiger, nachdenklicher und hoffentlich menschlicher geworden. Natürlich spricht man nicht darüber, aber ich habe aus zuverlässiger Quelle erfahren, daß der Sex nach 50 besser ist als der Sex davor.

Die Bestätigung, daß ich in den Augen junger Männer noch begehrenswert bin, ist schmeichelhaft, aber ich mochte immer Männer lieber, die ebenso alt waren wie ich oder älter. Vor allem suche ich nach jemandem, der mir ebenbürtig ist.

Natürlich ändert sich die Beziehung zu Männern, wenn man älter wird. Ganz sicher braucht man sie nicht mehr so, wie man sie früher gebraucht hat, als man sich selbst danach beurteilte, ob man ihnen gefiel oder nicht. Oder auch seine Ideen danach beurteilte, ob sie den ihren entsprachen. Wenn man jünger ist, neigt man dazu, sich ihnen zu unterwerfen, das ist ohnehin eine Spezialität von mir – oder vielleicht auch von allen Südstaaten-Girls: Was ein Mann will, wird gemacht! Es hat eine Weile gedauert, bis ich es überwunden habe, aber ich habe es geschafft!

Seit Bobs Tod vor zehn Jahren lebe ich allein. Es ist so bequem! Nur ich! Vielleicht wird sich das eines Tages ändern.

Denn ich *liebe* Männer! Man kann soviel Spaß mit ihnen haben! Sie haben so irre Ideen, erfinden Schiffe, Druckmaschinen und Flugzeuge! Sie sind schwer zu schlagen.

Allerdings weiß ich mittlerweile auch, daß sie ihre Grenzen haben und daß sie die patriarchalischen Erwartungen des 20. Jahrhunderts – daß sie überlegen, unverwundbar, gerecht und perfekt sein sollen – nicht erfüllen können, auch wenn einige große Männer es versucht haben und daran gestorben sind. Weil sie in Wirklichkeit bizarre, seltsame, aufregende, herrliche Freaks sind – bei weitem nicht so stark, stabil, zuverlässig, vernünftig, korrekt oder gründlich wie wir. Leider wurden die Frauen meines Alters zu ihren falschen Erwartungen erzogen. Einige von uns gaben sie im Laufe der Zeit auf – und glaubten, die anderen würden das irgendwann auch tun. Aber das stimmt leider nicht. Die meisten Frauen in unserer Gesellschaft glauben noch immer an das, wozu sie erzogen wurden. Sie haben den Verstand ihrer Großmütter – und führen ihre Töchter zur Schlachtbank.

Das Problem ist, daß die Männer uns dominieren, seit wir seßhaft sind. Als wir noch Nomaden waren, waren wir gleichberechtigt, so wie die Frauen aller Nomadenvölker, die ich kennengelernt habe.

Als wir Jäger und Sammler waren, waren die Männer für die Jagd und für unseren Schutz zuständig, sie mußten dafür sorgen, daß es uns gutging und die Familie genug Fleisch zu essen hatte. Die Aufgaben der Frauen waren dagegen viel umfangreicher und differenzierter. Sie waren es, die dafür sorgten, daß es alle warm und daß sie genug zu trinken hatten. Daß jeder wußte, was er wissen mußte. Und daß die Männer nicht zu weit gingen – Männer gehen ja immer zu weit. Es war Aufgabe der Frauen, die Männer vor sich selbst zu schützen.

Ich bin der Meinung, daß Männer und Frauen die gleichen Rechte auf Führung haben sollten – wie in Schweden oder in Island. Da Frauen ein Kind zwölf Jahre oder länger aufziehen, macht uns das weibliche Gehirn zu Langzeit-Denkern. Männer dagegen sind hierarchische Kurzzeit-Denker nach dem Motto

»Nieder mit der Antilope!«. Wir haben zwei Geschlechter und zwei verschiedene Gehirne, und wir brauchen beide: Warum sollten sie nicht gleichberechtigt zusammenarbeiten?

Der Pulitzer-Preisträger Jared Diamonds, Naturwissenschaftler an der University of California, weist in seinem neuen Buch »Kollaps – warum Gesellschaften überleben oder untergehen« nach, daß Gesellschaften immer auf dieselbe Weise zugrunde gehen: durch Übervölkerung, Abholzung, Klimaveränderung, Krieg und/oder Hunger. Nun – unser Planet *ist* übervölkert, abgeholzt und erfährt dramatische klimatische Veränderungen, die die amerikanische Regierung leugnet, und die Welt ist – im Augenblick – in 97 Kriege verwickelt. Ich finde, ein wenig Langzeit-Denken wäre angesagt!

Guy de Rothschild

über Klarheit

Baron Guy de Rothschild, geboren 1909, war bis 2007 der Chef der französischen Linie der Rothschilds, die vor 250 Jahren vom jüdischen Ghetto in Frankfurt zu den einflußreichsten Bankiers ihrer Zeit und einer der bedeutendsten Familien Europas aufgestiegen sind. Kindheit und Jugend verbrachte er teils im Pariser Stadtpalais, teils in verschiedenen Ferienresidenzen, allen voran in Schloß Ferrières, 35 Kilometer östlich von Paris: feudaler Schauplatz einer Welt, die an die Romane von Marcel Proust erinnert und von dem der deutsche Kaiser Wilhelm I. gesagt haben soll, daß ihn sich kein Kaiser, sondern nur ein Rothschild leisten könne. 30 Angestellte versahen das Haus, in dem wöchentlich 3000 Teile Bettwäsche gewaschen wurden und das bei Jagdgesellschaften bis zu 100 Diener der Gäste beherbergen konnte. Am Montag wurden darin einen ganzen Tag lang die Uhren aufgezogen, während am Mittwoch – Highlight der Woche – die Rothschildkinder mit ihren Eltern zu Mittag aßen. Im 400 Hektar großen Park von Ferrières lernte Guy im Alter von fünf Jahren das Reiten – Beginn einer lebenslangen Passion: Wie sein Großvater und sein Vater wurde auch er ein leidenschaftlicher Züchter rassiger Pferde.

Mit 20 trat er in die Bank ein, zu Beginn des Zweiten Weltkriegs wurde er Soldat. 1942 emigrierte er aus dem von den Deutschen besetzten Frankreich in die USA, wo bereits seine Eltern Zuflucht gesucht hatten. Von dort kehrte er noch während des Krieges nach Europa zurück, um sich den Freien Französischen Streitkräften von General Charles de Gaulle anzuschließen. Die Übersiedlung seiner Eltern in die USA nahm das Vichy-Regime zum Anlaß, die Familie zu enteignen und Bank und Vermögen einzuziehen. Es sollte nicht bei diesem einen Mal bleiben. Zwar erhielt die Familie nach Kriegsende Bank und Besitz zurück, die Guy de Rothschild bis zum Jahre 1979 erfolgreich verwaltete und vergrößerte. Doch wurde das Finanzhaus unter Staatspräsident François Mitterrand – wie eine Reihe anderer französischer Privatbanken – im Jahre 1981 verstaatlicht. Diesmal allerdings endgültig. Die Verstaatlichung traf Guy de Rothschild tief. »Jude unter Pétain, Paria unter Mitterrand, mir reicht es«, schrieb er damals in einem Artikel in der Zeitung »Le Monde«. Heute ist das Bankhaus dank seiner Nachfolger – seinem Sohn David und dem Neffen Eric – wiederauferstanden und beschäftigt 400 Mitarbeiter in London, Paris, Frankfurt und New York. Château de Ferrières samt 130 Hektar Land hat Guy de Rothschild der Universität von Paris geschenkt. Er selbst lebte, zweifach verwitwet, Vater von zwei Söhnen und Großvater von sieben Enkeln, zuletzt in einer Villa im Schloßpark.

Ein Tagesausflug war es vor 100 Jahren, wenn die Rothschilds von der Bank in Paris mit der Kutsche nach Château de Ferrières fuhren, eine halbe Stunde im grauen Mittelklasse-Mercedes des Barons ist es heute. Im Kreisverkehr am Ortsausgang weist ein Schild den Weg nach Guermantes. Vorbei am Schloß, einem mit vier Türmen bewehrten, englisch-italienischen Viereckbau, und den hohen Gittern des weitläufigen Schloßparks, rollt der Wagen vor ein grünes, eisernes Tor, das sich auf Signal lautlos öffnet. Er fährt weiter durch den lichten Park, in dem sich Gruppen von Koniferen und Laubbäumen mit Rasenflächen abwechseln. Am Ende des langgestreckten Zufahrtsweges, kaum auszumachen in der Landschaft, ein zweistöckiger, vollständig mit braunen Schindeln bedeckter Bau, der von weitem wie ein großer Schuppen aussieht: das Wohnhaus. Der Chauffeur weist den Weg vom Parkplatz, wo er den Wagen neben dem Golfwagen des Hausherrn abstellt, durch den Hintereingang und die Küche.

Der Salon ist geräumig und mit zahllosen gepolsterten Stühlen, ledernen und samtenen Fransensofas gemütlich möbliert. Große Fenster geben den Blick frei auf den Park und einen kleinen See, der etwa 50 Meter vor dem Haus angelegt wurde. An den Wänden hängen Gemälde mit Tiermotiven aus dem 18. Jahrhundert. Sie stammen, erklärt der Hausherr, aus der Sammlung des Schlosses, die mittlerweile ins Stadtpalais Hotel Lambert auf der Île Saint-Louis verlegt wurde. Er verzichtet darauf, zu erwähnen, daß die Sammlung, die zu den bedeutendsten in Europa gehörte, von den Nazis verschleppt und erst nach und nach an verschiedenen Orten – unter anderem in einem Keller in Schloß Neuschwanstein sowie in einer Salzmine in Österreich – wieder aufgespürt wurde.

Vom Salon aus betritt man das Speisezimmer: Zwei mannshohe Gipsstatuen, üppige Grünpflanzen balancierend, flankieren den Eingang. Der Baron, weißhaarig, schmal, ländlich-lässig in grauer Tweedjacke, Rollkragenpulli und Flanellhose, ist sehr liebenswürdig. »Das ist Soleil«, stellt er seinen kleinen, aufgeregt bellenden Norwich-Terrier vor. »Streicheln Sie ihn, dann gibt er Ruhe.« »Und das ist Whisky«, fährt er mit Blick auf die alte Kurzhaar-Dackelhündin fort, die ebenso aufmerksam wie unbeweglich auf dem roten Samtsofa thront. »Sie gehörte einem Freund, ich habe sie nach seinem Tod übernommen, genaugenommen hat meine Haushälterin sie übernommen. Ich nenne sie ›La Veuve – die Witwe‹.«

Es wäre natürlich gut für mich und die Hunde, wenn ich mit ihnen spazierenginge. Aber das mache ich nicht gern, ich bin nicht mehr so gut zu Fuß. Außerdem bin ich faul. Da fahre ich lieber auf den Golfplatz, der noch von meinem Vater im Schloßpark angelegt worden ist. Ich war einmal ein guter Golfspieler, müssen Sie wissen, ich meine, ein wirklich sehr guter, ich habe im Nationalteam von Frankreich gespielt. Heute spiele ich nur noch manchmal zwei bis drei Löcher, aber mittlerweile wie ein Anfänger: Ich treffe den Ball nicht mehr richtig. Früher hätte mich das wütend gemacht. Heute habe ich keine Wut mehr. Auch nicht auf andere Dinge. Heute sehe ich alles sehr philosophisch.

Soleil begleitet mich auf den Golfplatz. Aber er versteht nichts von Golf. Der Dackel, den ich vorher hatte, der verstand viel mehr davon: Immer wenn ich abschlug, raste er hinter dem Ball her in Richtung Fahne, holte ihn aus dem

Loch und brachte ihn mir zurück. Soleil dagegen versteht das Spiel nicht: Er rennt um mich herum, stellt sich dann vor mich und meinen Schläger und hindert mich am Abschlag.

Es war immer wichtig für mich, Erfolg zu haben. Bei allem. Auch beim Golfen. Diese Perspektive habe ich heute nicht mehr. Das gilt natürlich auch für die anderen Sportarten, die ich betrieben habe. Skilaufen zum Beispiel. Ich war sehr sportlich und ziemlich gut in den meisten Disziplinen. Geblieben ist meine Leidenschaft für Pferderennen. Es macht mir immer noch großen Spaß, zu Rennen zu gehen.

Ich empfinde es als Segen, so alt zu werden. Ich habe mein Leben immer genossen und war auch nie in der Situation, daß ich mir gesagt hätte, es sollte langsam mal Schluß sein. Mein Alter habe ich lange gar nicht zur Kenntnis genommen.

Wirklich bewußt geworden ist es mir erst vor drei Jahren, als ich zweimal hingefallen bin. Einmal bin ich auf der Straße ausgerutscht. Ein anderes Mal im Garten. Ich habe ein paar Verletzungen davongetragen. Die sind inzwischen auskuriert. Zurückgeblieben ist ein Gefühl der Unsicherheit beim Gehen. Eine Art Höhenangst. Ich laufe anders als früher und habe auch nicht mehr dasselbe Gleichgewichtsgefühl. Ich nehme deshalb meinen Stock zu Hilfe.

Mit 70 fühlte ich mich noch ganz und gar nicht alt. Ich war noch immer in sehr guter körperlicher Verfassung. Dennoch habe ich meine Aufgaben in der Bank an meinen Sohn David abgegeben. Auch mein Vater und mein Großvater haben sich mit 70 aus dem Geschäft zurückgezogen. Und ich habe auch nicht, wie die Amerikaner sagen, »vom Rücksitz aus gelenkt«. Ratschläge habe ich zwar gegeben, aber nur, wenn man mich darum gebeten hat. Auch heute noch berate ich meine Kinder hin und wieder, aber nur zu spezifischen Themen. Niemals würde ich ihnen empfehlen, irgend etwas so zu machen, wie ich es gemacht habe. Ich stelle mich nie als Vorbild hin, denn ich bin überzeugt davon, daß man die eigene Person immer heraushalten muß. Es gibt eine englische Redensart: »Don't talk about yourself«. Meine Mutter liebte das Englische: Nicht über sich selbst zu sprechen war eines der Grundprinzipien meiner Erziehung.

Auch als ich 80 wurde, hat mich das nicht weiter beschäftigt. Ich habe keinen großen Unterschied zu vorher bemerkt. Erst kurz vor dem Tod meiner Frau wurde mir bewußt, was auf mich zukommen würde: allein zu leben. Zuvor war mein Leben sehr lebhaft und abwechslungsreich gewesen. Auch das Haus war sehr lebendig. Wir haben viele Gesellschaften besucht und selbst gegeben, auch einige sehr große Bälle. Aber diese Zeiten sind vorbei. Nicht nur für mich. Es gibt immer weniger Leute, die sich das leisten können, und kaum noch jemanden, der das Talent dafür hat: es verlangt Stil, Kreativität, Kultur. Meine Frau hatte das. Wir führten sozusagen eine sehr glückliche Ehe. Seit sie vor zehn Jahren starb, hat sich vieles verändert. Auch ich habe mich verändert.

Es macht mir nichts aus, allein zu leben, auch nicht, allein zu sein, ich fürchte mich nicht davor, ich leide nicht darunter, ich langweile mich auch nicht. Früher habe ich gern Krimis gelesen, heute langweilen sie mich. Damals ging es noch um die Frage: »Wer war der Täter?« Heute geht es meistens nur noch um eine Liebesgeschichte zwischen einem Polizisten und einer Polizistin.

Allein zu leben verstärkt meine Neigung, nichts zu tun. Zudem erlaubt mir meine Physis nicht mehr, wirklich aktiv zu sein. Das beschränkt mich nicht nur, sondern läßt mich vor allem auch mein Alter spüren.

So etwa seit ich 97 bin, habe ich das Gefühl: Ich bin ein alter Mann. Ein junger alter Mann. Aber eher alt als jung.

Im Augenblick führe ich ein bißchen das Leben eines Rekonvaleszenten. Ich habe einige körperliche Probleme, die ich jetzt nicht besprechen möchte. Aber ich muß darauf Rücksicht nehmen. An manchen Tagen mehr, an anderen weniger. Heute geht es mir recht gut. Ich bin am Morgen aufgestanden und habe gefrühstückt. Ich fühlte mich ein wenig müde. Nach dem zweiten Frühstück habe ich eine Stunde hier auf der Couch geschlafen. Danach kam meine Schwiegertochter zum Mittagessen. Und nun führen wir dieses Interview.

Am Abend bringt mich der Fahrer nach Paris, und ich gehe mit Freunden aus. Eigentlich wollten wir die »Folies Bergère« besuchen, aber die sind ausverkauft, also gehen wir ins Kino. Es gibt Wochen, da fahre ich jeden Abend nach Paris und gehe aus.

Ich bin gern unter meinen Freunden. Immer wenn ich eine – lohnende – Einladung bekomme, nehme ich sie an. Auch, um am Leben zu bleiben.

Ich habe noch immer viele Freunde. Keine sehr intimen mehr, aber doch drei oder vier nahe Freunde. Wenn man sehr alt ist – ich gehe ja auf die 100 zu –, verliert man zwangsläufig viele Freunde und Bekannte, weil sie sterben. Das ist der Lauf der Dinge. Es hat mir nicht das Herz gebrochen. Anders war es beim Tod meiner Frau.

Meine Familie ist mir sehr wichtig, je älter ich werde, desto mehr. Auch Freunde sind immer noch wichtig. Und die Freude an Pferderennen. Ansonsten verliert im hohen Alter alles an Bedeutung. Man wird ein wenig indifferent. Oder weiser, wenn Sie so wollen.

Das gilt auch für die Demütigungen, die man erfahren hat. Die schlimmste war die Verstaatlichung unserer Bank. Es war eine Katastrophe für mich, eine Katastrophe für die Familie. Dennoch hätte ich nicht zugelassen, daß sie mich zerstört. Mittlerweile ordne ich sie als Erfahrung ein. Ich habe sie überwunden. Die Katastrophe hat sich verflüchtigt.

Eine große Hilfe im Umgang mit dem Leben, mit den Menschen und mit mir selbst war die Psychoanalyse, die ich im Alter von 25 Jahren gemacht habe. Kurz vor dem Krieg war das in gewissen Familien, vor allem in England, sozusagen Mode. Das war damals neu und sehr fortschrittlich. Man hoffte, dabei Wunder in sich selbst zu entdecken, auch ich. Wunder habe ich zwar nicht entdeckt, aber doch etwas, was mir im Leben sehr geholfen hat: Ich habe gelernt, zu analysieren und klar zu sehen. Zunächst einmal mich selbst. Ich begann zum Beispiel zu verstehen, warum mich manche Situationen verletzten und ich mich auf bestimmte Art verhielt. Wenn man ihre Mechanismen versteht, kann man mit den Dingen besser umgehen. Ich versuche stets, alles in die richtige Proportion zu rücken und im richtigen Licht zu sehen. Das ist es, was ich mit Klarheit meine.

Ich habe einen analytischen Verstand und bin sehr kontrolliert. Das war immer hilfreich. Auch als ich eines Tages diesen Anruf von meinem Sohn David bekam: Ein Gangster hielt ihn in seiner Wohnung fest und verlangte Lösegeld. Ich war sehr aufgeregt, als ich den Hörer auflegte. Aber ich habe mich gezwungen, nicht in Panik zu geraten. Ich bin hingefahren und habe mit dem Gangster gesprochen und die Sache zu einem guten Ende gebracht.

Selbstkontrolle hat allerdings zwei Seiten. Einerseits ist sie eine Stärke. Andererseits ist sie jedoch auch eine Schwäche, weil man manchmal nicht genug kämpft, sich nicht genug kümmert.

Ich bin ein strenger Kritiker meiner selbst. Ich dachte mein Leben lang, ich bin nicht gut genug.

Trotzdem kann ich nicht sagen, was ich anders gemacht hätte. In einem anderen Leben mit einer anderen Identität wäre ich gern Arzt geworden. Das heißt aber nicht, daß ich es bedauere, keiner geworden zu sein. In meiner Familie hat immer der älteste Sohn die Geschäfte geführt. Durch alle Generationen hindurch.

Die Rothschild-Familie ist heute sehr groß: Es gibt einen französischen und einen englischen Zweig. Es gab auch einen österreichischen, aber der ist während des Krieges praktisch verschwunden. Ich mag die meisten Mitglieder der Familie, um nicht zu sagen, alle. Wenn ich jemanden von ihnen treffe, auch wenn ich ihn nicht kenne, dann ist er mir automatisch irgendwie sympathisch. Das bedeutet nicht, daß die Rothschilds untereinander nicht auch kritisch sein können. Sie beobachten einander und achten darauf, daß alle die Reputation der Familie pflegen. Nicht im Sinne von Ruhm, sondern im Hinblick darauf, daß sie den Ruf der Familie nicht beschädigen und man sich ihrer nicht schämen muß. Rothschild ist mehr als nur ein Name: Mit Vorfahren, die so Außerordentliches geleistet haben, hat man eine Verantwortung, die moralischen Standards und das Ansehen der Familie aufrechtzuerhalten. Ich habe das Gefühl, daß auch die junge Generation das weiß und langsam in diese Verpflichtung gegenüber der Vergangenheit und der Gegenwart hineinwächst. Und was meine eigenen Enkel betrifft, so bin ich mir dessen ganz sicher. Der älteste von ihnen arbeitet in einer Bank in New York. Er ist sehr intelligent, sehr liebenswürdig und sehr vernünftig: einfach genauso, wie er sein sollte. Es würde ihm nie einfallen anzugeben. Er ist, wie ich von meinen Eltern und meine Söhne von mir, zur Bescheidenheit erzogen worden. Auch das ist ein wichtiges Prinzip unserer Erziehung. Wir betrachten uns nicht als eine königliche Familie, sondern vor allem als eine Familie von professionellen Bankern.

Auch ich selbst war einmal in der Situation, in der ich mit der Kritik der Familie rechnen mußte: als ich meine zweite Frau heiratete, die keine Jüdin, sondern eine Katholikin war. Mein Vater war zu jener Zeit schon gestorben. Meine Mutter hat nie darüber gesprochen. Und auch die anderen haben sich nicht geäußert. Es gab wider Erwarten keine Probleme.

Jude zu sein war in unserer Familie kein besonderes Thema – bis zum Krieg. Dann jedoch begann ein großes Nachdenken. Millionen Fragen tauchten auf über das Wie und das Warum – bis hin zu der Frage, wie man überleben sollte.

Ich selbst vergleiche den Antisemitismus mit der Spanischen Grippe, die nach dem Ersten Weltkrieg über Europa hinwegfegte und Millionen Menschen tötete: Er gehört zu den schlimmsten Krankheiten der Menschheit. Ich sehe mittlerweile eine Evolution. Aber ein Ende? Nein. Aufgrund der Shoa ist der Antisemitismus den Menschen bewußter geworden. Die künftige Entwicklung wird von der Politik Israels abhängen und davon, ob Israel auf das feindliche Verhalten seiner Nachbarn gewaltsam reagiert. Wenn das geschieht, wird man die Juden für Tyrannen halten – nicht nur die Israelis, sondern alle Juden.

Das Unglück und die Demütigungen in meinem Leben habe ich überwunden. Sie haben keine Spuren hinterlassen. Meine nachdrücklichsten Erinnerungen sind die an meine zweite Ehe. Ich bin auch sonst sehr oft glücklich gewesen im Leben – auf vielen verschiedenen Ebenen. Darüber, Kinder zu haben. Ein gutes Rennen zu sehen. Ein wichtiges Golfturnier zu gewinnen, Erfolg zu haben. Glück hat für mich etwas mit Aktivität, nicht mit Passivität zu tun. Insofern empfinde ich kein überschwengliches Glück mehr.

Ich kann immer noch über das eine oder das andere glücklich sein. Aber im großen und ganzen sind die Zeiten des Glücks vorbei. Und auch mit der Suche danach ist Schluß.

Auch die Zukunft ist vorbei. Man plant nicht mehr. Zum Beispiel, ein neues Haus zu kaufen oder zu bauen. Es ist unvernünftig, also läßt man es. Auch sich wiederzuverheiraten wäre in meinem Alter kindisch. Ebensowenig kann man noch hoffen, Champion auf irgendeinem Gebiet zu werden. Diese Dinge gehören der Vergangenheit an. Ich bin deswegen nicht deprimiert, ich nehme es philosophisch hin. Und mit Common Sense.

Das gilt auch für vieles, was um mich herum geschieht, wie den Wandel bestimmter gesellschaftlicher Konventionen: zum Beispiel den Umgang der Eltern mit dem Sexleben ihrer Kinder. Als ich jung war, war ich mit einer Schauspielerin befreundet, einer Dame also, die gesellschaftlich nicht so hoch gestellt war. Mit ihr besuchte ich ein Pferderennen in Longchamps und sah dort meine Eltern. Auch sie sahen mich, aber wir gaben vor, wir hätten einander nicht bemerkt. Nur meine Mutter zwinkerte mir unmerklich zu. Die Sitten sind in dieser Hinsicht sehr viel laxer geworden. Aber es stört mich nicht, es ist sicher nicht schlecht – solange die Moral nicht darunter leidet.

Vor dem Tod fürchte ich mich nicht. Ich bedauere, daß ich eines Tages gehen muß. Ich würde meine Enkelkinder gern weiterhin heranwachsen sehen. Sterben ist unbefriedigend für meine Neugier. Ich nenne den Tod die »schwarze Dame«. Die Vorstellung, daß er eine Frau ist, gefällt mir: Eine Frau hat mir das Leben geschenkt, warum sollte es nicht auch eine Frau sein, die es mir wieder nimmt?

Isabel Allende

über Phantasie

Isabel Allende, geboren 1942 in Chile, Schriftstellerin, ist in Chile, Bolivien und im Libanon aufgewachsen. Sie arbeitete zunächst als Journalistin und engagierte sich für die UNO, ehe sie im Alter von 39 Jahren mit ihrem ersten Roman »Das Geisterhaus« einen Weltbestseller schrieb, der 1993 mit Meryl Streep und Jeremy Irons verfilmt wurde. Dem Putsch gegen den marxistisch-sozialistischen Präsidenten Chiles, Salvador Allende, ihren Onkel, folgte im Jahre 1973 die Militärdiktatur Pinochets, der mit großer Härte gegen die Anhänger der Allende-Regierung vorging: Tausende von Menschen wurden gefoltert, getötet oder verschwanden spurlos. Isabel Allende emigrierte nach Venezuela, wo sie mit ihrem Mann und ihren Kindern Paula und Nicolás zwölf Jahre im Exil verbrachte. Wenig später ließ sie sich scheiden. Während einer Lesereise durch die USA traf sie ihren jetzigen Ehemann, den amerikanischen Rechtsanwalt Willie Gordon. Mit ihm lebt sie seit 18 Jahren in Kalifornien, inzwischen als amerikanische Staatsbürgerin.

1992 erkrankte ihre Tochter Paula an einer Stoffwechselkrankheit und fiel ins Koma, aus dem sie nicht mehr erwachte. Ein Jahr später starb sie. Sie wurde 29 Jahre alt. Während der zwölf Monate, die die Mutter am Krankenbett ihrer Tochter verbrachte, entstand – aus der Not, »die leeren Stunden dieses Alptraums auszufüllen« – ihr Roman »Paula«. Darin beschreibt sie in Form eines Briefes an Paula ihre eigene Kindheit in Santiago und das Leben im Exil. Heute ist Isabel Allende mit einer Auflage von weltweit 35 Millionen Exemplaren in 27 Sprachen eine der erfolgreichsten Schriftstellerinnen der Welt.

Auf schwindelerregend hohen Absätzen, in der Hand die Einkaufstüte einer noblen Boutique, eilt sie durch die Halle eines feinen Madrider Hotels. Sie sieht genauso aus wie auf den Fotos in ihren Büchern: kurze, dunkle Haare, kleine Nase, große, braune, sehr lebendige Augen. Nur daß sie in Wirklichkeit überraschend klein und zierlich ist, verraten die Fotos nicht. In der Halle herrscht der Lärm temperamentvoller spanischer Konversation. Nach einem Gesprächsversuch auf dem Sofa verlegt Isabel Allende das Interview in ihre Suite: »Aber bitte nicht hinsehen, es ist sehr unordentlich!« Davon kann natürlich keine Rede sein.

Vor ein paar Tagen ist sie als Begleiterin ihres Mannes aus Kalifornien angereist, eine ganz und gar ungewohnte Rolle: »Willie stellt hier in Madrid sein erstes Buch vor«, berichtet sie sichtlich stolz. »Es ist ein Kriminalroman, der in Chinatown in San Francisco spielt und gleichzeitig in fünf Sprachen auf den Markt kommt. Da mein Mann Anwalt ist, kennt er sich natürlich im Bereich der Kriminalität und der Gesetze gut aus. Außerdem hatte er 25 Jahre lang eine Bar in San Francisco. Darin wird das Verbrechen in seinem Buch in Auftrag gegeben. Es ist wirklich eine sehr unterhaltsame Geschichte. Ich bin diesmal nur als Ehefrau hier und kümmere mich um das Gepäck.« Eigentlich hatte sie selbst den Roman, der auch der Roman seines Lebens ist, schreiben wollen: »Ich glaube, als ich mich in Willie verliebte, habe ich mich vor allem in seine Lebensgeschichte verliebt.« Aber Willie Gordon wollte seine Geschichte selber schreiben. Glücklicherweise mangelt es der überaus phantasievollen Erzählerin trotzdem nicht an Einfällen. Im Augenblick arbeitet sie an ihrem 17. Buch, ihren Memoiren der letzten zehn Jahre.

Ich bin Schriftstellerin geworden, weil ich mich im Exil in Venezuela neu erfinden mußte. Dort lebte ich zwölf Jahre lang in Armut, Isolation und Frustration. In Chile hatte ich einmal wöchentlich ein Fernsehprogramm moderiert, außerdem arbeitete ich für eine wichtige Zeitschrift, ich war eine Feministin und einigermaßen berühmt. Im Exil dagegen hatte ich alles verloren: meine Familie, mein Haus, mein Land, meine Freunde, meinen Job, ja meine Identität. Alles, was ich vorher gemacht hatte, war ausradiert und kümmerte niemanden. Niemand interessiert sich für die Vergangenheit von Exilanten. Du könntest sie erfinden, es glaubt dir sowieso keiner. Ich befand mich in einer Art Schwebezustand: ich war niemand mehr. Dabei hatte ich so vieles erlebt. Ich mußte einfach meine konfusen Erinnerungen mit meinem Verstand ordnen.

Eines Tages bekam ich einen Anruf, mein 99jähriger Großvater läge im Sterben, und ich begann einen Brief an ihn zu schreiben. Es war mir von Anfang an klar, daß es kein gewöhnlicher Brief sein würde. Während des Schreibens kamen all meine Erinnerungen an ihn und an die Geschichten hoch, die er mir über das Leben unserer Familie erzählt hatte, vermischt mit denen über unser Land, und ich erzählte sie ihm nun neu. Sie fingen an, sich zu verdichten und zu strukturieren, und ich konnte mein Leben und meine Identität neu erschaffen. Sie beruhen natürlich auf der Realität, aber dennoch ist ja auch die realste Existenz eine Erfindung – weil wir uns immer nur an bestimmte Dinge erinnern und andere ausblenden. Aus dem immer länger werdenden Brief an meinen Großvater entwickelte sich mein erster Roman, »Das Geisterhaus«.

Ich habe 16 Bücher geschrieben: Jedesmal hatte ich das Gefühl, ich würde das Leben neu erfinden. Es ist immer derselbe Prozeß: Du erschaffst ein Leben und ein Universum in der Phantasie. Das Wunderbare dabei ist, daß du in der Phantasie die Kontrolle darüber hast, während das im wirklichen Leben ganz und gar nicht der Fall ist.

Ich habe immer eine wilde Phantasie gehabt. Als kleines Mädchen hat man mich oft eine Lügnerin genannt, weil meine Phantasie ständig mit mir durchging.

Ich konnte ein Erlebnis nie so wiedergeben, wie alle anderen es erlebt hatten, ich erlebte alles übertrieben, voller Farben und unterschiedlicher Bedeutungen. Und wenn ich diese Vielfalt schilderte, warf man mir vor zu lügen. Ich habe diese Vorwürfe nie verstanden, um so mehr kränkten sie mich.

Heute, da ich mit diesen »Lügen« meinen Lebensunterhalt verdiene, nennt man mich eine Schriftstellerin.

Erst seit ich schreiben kann, was meine Phantasie mir eingibt, geht es mir gut. Zuvor hatte ich immer den falschen Beruf. Jahrelang war ich Journalistin, aber eine sehr schlechte, weil man in diesem Job objektiv sein muß, was ich einfach nicht sein kann. Mein Verstand hält sich nicht an die Realität und übertreibt alles. Während der Zeit im Exil habe ich, um mich über Wasser zu halten, eine Privatschule geleitet. Ich war für die Verwaltung zuständig, also für das Geld, und das mußte exakt stimmen. Die Buchhaltung gestattete keinerlei Übertreibungen, keinerlei Kreativität und schon gar keine »Lügen«. Es war wirklich nicht der rechte Job für mich. Mit 39 habe ich dann endlich meinen Weg gefunden. Einen, der es mir erlaubt, meine Phantasie einzusetzen. Und der mir darüber hinaus meine Unabhängigkeit garantiert. Die war mir mein Leben lang sehr wichtig. Ich war ein starkes und rebellisches Kind, Feministin, lange bevor das Wort überhaupt erfunden war. Ich wollte unabhängig sein, auch als ich noch sehr klein war. Meine Mutter dagegen war eine Dame und wollte auch mich dazu erziehen. Aber obwohl ich meine Mutter sehr liebe und wir einander das ganze Leben lang sehr nahe waren, wehrte ich mich heftig und wollte auf keinen Fall so werden wie sie. Sie war nach einer sehr frühen, sehr kurzen Ehe von meinem Vater verlassen worden, hatte keine Ausbildung, kein Geld und drei Kinder. Ohne die Unterstützung ihres Vaters hätte sie nicht überlebt. Nachdem sie wieder geheiratet hatte, wurde sie von meinem Stiefvater unterstützt: sie war ihr Leben lang abhängig von anderen. Das sollte mir nicht passieren! Ich wollte lieber wie mein Großvater sein, ich wollte selbst die Macht und die Kontrolle über mein Leben haben – aber die hast du nicht, solange ein anderer deine Rechnungen bezahlt. Deshalb habe ich mit 16 angefangen zu arbeiten.

Ich habe mein ganzes Leben hart gearbeitet: zwölf Stunden am Tag, sechs Tage die Woche, oft in drei, vier Jobs gleichzeitig, weil ich mit einem einzigen mein Leben und das meiner Kinder nicht hätte finanzieren können. Aber es hat mir nichts ausgemacht, und wenn ich noch einmal zu wählen hätte, würde ich dasselbe tun. Ich wollte auch in meinen Beziehungen zu Männern immer unabhängig sein. Für die Männer war das durchaus in Ordnung – andere hätte ich mir auch nicht ausgesucht. Dabei war ich in meiner ersten Ehe eine sehr chilenische Ehefrau, ich habe meinen Mann bedient und bemuttert und gleichzeitig das Geld für mich und meine Kinder verdient. Aber wenn ein Mann mich danach fragt, was ich mache, werde ich wütend.

> Ich bin ein selbständiges Individuum und akzeptiere keine Kontrolle. Von niemandem.

Jetzt, da ich alt werde, ist es meine größte Angst, abhängig zu werden. Das läßt mir keine Ruhe! Natürlich habe ich finanzielle Rücklagen, ich werde also nicht ökonomisch abhängig sein. Aber was, wenn ich im Rollstuhl sitze, wenn ich Alzheimer bekomme oder dement werde und jemand anderes die Entscheidungen für mich treffen muß? Es ist eine schreckliche Vorstellung, wirklich grauenhaft!

Mit meinen 64 Jahren fühle ich mich o.k. Ich bin noch gesund, stark und kreativ, ich kann immer noch schreiben, und ich habe eine sehr große Familie: Neben meinem Mann ist da mein Sohn Nicolás, seine Frau und seine beiden Kinder, dazu die drei Kinder meines Mannes aus erster Ehe und Ernesto, der Mann meiner verstorbenen Tochter Paula, seine neue Frau und deren Zwillinge. Er hat wieder geheiratet, eine sehr nette Frau. Denken Sie nur: Sie ist am selben Tag geboren wie Paula. Es ist eine gute Phase in meinem Leben. Dennoch weiß ich, daß ich mit jedem Jahr, das vorbeigeht, etwas verliere. Ich verliere an Konzentration, an Aufmerksamkeit, an Kraft. Alles nimmt mit dem Alter ab.

Als ich jung war, dachte ich, daß man im Alter mehr weiß und daß man weiser und ein besserer Mensch wird. Aber das stimmt nicht. Ich bin nicht weiser geworden. Ich habe vielmehr gemerkt, daß man im Alter zu dem wird, was man wirklich ist. Wenn du immer ein wütender Mensch warst, wirst du im Alter noch wütender. Das habe ich an vielen Leuten beobachtet. Deshalb bereite ich mich auf mein Alter vor: damit ich kein schlechterer oder unangenehmerer Mensch werde. Ich will zumindest versuchen, so lange wie möglich dieselbe zu bleiben. Und auch meinen Verstand zu behalten. Ich bin schon jetzt ziemlich vergeßlich geworden: ich kann mich nicht an Namen, nicht an Leute, nicht an Orte, nicht an Verabredungen erinnern, es ist schrecklich. Und mitzuerleben, wie der Geist nachläßt, ist ebenfalls schrecklich. Ich versuche, diesen Prozeß aufzuhalten.

Dagegen, daß mein Körper älter wird, kann ich nichts machen: Ich kann nun mal mit 64 nicht aussehen wie 40! Aber meinen Verstand kann ich trainieren. Und das tue ich: Ich arbeite zehn Stunden am Tag, ich studiere und recherchiere für meine Bücher und lerne, um geistig fit zu bleiben, Italienisch. Es fällt mir schwer in meinem Alter. Als ich 20 war, konnte ich eine fremde Sprache in einem Jahr erlernen. Jetzt dauert das sehr viel länger. Aber das ist auch der Sinn der Sache: es soll ja eine Herausforderung für mein Gehirn sein. Außerdem reise ich viel. Ich reise in weit entfernte, fremde Länder, um die Vielfalt der Welt kennenzulernen und zu erfahren, wie andere Menschen leben. Manchmal reise ich unter ziemlich unkomfortablen Umständen, weil ich glaube, daß auch die Unbequemlichkeit eine nützliche Herausforderung und Übung für den Geist ist. Oft nehme ich meine Enkelkinder mit, ich schleppe sie zu den ungewöhnlichsten Orten und Plätzen. Ich weiß, daß mein Verstand eines Tages verschwunden sein wird, aber ich bin entschlossen, ihn möglichst lange zu behalten. Und möglichst lange zu schreiben.

Ein anderer Weg, mich auf mein Alter einzustellen und möglichst keine unangenehme Person zu werden, war die Therapie, die ich nach Paulas Tod fünf Jahre lang gemacht habe. Dabei habe ich vieles gelernt, was ich seither berücksichtige. Ich habe erfahren, was meine schwachen Punkte sind, und daran gearbeitet. Einer ist, daß ich dazu neige, andere Leute zu kontrollieren und in ihr Leben einzugreifen. In der Therapie habe ich gelernt, es zu lassen. Ich habe auch gelernt, geduldiger mit mir selbst zu sein. Ich bin wahnsinnig kritisch mit mir und verlange von mir immer die äußerste Leistung, was manchmal absolut unvernünftig ist. Die Therapie hat mich gelehrt, nachsichtiger mit mir umzugehen. Vielleicht bin ich also doch ein bißchen weiser geworden im Laufe meines Lebens.

Am besten bin ich, wenn ich schreibe. Dann bin ich wirklich ein besserer Mensch als sonst.

Ich habe dann keine Zeit, mich ins Leben anderer einzumischen, ich ziehe mich in mich selbst zurück und störe und nerve niemanden mehr. Davon abgesehen ist es ein wunderbarer Zustand: Wenn ich etwas in meiner Phantasie erschaffe, dann spüre ich, wie mein Geist arbeitet.

Daß ich in diesem Beruf erfolgreich bin, empfinde ich als ganz großes Glück. In jeder Beziehung, denn man muß wirklich Glück haben, um entdeckt zu werden. Es kommen im Jahr weltweit 360 000 neue Bücher heraus – wie viele von ihnen sind erfolgreich, an wie viele wird man sich erinnern? Die meisten setzen sich nicht durch, obwohl viele sicherlich gut sind. Ob man entdeckt wird oder nicht, hängt vom Zufall ab. Und vom richtigen »Timing«. Nehmen Sie den »Da Vinci Code«: Es ist nicht einmal ein gutes Buch, aber die Welt ist gerade reif für diese Art von Verschwörungstheorien. Wäre es 20 Jahre früher oder erst in zehn Jahren geschrieben worden, hätte es nicht den gleichen Effekt. Bei mir war es nicht anders. Als ich »Das Geisterhaus« veröffentlichte, boomte gerade der Markt für lateinamerikanische Literatur und wurde von der ganzen Welt beachtet. Darüber hinaus war es positiv für mich, daß der Boom ausschließlich von Männern ausgelöst worden war. Als ich dann mit »Das Geisterhaus« ankam, sagten alle: »Oh, endlich mal eine Frau!« Ich war noch nicht einmal Teil des Booms, ich hinkte vielmehr auf dem Weg, den 25 andere großartige Autoren für mich gepflastert hatten, hinterher. Dazu kam das Interesse, das die Weltöffentlichkeit nach dem Putsch in Chile meinem Land entgegenbrachte. Ich bin jedenfalls sehr dankbar für den Erfolg, der meinem ersten Buch beschieden war. Er hat mir erlaubt, seit 25 Jahren weiterzuarbeiten und all die anderen Bücher zu veröffentlichen. Durch die vielen Bücher, die ich mittlerweile geschrieben habe, und aufgrund der Tatsache, daß sie in viele Sprachen übersetzt worden sind, habe ich heute eine finanzielle Basis, die es mir erlaubt, zu schreiben, was ich will und wie ich will. Nie kommt ein Verleger zu mir und sagt: »Ich brauche das Buch, an dem Sie arbeiten, im nächsten Jahr!« Schon deshalb lasse ich mir keinen Vorschuß geben. Aber natürlich kann ich mir das nur leisten, weil ich mich auch ohne Vorschuß selbst unterhalten kann.

Die finanzielle Unabhängigkeit, die ich immer angestrebt habe, habe ich erreicht. Ich habe einen Mann und eine große Familie, die ich sehr liebe. Dennoch werde ich mich niemals mehr so gut fühlen wie in der Zeit, bevor meine Tochter starb.

Ich erinnere mich genau an den Tag, an dem ich es erfuhr. Ich war 49 Jahre alt und stellte gerade der Presse in Barcelona mein Buch »Der unendliche Plan« vor. Die Veranstaltung war ein großer Cocktail mit vielen Gästen. Während der Präsentation wurde ich fotografiert. Das Bild hängt heute in meinem Büro, weil es mich daran erinnert, daß ich einmal eine andere Frau war, als ich heute bin. Auf dem Foto trage ich ein weit ausgeschnittenes, auberginefarbenes Kleid und lange Ohrringe, habe lange Fingernägel und stemme mit einer glücklichen, herausfordernden Geste eine Hand in die Hüfte. In diesem Augenblick war mein Leben perfekt. Danach ist es das nie mehr wieder gewesen: Ein paar Minuten später drängte sich meine Agentin, Carmen Balcells, durch die Menge und flüsterte mir zu, daß Paula ins Krankenhaus eingeliefert worden sei. Ich verließ die Party sofort und flog zu meiner Tochter nach Madrid.

Wenn ich sage, mein Leben davor war perfekt, heißt das nicht, daß wir keine Probleme hatten. Die hatten wir durchaus: Ich hatte Probleme mit Willie, und Willie hatte welche mit seinen drei Kindern. Unser Leben war chaotisch. Dennoch hatte ich eine wilde Energie. Ich war glücklich, ich war leidenschaftlich, herausfordernd, überschwenglich, jung. Ich hatte das Gefühl, ich könnte alles tun und alles würde gelingen, die Welt gehörte mir, ich fühlte mich wie ein Krieger, allem gewachsen.

Ich hatte das Leben unter Kontrolle. Innerhalb der nächsten 24 Stunden sollte ich erfahren, daß ich nicht die geringste Kontrolle hatte.

Ich verbrachte ein Jahr an Paulas Krankenbett. Zuerst sechs Monate zwischen Kranken und Sterbenden in einem öffentlichen Krankenhaus und dann noch ein weiteres halbes Jahr in Kalifornien, nachdem wir Paula aus der Klinik zu uns geholt hatten.

Diese Zeit hat mich verändert. Von einem Tag auf den anderen war ich nicht mehr die unbeschwerte Frau, die ich gewesen war. Und wenn ich das Foto, von dem ich gesprochen habe, mit dem vergleiche, das kurz nach Paulas Tod von mir aufgenommen wurde, dann sah ich nach diesem Jahr zehn Jahre älter aus. Es ist vor allem meine Haltung, die sich auf dem jüngeren Foto verändert hatte, und mein Ausdruck – er ist geprägt von einer tiefen, tiefen Traurigkeit. Ich wurde eine andere Frau, introvertierter, als ich es jemals gewesen war.

Paula hat gewußt, daß sie jung sterben würde. Noch während ihrer Hochzeitsreise, wenige Jahre zuvor, hatte sie ihrem Mann Ernesto einen Brief gegeben, in dem sie davon spricht, und ihm dabei aber das Versprechen abgenommen, den Brief erst nach ihrem Tod zu öffnen. Sie hatte eine Stoffwechselkrankheit, die aber nicht der Grund für ihren Tod war. Sie starb wegen der Versäumnisse im Krankenhaus.

Sie hat ihren Tod vorausgesehen, weil sie trotz ihrer Jugend – sie war 29, als sie starb – sehr weise war. Sie war sehr schlank und sehr graziös, sie sah aus wie eine Tänzerin, mit einer Menge dunkler Haare, mit dunklen Augenbrauen, sehr langen Wimpern und einem feinen Gesicht. Im Gegensatz zu mir war sie nicht im geringsten eitel, sie kümmerte sich überhaupt nicht um ihr Aussehen. Sie war ganz und gar nicht materialistisch, sondern idealistisch und sehr spirituell, immer auf der Suche nach Gott. Als Psychologin kümmerte sie sich ehrenamtlich um Prostituierte und deren Kinder. Das war ihre Mission. Ich habe eine Stiftung in ihrem Sinne gegründet, damit folge ich ein wenig ihren Spuren.

Da sie kein Geld verdiente, habe ich ihr geholfen. Manchmal habe ich ihr auch etwas zum Anziehen geschenkt, aber das meiste davon hat sie weggegeben. Sie verschenkte immer alles. Sie war ein ganz besonderer Mensch. Wir haben uns später Gedanken darüber gemacht, ob es besser gewesen wäre, wenn sie nicht so lange im Koma gelegen hätte. Ich weiß es nicht. Vermutlich mußten wir etwas in diesen langen Monaten lernen.

Ich bin manchmal in meinem Leben in Gefahr gewesen, habe Situationen von Gewalt, Hilflosigkeit, Schmerz und Trauer erlebt. Dennoch gab es immer einen Weg, auf dem man entkommen konnte. Sogar nach dem Putsch in Chile gab es einen Ausweg: den, das Land zu verlassen. Als Paula krank wurde, wurde ich dagegen nach einer Weile mit der Erfahrung konfrontiert, daß es keinen Ausweg gab und daß das Ende ihrer Krankheit ihr Tod sein würde. Es gab keine andere Lösung, nur den Tod. Und ich konnte nichts tun, als darauf zu warten.

Ich saß in der Falle, wirklich in der Falle – ohne Möglichkeit einzugreifen. Und ohne jede Kontrolle über das, was vor sich ging. Seither sind viele Jahre vergangen. Aber diese Erfahrung bleibt. Auch der Schmerz über Paulas Tod ist geblieben. Ich bin eine sehr starke Frau, aber ich wußte anfangs nicht, wie ich mit diesem Schmerz umgehen sollte. Er manifestierte sich in disziplinierter Selbstkontrolle, in Härte und Effizienz. Erst in der Therapie habe ich gelernt, auf mein Herz zu achten. Und darauf, daß es voller Trauer war. Und ich habe gelernt, meine Trauer zuzulassen.

Was mich tröstet und was mich antreibt, ist, daß ich in meinem Leben viel Liebe erfahren habe und erfahre. Und vor allem, daß ich meinerseits liebe und Liebe geben kann. Meinem Mann und meinem Hund und meinen Enkelkindern und meinem Sohn und dem ganzen Rest der Familie. Das ist für mich weit wichtiger, als geliebt zu werden. Diese Liebe veranlaßt mich immer wieder, von mir selber abzusehen und mich auf andere zu konzentrieren: eine wunderbare Erfahrung.

Meine Familie war immer meine erste Priorität. Das ist mein Leben lang so geblieben. Anderes hat sich sehr wohl verändert: Ich bin geduldiger geworden, und ich werde auch nicht mehr wütend. Jedenfalls nicht über andere Leute. Wenn jemand mich angreift, weiß ich heute, daß es nichts mit mir zu tun hat und daß er das nicht meinetwegen macht, sondern seinetwegen. Ich verstehe heute mehr. Und ich kann besser loslassen. Wütend werde ich nur noch über Politik. Über Dafour und darüber, wie die Menschen die Umwelt zerstören. Und über George Bush.

Viele Jahre lang hätte ich mir nicht vorstellen können, jemals in den USA zu leben, einem Land, das die Diktatur in meinem Heimatland unterstützt hat und dessen Geheimdienst in die Folterungen in Chile verwickelt war. Als ich mich in Willie verliebte und zu ihm nach San Francisco zog, hatte ich auch gar nicht vor, dort zu bleiben. Ich habe unsere Beziehung als vorübergehende Affäre betrachtet und war sicher, daß ich nach ein paar Wochen genug davon hätte. Als das nach sechs Monaten noch immer nicht der Fall war, beschloß ich, bei Willie zu bleiben. In der Zwischenzeit war ich viel durchs Land gereist und hatte es liebengelernt. Es ist ein riesiges Land, von Ort zu Ort verschieden. Und wir leben in seinem allerschönsten Teil, in Kalifornien.

Ich reise viel und halte viele Vorträge über mich und mein Leben. Darin spreche ich immer auch über die politische Einmischung der USA in Lateinamerika. Ich betrachte meine Auftritte als eine Art Mission: ich möchte die Leute aufklären. Die meisten Amerikaner haben keine Ahnung von der Rolle der CIA in Lateinamerika. Und sie wundern sich, wenn ich ihnen sage, daß viele Leute die Amerikaner hassen. Sie verstehen es nicht, weil sie denken, daß sie so gute Menschen sind. Sie haben ein völlig falsches Bild von sich selbst. Ich spreche nicht von den Leuten in New York oder San Francisco, sondern von der großen Mitte des Landes, deren Bewohner isoliert und ignorant sind.

Die Dokumente über die USA vor und während der Präsidentschaft Salvador Allendes in Chile beweisen, daß Präsident Nixon und sein Außenminister Henry Kissinger die Wahl Allendes verhindern wollten, weil sie Angst vor der Ausbreitung des Kommunismus in Südamerika hatten. Es gelang ihnen nicht: Er gewann. Allerdings war die Mehrheit so knapp, daß der chilenische Kongreß der Wahl zustimmen mußte, und die USA haben alles getan, um die Abgeordneten davon abzuhalten. Sie haben sogar den Mord an einem einflußreichen Sympathisanten Allendes, dem Oberbefehlshaber der Armee, René Schneider, in Kauf genommen, um Chaos im Lande zu verbreiten. Vergeblich: Allende wurde gewählt und war drei Jahre lang Präsident – boykottiert von der amerikanischen Politik und den amerikanischen Konzernen. Von da kam auch das Geld, mit dem der Militärputsch gegen ihn finanziert wurde.

Die Leute in den USA wollen mir das nicht glauben. Auch nicht, wenn ich ihnen erkläre, daß das, was heute auf Initiative des CIA in Guantánamo auf Kuba geschieht, überall möglich war und ist. Die Menschen sind ja so naiv. Auch die Chilenen waren es.

Neun Tage vor dem Militärputsch habe ich mit meinem Onkel zu Mittag gegessen. Allende sprach von einem möglichen Putsch, aber alle anderen am Tisch hielten ihn für verrückt.

Ich gebe zu, daß auch ich selbst noch lange danach – ziemlich naiv gewesen bin. Ich habe zwei Jahre lang in Chile unter der Militärdiktatur gelebt und vielen Freunden Unterschlupf gewährt oder ihnen geholfen, das Land zu verlassen. Trotzdem konnte auch ich mir nicht vorstellen, daß die Folterungen und die Morde, von denen berichtet wurde, wahr sein sollten. Schließlich hatten wir bis dahin in einer Demokratie gelebt. Auch bekam man am Anfang so gut wie keine Informationen: Die Presse war zensiert, und man wußte nicht, ob man den Gerüchten Glauben schenken sollte oder nicht. Schließlich wurden die Repressionen immer spürbarer, weil das System sich immer besser organisierte. Die ursprüngliche Bewegungsfreiheit wurde mehr und mehr eingeschränkt. Die Telefone wurden kontrolliert, alles wurde kontrolliert. Wir lebten in einem Polizeistaat.

Doch erst als Freunde verschwanden und gar nicht mehr oder mit den Spuren von Folterungen aus den Gefängnissen zurückkehrten, bekam ich wirklich große Angst.

Erst dann ging auch ich mit meinem Mann und meinen beiden Kindern ins Exil. Wir waren die letzten aus der Familie Allende, die sich dazu entschlossen haben.

In meinen Vorträgen erkläre ich den Leuten auch, wie Faschismus beginnt. Die Initiative geht für gewöhnlich von einer gut organisierten Minderheit aus. Dazu kommt eine messianische Ideologie, oft mit religiösem Anstrich: Wir sind die Guten, die anderen sind die Bösen. Vor den Bösen aber muß man sich fürchten, denn sie bringen dich um, wenn du sie nicht vernichtest. Diese Angst wird systematisch geschürt, wie das Gespenst des Kommunismus in Chile durch den konservativen Flügel und den CIA. Man sagte den Chilenen, daß ihnen eine kommunistische Diktatur drohe, die ihnen die Kinder wegnehmen und diese nach Rußland schicken würde. Ich erinnere mich, daß auf den Straßen in Santiago überall Plakate hingen, auf denen Soldaten chilenische Kinder raubten.

In der Zeit der Militärdiktatur begann ich mich von der Vorstellung zu verabschieden, daß die Welt ein sicherer Ort sei und daß die schrecklichen Dinge, die man erfährt, unnormal und die Ausnahme seien. Mittlerweile weiß ich, sie sind es nicht. Natürlich gibt es auch sehr viel Gutes auf der Welt, und jede schlechte Tat wird von einer guten aufgewogen. Dennoch habe ich auch die dunkle Seite der menschlichen Seele kennengelernt: Menschen sind in der Lage, so gemein und gewalttätig zu sein, daß man es kaum aushält, mit diesem Bewußtsein zu leben! Ich habe mir niemals vorstellen können, daß jemand in der Lage sein könnte, Kinder vor ihren Eltern zu foltern. Oder – wie es zum Beispiel in Kambodscha geschieht – Fünfjährige zur Prostitution zu zwingen und sie, wenn sie aufbegehren, mit Elektroschocks zu foltern: Ich weiß das von einer Frau, die dort eine Organisation zum Schutz mißhandelter Kinder leitet. Aber Menschen sind zu diesen Greueln sehr wohl in der Lage. Es geschieht ununterbrochen, auch jetzt, in diesem Augenblick, in dem wir miteinander sprechen. Und das Beunruhigendste ist:

> Jeder von uns könnte zum Täter werden. Es hängt nur von den Umständen ab, in die wir geraten – das Böse steckt in uns allen.

Wir wissen es oft nicht, weil wir viele unserer inneren Schichten nicht zur Kenntnis nehmen. Dabei geben sie uns ständig Signale, zum Beispiel in unseren Träumen. In ihnen spiegeln sich ja viele unserer Wahrnehmungen, die wir mit unserem Verstand nicht erfassen können, die aber im Unterbewußtsein gespeichert werden. Für mich sind meine Träume deshalb so wichtig, weil sie mir viel über meine inneren Schichten verraten.

Natürlich kann ich nicht alle meine Träume entschlüsseln. Aber mit denen, die immer wiederkehren, beschäftige ich mich. So habe ich herausgefunden, daß ich, wenn ich von einem Baby träume, immer von dem Buch träume, an dem ich gerade arbeite. Und wenn sich, wie in einem meiner Träume, ein Baby in einem Labyrinth verirrt und ich es wieder herausführen muß, dann heißt das, daß meine Geschichte zu kompliziert ist. Wasser wiederum symbolisiert den kreativen Prozeß. Einmal habe ich geträumt, daß ich mit angehaltenem Atem unter Wasser schwimme und auf eine Kammer stoße. Ich schwamm hinein, aber dahinter waren noch viel mehr Kammern. Ich wollte sie nicht öffnen, ich hatte Angst, es würde mir die Luft ausgehen, aber ich mußte es trotzdem tun. Als ich aufwachte, wußte ich, daß der Traum mit meinem Buch zu tun hatte und daß ich tiefer in die Geschichte eindringen müßte, als ich es eigentlich wollte.

> Das eben ist der kreative Prozeß: daß man tiefer und tiefer eindringen muß, ohne Angst, den Faden zu verlieren oder daß einem die Luft ausgeht. Man muß nur geduldig sein.

Heute bin ich geduldig, und ich weiß auch, daß ich genug Atem habe.

Es gibt sogar Träume, die mir Lebenskraft geben. Vier Jahre nach Paulas Tod saß ich im Traum an einem Strand, über mir ein sehr hohes Riff, als ich auf seiner äußersten Spitze zwei bis an die Zähne bewaffnete Reiter auf riesigen Pferden sah. Plötzlich stellten sich die Pferde auf die Hinterbeine und machten eine Bewegung nach vorne: Sie fielen und fielen und fielen durch die Luft in den Abgrund. Schließlich stürzten sie in den Sand. Man sah nur eine Wolke aus Staub und Rauch. Und dann die Pferde, wie sie langsam aufstanden und schließlich davongaloppierten, auf ihren Rücken die Krieger, die noch immer im Sattel saßen.

Eine Freundin, die sich mit Traumdeutung beschäftigt, erläuterte mir den Traum. Sie sagte, daß er das Überleben symbolisiere. Daß ich sowohl Pferd als auch Reiter sei, mich in einer lebensbedrohlichen Situation befunden, aber die Krise überwunden hätte.

Es war mein wichtigster Traum. Als Paula starb, fiel ich ins Leere. Der Traum gab mir die Sicherheit zurück, daß ich wieder aufstehen würde, gleichgültig, was passiert.

Martin Walser

über Leben und Schreiben

Martin Walser, deutscher Schriftsteller, 1927 in Wasserburg am Bodensee als Sohn eines Gastwirts geboren, hat Literatur, Geschichte und Philosophie studiert und über Franz Kafka promoviert. Er arbeitete als Reporter, Regisseur und Hörspielautor beim Süddeutschen Rundfunk, ehe er 1957 mit »Ehen in Philippsburg« seinen ersten Roman veröffentlichte. Viele weitere – unter ihnen »Halbzeit«, »Das Einhorn«, »Ein fliehendes Pferd«, »Seelenarbeit«, »Das Schwanenhaus«, »Ein springender Brunnen« und »Der Augenblick der Liebe« – sind dem gefolgt. Immer wieder sah sich der Schriftsteller im Mittelpunkt der Kritik, zum Beispiel weil er sich viele Jahre lang weigerte, sich mit der Teilung Deutschlands abzufinden. Seine Rede bei der Verleihung des Friedenspreises des Deutschen Buchhandels 1998 in der Frankfurter Paulskirche löste heftige Diskussionen darüber aus, wie mit der Erinnerung an die deutschen Verbrechen in der Nazizeit umzugehen sei. Mit dem Roman »Tod eines Kritikers« wiederum entfachte er im Jahre 2002 eine lebhafte Diskussion in einem Teil der Literaturkritik, die darin eine Verunglimpfung des Kritikers Marcel Reich-Ranicki sah. Der vielfach preisgekrönte Schriftsteller ist verheiratet, Vater von vier – teilweise ihrerseits schreibenden – Töchtern und lebt schon fast sein ganzes Leben lang am Bodensee.

Eine Hotelsuite in der Nähe des Münchner Hauptbahnhofs, neutrale Stätte der Begegnung. »Das ist mir sympathischer«, hatte Martin Walser gesagt und ein Treffen in seinem Haus freundlich verwehrt. Im »Excelsior« wohnt er seit Jahren, wenn er in München ist. Er sitzt auf dem Sofa, Druckfahnen des neuesten Romans auf dem Tisch, das Handy neben sich. Dreimal ist eine der Töchter in der Leitung, ratsuchend, wie er erklärt. Er spricht langsam und überaus leise mit einem süddeutsch-alemannischen Akzent. Mehr als ein Jahr hat es gedauert, bis er dem Interview zugestimmt hat. »Ich bin doch ein Schriftsteller«, hatte er zunächst erschrocken abgewehrt und erläutert, daß er dem gesprochenen Wort mißtraue: »In einem Gespräch bleibt nur die Mitteilung. Schreiben ist der Ausdruck.« Dem sind auch seine großen Themen wie Liebe, Ehe, Alter und Abhängigkeit vorbehalten. Darüber zu sprechen ist nur »Ersatz, Ersatz, Ersatz!«. Immerhin: Über die Erfahrung des Schreibens kann man reden.

Schreiben ist für mich eine Lebensart. Ohne Sprache gäbe es mich nicht. Sie ist für viele Menschen eine Lebensart, nur müssen sie nicht mit dieser Lebensart reflexiv umgehen.

Dagegen habe ich zu dem Wort »denken« keine Beziehung. Ich halte es für ein überschätztes Wort. Es mag Leute geben, die damit etwas anfangen können. Ich nicht. Man kann mir vielleicht vorwerfen, daß ich nicht denken kann, es mag sogar stimmen. Statt zu denken, führe ich ein Selbstgespräch, ein ununterbrochen in Sprache ablaufendes Selbstgespräch, das ich andauernd erlebe, nicht kontrolliere, aber als ablaufendes Gespräch bemerke. Ich habe das auch einmal in einem nicht sehr seriösen kleinen Sprachstück über das Selbstgespräch zu formulieren versucht. Es nennt sich »Platonische Stimmbänder«.

Dafür hat man kein Organ, und trotzdem ist es wie gesprochen in einem. Jeder hat da seinen eigenen Samisdat – so nannte man zu Stalins Zeiten, was man verheimlichen mußte. Und wenn man feststellt, daß man das denkt, was momentan gedacht und gesagt wird, dann hat man keinen Samisdat mehr. Dann hat man keine Persönlichkeit mehr, dann könnte man Bundespräsident sein, habe ich gesagt. Der Bundespräsident sagt immer das, was momentan gedacht und gesagt wird. Wenn ich das als Selbstgespräch in mir entdecken würde, würde ich von mir auswandern, dann gibt es mich nicht mehr. Je größer jedoch der Unterschied ist zwischen mir und dem, was der Bundespräsident sagt, desto mehr merke ich mich. Ich spreche allerdings nicht vom jetzigen Bundespräsidenten. Ich habe es vielmehr in der Zeit von Johannes Rau erlebt, den ich für einen Spitzenpolitiker des harmlosesten Sprachgebrauchs gehalten habe. Ein Schauspieler kann nach der Aufführung seine Frau oder seine Freunde fragen: »Wie war ich?« Das ist für ihn eine sehr wichtige Frage. Er hat zwar seinen Text, aber er möchte doch wissen, wie er ihn übermittelt hat. Nur der Bundespräsident kann, wenn er von seiner Neujahrs- oder Weihnachtsansprache vom Studio nach Hause kommt, niemanden fragen: »Wie war ich?« Weil er so tut, als habe er keine Produktion, sondern die reine Wahrheit und Wesentlichkeit ausgeströmt, da darf man das nicht mehr. Während ich, der ich zu meiner Sprach- und Äußerungsart ein nicht wählbares, riskantes Verhältnis habe, immer fragen muß: »Wie war ich?«, »Wie bin ich?«, »Wie ist meine Daseinsart?«, »Wie läuft meine Sprache?« Weil man das ja nicht in der Hand hat. Ich glaube nämlich nicht, daß man die Sprache beherrschen kann.

Die Sprache beherrscht uns. Ich bin froh, wenn die Sprache mich beherrscht. Ich dürste überhaupt nicht danach, *sie* zu beherrschen.

Das Schönste und das Wichtigste an der Sprache ist der relative Zwang, etwas so oder so sagen zu müssen – die Unwillkürlichkeit. Ich bin ein vollkommener Anhänger des nichtbeherrschbaren Unwillkürlichen. Ich würde meinen sogenannten Beruf gar nicht tun können, wenn ich am Morgen wüßte, was ich schreiben werde. Jetzt übertreibe ich ein bißchen, denn es gibt natürlich auch Planerfüllungen und Lückenstopfen und so etwas, aber im Grunde genommen ist alles unerwartbar. Trotzdem ist die Unerwartbarkeit nicht beliebig. Dahinter steht eine verborgene Notwendigkeit. Ich korrigiere zum Beispiel gerade an meinem letzten Roman herum und habe gemerkt, da sind vier Zeilen, die sind wirklich nicht gut. Und dann schaue ich nach, woher diese vier Zeilen kommen, und stelle fest: die habe ich nachträglich hineingebaut, weil ich gedacht habe, sonst ist da ein zu großer Sprung. Also habe ich – wie ein schlechter Ingenieur – eine Brücke gebaut, und die war natürlich total willkürlich, weil sie nicht von selber gekommen ist, sondern weil ich sie gemacht habe. Und ich bin kein zuverlässiger Macher. Ich bin angewiesen auf das Unwillkürliche.

Am liebsten möchte man für das, was man geschrieben hat, den Status der Nichtzurechnungsfähigkeit beanspruchen und sagen: »Ich kann nichts dafür.«

Es gibt einen Satz von Fichte, den schaffe ich natürlich nicht ganz wörtlich, aber der heißt so ähnlich wie: Erfahrung ist das System der mit Notwendigkeit verbundenen Vorstellungen. Das heißt: Erfahrung ist ganz und gar unfreiwillig und höchst notwendig. Du kannst dir Erfahrung nicht aussuchen. Auch nicht, ob bei dir etwas zu einer Erfahrung wird.

Erfahrung, das sind ganz bestimmte Erlebnisarten, die zu einer Erfahrung werden. Du kannst meine und ich kann deine Erfahrung nicht machen. Erfahrung ist etwas Höchstpersönliches, es ist ein anderes Wort für Sprache. Oder ein ganz zuverlässiges Ergänzungswort für Sprache. Ich habe ein Buch geschrieben mit dem Titel »Meßmers Reisen«, da heißt der erste Satz »Phantasie ist Erfahrung«. Sie ist das Ergebnis von vielfältiger, zutiefst eingedrungener Erfahrung. Und hat deshalb diese Notwendigkeit und diese Unwillkürlichkeit. Deswegen ist Nietzsche so ein wichtiger Autor für mich: Alles, was er schreibt, strotzt von Erfahrung. Er ist der größte Impressionist, der größte Erfahrungsimpressionist, den es gibt.

Also, Sprache ist erfahrungsabhängig. In ihr gibt es eine Abteilung, die nenne ich Vokabular. Das ist nicht erfahrungsabhängig, Vokabeln kann man nachschlagen, zusammenbasteln, noch mal wenden. Da kann man sehr intelligent und meinetwegen interessant verfahren, aber man braucht keine Erfahrung. Man kann über das Alter schreiben ohne jede Erfahrung, nur mit dem Vokabular der Soziologie und den Zahlen. In einem Roman von mir gibt es den Satz:

»Wer ein Jahr jünger ist, hat keine Ahnung.«

Bei anderer Gelegenheit habe ich geschrieben: »Die Soziologie wurde nur erfunden, damit man ohne Erfahrung schreiben kann.« Hunderttausende lesen das ja gern. Ich kann es überhaupt nicht lesen, auch wenn ich mir Mühe gebe. Die Schriften des jüngeren Marx zum Beispiel sind voller Erfahrung, und sei es nur im syntaktischen Temperament und in den komischsten Wörtern, man spürt, daß es die Erfahrung ist, die ihn drängt, so zu schreiben. Er ist kein Soziologe, aber viele nach ihm sind einfach nur Soziologen. Sie haben zwar vielleicht eine Erfahrung und deswegen eine Meinung und deswegen eine Tendenz und wollen sie zum Ausdruck bringen, aber sie bringen sie zum Ausdruck mit Hilfe von Wörtern, die erfahrungsarm bis erfahrungslos auf mich wirken. Brutal deutlich wird das in der Theologie. Der großartige Theologe Karl Barth schrieb am Anfang tolle Sätze über die Schwierigkeit, von Gott zu reden, aber je älter er wurde, desto mehr hat er sich der Theologie und der Christologie gefügt. Vorher hat es ihn empört, wie in der Theologie und der Christologie geschrieben wurde. Aber später schreibt er Sätze über Gott und Christus und deren Präsenz rein aus dem Vokabular der Theologie. Er hat unterwegs die Erfahrung verloren.

Mein Umgang mit der Sprache hat sich entwickelt, das kann ich feststellen, aber nur sehr nachträglich, mit dem Abstand von 20 Jahren mindestens. Ein paar Stadien habe ich erkennen können. Es ist ja nicht vorstellbar, daß jemand schreibt, ohne gelesen zu haben, und ich habe immer gelesen.

> Meine beiden großen Spracheinflüsse am Anfang waren einmal die Religion in all ihren Sprachlichkeiten, den gelesenen, gesprochenen und gehörten, und dann Karl May.

Danach kamen ganz schnell Gedichte. Also Schiller, Hölderlin und Nietzsche, der Zarathustra. Ein weiterer Einfluß war Dostojewskis »Die Brüder Karamasow«. Danach, mit 19, Kafka, »Die Verwandlung«, und die nächsten fünf Jahre nur Kafka und damit die Entwertung aller anderen Lektüre. Außer Faulkner hat keiner bei mir die Kafka-Zeit überlebt. Anschließend war es zwei Jahre lang Proust, und damit war die sprachliche Entwicklungszeit sozusagen zu Ende. In der Kafka-Zeit konnte ich mich hinsetzen und hatte einen Satz, und der lief eben, bis die Geschichte fertig war. Das hörte dann auf. Ich merkte, daß man in dieser parabelhaften Art keinen Roman mehr schreiben kann. Ich mußte mich deshalb aus dieser risikolosen, selbstlaufenden Parabelfabrikation befreien und habe mich mit Hilfe des Lehrmeisters Proust entwickelt, bis ich 30 war. So lange ging das bei mir, ich bin ja ein Langsamer. Da hatte ich dann das Gefühl, ich kann jetzt nichts mehr lernen. Das heißt nicht, daß ich alles kann, sondern nur, daß ich mich als nicht mehr prägbar empfunden habe.

Danach habe ich auch keinen mehr so gierig gelesen wie die Lehrmeister vorher. Ich habe eine Zeitlang alles geschrieben, auch Stücke, ich habe einfach Dialoge schreiben müssen. Und Gedichte. Aber Entwicklungsstadien, die ich als solche bezeichnen würde, habe ich seither nicht mehr gehabt.

Etwas ganz anderes sind »Meßmers Gedanken« und »Meßmers Reisen«. Sie stellen keine neue Entwicklung dar, sondern Schreiben als Lebensart. Ich habe Tagebücher geschrieben als Schreiberprobung in jeder Lebenslage. Ich habe nicht aufgeschrieben, ob ich Magenschmerzen oder der Bundespräsident eine neue Frisur hatte, sondern Beobachtungen, die ich gemacht und bei denen ich mir gesagt habe, das muß man schreiben können. Zum Beispiel eine bestimmte Geste des Schaffners in der Eisenbahn beschreiben oder eine Kellnerin oder den Mond oder mich. Egal, was der Anlaß war. Es sind in ihrer Hingeschriebenheit vollkommene Sätze, sie könnten nicht besser sein, sage ich jetzt mal. Und das wurde auch in den meisten Kritiken sehr gut verstanden. Auf diese Schreiberprobungen habe ich bei »Meßmers Gedanken« und »Meßmers Reisen« zurückgegriffen.

In einem Roman kann man nicht jeden Satz zu einem solchen Ausdruck bringen wie in diesen einzelnen, von der Wirklichkeit provozierten Hingeschriebenheiten. Zu einem Roman, da gehört auch eine gewisse Demut und hin und wieder eine Beschränkung auf eine relative Ausdrucksarmut über eine halbe Seite. Deswegen hat doch Paul Valéry, glaube ich, gesagt, er kann keinen Roman schreiben, weil er es nicht über sich bringt, hinzuschreiben »Um halb fünf ging die Marquise ins Café«. Der Roman hat eine eigene Existenztemperatur. Wenn die Marquise um halb fünf die Wohnung verläßt und über die Straße geht, und wenn es der richtige Roman ist, dann macht sie ganz schön etwas mit, und das läßt sich sehr wohl erzählen. Das kann man bei Dostojewski sehen. Ohne Sprachkünstlertum betreibt er eine so intensive Existenzerschließung! Und manche seiner Romane haben Hunderte von Figuren. Aber jede Figur ist intensiv, weil sie etwas anderes und auf andere Art als die anderen erleidet. Und alle Figuren werden vom Autor so ernst genommen, daß wir als Leser sehen, wie wenig ernst wir andere Menschen nehmen. Diese Daseinsintensität bleibt die Chance des Romans für immer. Nur in der Sprache des Romans entfaltet sich das Innere eines Menschen als Geschichte. Es kann gelingen, daß man das Leben eines Menschen zu einer ganz bestimmten Zeit und damit diese ganze Zeit durch nichts so exemplarisch erfahren kann wie durch einen Roman. Wenn ich den »Hesperus« von Jean Paul lese, begreife ich viel mehr von dieser Zeit als durch jede andere Mitteilungsart. Also, ich will nur sagen, daß ich mir die Welt eben nicht romanlos vorstellen kann.

Romane sind die wirklichen Geschichtsbücher, die Bücher der wirklichen Geschichte.

Ich schreibe immer alles mit der Hand. Und ich schreibe akustisch. Wenn ich das dann hinterher sehe, vor allem die Orthographie, dann zeigt mir das manchmal, in welchem intellektuellen Zustand ich beim Schreiben gewesen sein muß. Dann denke ich, um Gottes willen, das darfst du niemanden sehen lassen. Das liegt daran, daß ich nicht in Bildern schreibe, die ich sehe, sondern in Sprache, die ich höre. Ich schreibe dem Gehörten nach. Es ist nicht ein richtiges Gehörtes, es sind eben die platonischen Stimmbänder. Und das Ergebnis ist dann auf lächerliche Weise oft nicht korrekt im Hinblick auf Orthographie und andere Vorschriften. Ich merke dann, daß ich mich auf etwas anderes konzentriert hatte, auf den Schreibfluß oder eine Stimmung. Ein Satz taucht ja von alleine auf und muß hingeschrieben werden, denn in zehn Minuten kriegst du ihn nicht mehr. Wenn du in einem Roman bist, und du erwachst in der Nacht, sind sofort deine Figuren da und deine Sätze. Früher habe ich gedacht, diesen Satz merke ich mir jetzt und schreibe ihn am Morgen auf. Aber das hat nicht funktioniert. Jetzt bin ich nicht mehr so naiv. Jetzt weiß ich, daß ich, wenn ich nachts um zwei eine Figur mit einem Satz bedienen muß, mich durch keine Trägheit davon abhalten lassen darf. Ich habe jetzt einen Schreiber mit Licht und schreibe den Satz hin.

Das Schreiben ist ein illusionistisches Gewerbe. Für mich ist jedenfalls die Zeit, in der ich schreibe, die Lebenszeit schlechthin. Wenn ich fertig bin mit einem Roman, muß ich Korrektur lesen und ein paar durch den Auftragsstau entstandene Verpflichtungen abarbeiten. Aber dann sehne ich mich schon nach dem nächsten.

> Ich habe viel mehr Romanbedürfnisse, als ich realisieren kann. Das ist ja auch gut. Die habe ich dann als Pläne. Ich hinterlasse einen Plänefriedhof.

Drei Projekte stehen konkret an. Eines heißt »Das Titelbild«, eines »Der Gefangene« und eines »Bayreuth-Novelle«.

Meine Figuren sind beim Schreiben nicht von Anfang an da. Ich habe mal gelesen, daß Heinrich Böll Tafeln hatte, die er mit Papier bespannte und darauf in mehrfarbigen Kurven die Figurenentwicklungen aufzeichnete oder so ähnlich. So etwas ist für mich unvorstellbar. Ich habe ein Bedürfnis nach einer oder zwei Figuren, und die müssen sich dann entwickeln bis zur Selbständigkeit. Eine Romanfigur hat eine Deutlichkeit, die kein wirklicher Mensch haben kann. Die kann auch eine Peinlichkeit haben und eine Unanständigkeit, die hat sich dann eben so entwickelt. Es gibt Leser, die halten den Roman für einen Tatsachenbericht. Selbst intelligentere Leser unterstellen einem Autor, daß er alles gemacht hat, was er schreibt. Das ist lächerlich, aber dagegen kann man nichts tun.

Auch Literaturkritiker verwechseln manchmal die Fiktion mit der Wirklichkeit. Ein peinliches Beispiel habe ich mit Marcel Reich-Ranicki und meinem Roman »Tod eines Kritikers« erlebt. Er war das Vorbild für meine Figur. Diese Figur ist dann selbständig geworden, aber er hat es nicht so verstanden. Ich habe ihn groß gemacht, gesellschaftlich groß, habe ihn hineingeschrieben in eine Megaexistenz auf höchster Ebene – wie Kennedy, Chaplin, Franz Josef

Strauß –, aber er war nichts als beleidigt. Natürlich war der Anlaß für mich auch ein Entschädigungsbedürfnis, aber das war nicht das Hauptmotiv. Ich könnte nicht eine Romanfigur schreiben, ohne sie zu lieben.

Ich könnte nicht aus Haß oder Häme schreiben. Ich muß die Figuren lieben, lieben, lieben, nur deswegen verbringe ich soviel Zeit mit ihnen, sozusagen Tag und Nacht.

Ich will ihnen die äußerst mögliche Existenz erschreiben. Eine Existenz, die es in der Wirklichkeit nicht gibt, die aber jeder Mensch in sich als unerlöste, nicht ausgedrückte Existenz hat. Das gilt auch für den »Tod eines Kritikers«. Aber es ist nicht bemerkt worden.

Schreiben ist der beste Zustand, den man als Schriftsteller haben kann. Das Anfangen ist notbehaftet. Weil man aus einem einzigen Bedürfnis besteht, aber nichts in der Hand hat als das Wollen oder Wollenmüssen und weil man die Sprache nicht beherrschen kann. Das dauert so lange, bis man merkt, daß das Geschriebene lebt. Es kann sein, daß man zuerst keine Tonart hat für die Figur. Und dann schreibt und schreibt man und merkt, das kann es doch nicht sein. Und dann mußt du vielleicht stoppen und neu anfangen. Aber wenn man die Tonart hat, dann weiß man, es geht. Das ist eine Ausdrucksart, und die hält sich. Dann kann man den Roman schreiben. Natürlich müssen die Figuren sich noch entwickeln. Sie machen am Anfang eines Romans oft Sachen, die man wieder rausstreichen muß, weil die Figuren, zu denen sie nachher geworden sind, das nicht tun würden. Daran merkt man auch, daß die Figuren eine Entwicklung haben. Man stellt diese Entwicklung selber her, aber man muß sie auch entdecken.

In der Zeit, in der ich einen Roman schreibe, bin ich hyperempfänglich. Mir darf dann gar nichts in die Quere kommen, sonst kommt es in den Roman hinein. Und das muß man dann auch wieder rausstreichen.

Wenn man ihn fertig geschrieben und abgeliefert hat, dann merkt man, daß der Roman doch nicht so fertig ist, wie es den Anschein hatte. Man feilt an jeder einzelnen Figur herum und gibt die Änderungen weiter. Dann kommt eine Zeit, wenn es nicht mehr geht, und dann ist Schluß. Dann muß man die Figuren entlassen und sehen, wie andere Leute darauf reagieren. Viele Leser schreiben mir. Ohne diese Leserbriefe, sage ich jetzt mal, auch wenn es übertrieben ist, könnte es mich nicht geben. Die Leser erzählen mir viele Seiten lang ihre Geschichte. Sie sprechen nur von sich, durch mich. Lesen in meinem Buch ihr Buch. Das ist fabelhaft. Die reine Freude.

Genauso ist es mit den Kritikern, auch mit denen, die gegen mein Buch sind. Auch sie lesen in meinem Buch ihr Buch. Und jeder hat das Recht, sein Buch zu lesen. Ob er meinem Buch dann zustimmt oder nicht, ist seine Sache. Er hat das Recht, mich so zu verstehen, wie er mich versteht. Es ist dann nicht mein Verständnis meines Buches, sondern sein Verständnis. Im großen und ganzen kann man sich in Deutschland da wirklich nicht beklagen, denn das Feuilleton, in dem die Kritik stattfindet, kann nie besser gewesen sein. Es gibt hier keine politische oder sonstige Voreingenommenheit, die die Aufnahme eines Romans aus dem Bereich des Erträglichen hinauskatapultieren würde. Das war einmal. Von 1960 bis 1980 etwa. Ich finde die sogenannte kritische Verarbeitung eines Romans in unseren Gegenden jetzt durchaus imponierend. Ich habe auf jeden Fall sehr schöne, gescheite Sachen da gelesen. Es ist, wie wenn man herrliche Krawatten geschenkt bekommt zu Anzügen, die man nicht hat. Man hängt sie in den Schrank und freut sich dran. Gut, ich habe auch zwei Kritiken erlebt, die man »böse« nennt: Sieburg im Jahre 1960 über »Halbzeit« und Reich-Ranicki 1976 über »Jenseits der Liebe«. Es waren politische Sanktionen, die sich ästhetisch legitimierten bzw. tarnten. Das muß man dann einfach aushalten können.

Als Frank Schirrmacher vor zwei Jahren in der FAZ kritisch über meinen Roman »Tod eines Kritikers« geschrieben hat, noch bevor das Buch überhaupt ganz da, also im Handel war, geschah das aus Alarmismus. Er hat Alarm geschlagen. Ich kann ihm dabei sogar das Motiv zubilligen, daß er es gut gemeint, auf jeden Fall für notwendig gehalten hat. Was weniger erträglich war, waren die Folgen: Wie die Opportunisten in die Tonart, die Schirrmacher angeschlagen hatte, eingestimmt haben, das war nichts als Zeitgeisthysterie. Das muß man halt geschehen lassen, dagegen ist nichts zu machen.

Produktionsbedingung für Sprache ist der Mangel. Daß einem etwas fehlt, das bringt man zum Ausdruck.

Es muß etwas fehlen, damit ich schreibe. Aber das gilt nicht nur für mich. Ich glaube, daß der ursprünglichste Laut- und Sprachanlaß nicht das sogenannte Glück oder so etwas war, sondern der Schmerz. Also: Mir fehlt etwas, und dann schreibe ich, und das läßt mich dann den Mangel ertragen. Indem ich zum Beispiel in meinem Roman »Ein springender Brunnen« über das Leben in meinem Heimatdorf geschrieben habe, das es nicht mehr gibt, habe ich es für mich gerettet. Und damit auch ein Stück meiner Kindheit.

Das gilt auch für andere Themen, vor allem für die, die sich bei mir wiederholen, wie Macht, Anpassung, Abhängigkeit, Liebe, Ehe. Ich habe einen Roman geschrieben mit einem Chauffeur als Hauptfigur, weil mir vorkam, daß man die Abhängigkeit und die Deformation durch Abhängigkeit in diesem Beruf besonders erleben kann. Ich habe Erfahrungen in Abhängigkeit gemacht. Außerdem habe ich die Abhängigkeitserfahrungen meiner Verwandtschaft erlebt. Abhängigkeit ist eine der wichtigsten Mangelqualitäten für mich. Daraus entsteht dann eben eine exemplarische Romanfigur.

Wenn du nicht schreibst, bist du allen möglichen Arten der Machtausübung ausgeliefert und von vielem abhängig. Du bist zuwenig du selbst, weil du immer nur der Reagierende und im Grunde genommen der tätigkeitslos Leidende bist. Wenn du dagegen schreibst, kannst du die Abhängigkeit ausdrücken. Dann wirst du vom Objekt, das du warst, zu einem Subjekt, denn du hast die Abhängigkeit verfügbar gemacht. Es ist etwas anderes, wenn du auf diese Weise mit ihr spielen kannst, als wenn du nur ein stummer Depp bist, der nur darunter leidet. Deshalb bin ich als Schriftsteller besser dran als meine Romanfigur. Dennoch ist auch für mich Unabhängigkeit *die* Utopie. Ich sage Utopie, denn ich werde sie nie erreichen.

Schiller und die Seinen hätten das Freiheit genannt, aber da mit dem Wort Freiheit inzwischen so viel passiert ist, fühle ich mich berechtigt, es durch Unabhängigkeit zu ersetzen.

Peter Zadek

über Spannung

Peter Zadek, geboren 1926 in Berlin, deutscher Theater-Regisseur; im Jahre 1933 mit seinen Eltern nach England emigriert und 1958 nach Deutschland zurückgekehrt, macht er seither ebenso umstrittene wie erfolgreiche Inszenierungen und war dreimal – in Bochum, Hamburg und Berlin – Intendant. Als Deutscher in England, als Jude in Deutschland und als Provokateur auf dem Theater ist er lebenslang Außenseiter geblieben und hat der Anpassung die Auflehnung und die persönliche Distanz vorgezogen. Er lebt immer da, wo er gerade inszeniert, und im Sommer in den grünen Hügeln nördlich von Lucca.

Er liegt auf dem Sofa in der Salla seines italienischen Hauses, blinzelt in die Sonne, die durch die halbgeschlossenen Fensterläden scheint, sieht dann aufs Tonband, ob es funktioniert, ist völlig entspannt, zugleich hochkonzentriert. Er hat alle aus dem Raum geschickt, damit sie nicht stören, Lebensgefährtin Elisabeth Plessen ebenso wie die Wochenendgäste und die beiden Promenadenmischlingshunde aus der Nachbarschaft, die sonst durch Haus und Garten streichen, als gehörten sie hierher. Worüber wollen wir reden? Über Subjektivität und Objektivität? Über Spannung? Ja, Spannung. »Das paßt«, sagt Zadek.

Das Beste am Leben ist, daß es spannend ist. Spannend ist alles, was nicht vorhersehbar ist. Ich finde das Leben völlig unberechenbar. Deshalb ist es das Spannendste, was es überhaupt gibt. Sogar spannender als Kunst. Mit den Mitteln der Kunst versuchen die Menschen nur, einen Teil vom Leben festzuhalten und überschaubar zu machen. Damit reduziert sich schon die Spannung.

Kunst hat immer das Bestreben, Form herzustellen, nicht, Form zu zerstören. Keinesfalls geht Kunst davon aus, daß es keine Form gibt. Ich dagegen gehe genau davon aus. Form in der Kunst ist immer nur ein Rettungsmanöver der Menschen.

Klar, die meisten Menschen sind nicht so wie ich. Ich kann mir natürlich vorstellen, daß viele Theaterbesucher etwas ganz anderes wollen, nämlich etwas wiederfinden, was sie schon kennen: also von der Kunst bestätigt und nicht geärgert oder in Frage gestellt werden. Die Millionen, die in Hollywoodfilme gehen, tun das nicht, weil sie etwas Neues erleben wollen. Sie wollen sich zwar aufregen, aber nur auf einer Schiene, die sie schon kennen. Das ist etwas, was bei mir nicht funktioniert.

Bei mir funktioniert nur, was geheimnisvoll ist – und bleibt. Danach unterscheide ich einen *normalen* Schauspieler von einem *großen* Schauspieler. Der normale spielt so, wie man es von ihm erwartet. Der große Schauspieler wandelt sich. Du weißt nie, was er als nächstes machen wird. Kann sein, daß er zu schreien anfängt und sich auf den Boden wirft. Oder daß er alles verändert durch einen neuen, nie gesehenen Blick. Bei den meisten Schauspielern passiert statt dessen etwas, was man schon kennt. Sie werden so gedrillt, daß sie einem nur das Vorhersehbare anbieten. Mit ihnen zu arbeiten ist wie Trambahnfahren: Du steigst ein, kennst die Strecke und weißt genau, wo du ankommst. Das langweilt mich.

> Daß ich das Unvorhersehbare suchen und zulassen kann, hat nichts mit Sicherheit zu tun: Ich bin gar nicht so sicher. Was mich antreibt, ist die Lust am Spiel. Vielleicht bin ich in dieser Beziehung wie ein Kind: Ich will experimentieren.

Ohne Routine. Wenn Kinder spielen, folgen sie nicht den Denkregeln der Erwachsenen. In ihren Spielen kann deshalb unendlich viel passieren. Ein fünfjähriger Junge setzt sich eine Mütze auf und sagt: »Ich bin jetzt der König von Lusitanien.« Dann nimmt er die Mütze ab, setzt einen Damenhut auf und sagt:

»Ich bin Königin Viktoria.« Und danach geht er vielleicht auf allen vieren als Bär davon. Im Gegensatz dazu tun Erwachsene so, als hätte alles seinen guten Grund und ein vorhersehbares Resultat. Das stimmt aber nicht: Das Leben hat oft gar keinen erkennbaren Grund, und das Resultat ist meistens ganz anders, als man es erwartet.

Spielen ist für mich Experimentieren: Menschen ausprobieren, Situationen ausprobieren. Das mache ich ein bißchen auch im Leben, aber vor allem auf der Bühne. Die Bühne ist für mich der Ort, wo ich meiner Phantasie freien Lauf lassen und vieles machen kann, wozu ich im Leben nie den Mut hätte. Das Tolle ist, daß man auf der Bühne ganze Welten herstellen kann, sogar Welten, die man gar nicht mag, die man ablehnt oder die einen anekeln würden. Man stellt sie auf die Bühne – nicht, weil sie einem besonders gefallen, ganz im Gegenteil, sondern weil man sich mit ihnen auseinandersetzen möchte. Mit dem Phänomen Haß zum Beispiel. Oder mit Krieg. Oder mit Krankheit. Krankheit finde ich schrecklich, nicht nur meine eigene, sondern auch die von anderen Leuten. Damit habe ich mich auf der Bühne oft auseinandergesetzt. Da hat sie ja glücklicherweise keine Konsequenzen. Wenn dort ein Schauspieler an einer Krankheit stirbt, steht er hinterher wieder ganz gesund auf, sagt »See you tomorrow« und geht weg.

> Dieses permanente Überleben ist wunderbar. Die Bühne hat gegenüber dem Leben den großen Vorteil, daß es immer ein »See you tomorrow« gibt.

Als Kind ich habe ich immer gesagt, daß ich mich langweile. Unter anderem natürlich deshalb, weil es auf meine Mutter Eindruck machte und wir dann etwas unternommen haben. Wir sind ins Kino gegangen oder so. Ich erinnere mich, daß ich eines Tages mit dem Fahrrad aus der Schule kam und meine Mutter mit Tränen in den Augen an der Tür stand. Sie sagte, der Krieg sei ausgebrochen und daß ich mich jetzt sicher nicht mehr langweilen würde. Den Krieg habe ich dann aber nicht als spannend, sondern eher als bedrohlich empfunden.

Rückblickend weiß ich eigentlich gar nicht, ob der Begriff Langeweile so zutreffend ist. Was ich so genannt habe, war ein Gefühl der Ungeduld, war die Empfindung, daß etwas passieren müßte, daß etwas weitergehen und ich erwachsen sein müßte.

Aber vielleicht brauche ich auch eine größere Spannung im Leben als andere Leute. Nicht nur in mir selbst. Auch von außen. Ich will immer angemacht werden. Wenn das nicht passiert, haue ich ab.

Auch in privaten Beziehungen haue ich ab, logisch. Ich habe immer sehr lange, sehr enge und sehr intime Beziehungen zu Frauen gehabt, etwas anderes interessiert mich nicht. Ich werde in eine Beziehung sehr heftig hineingesogen und kann das auch zulassen, aber ich muß wissen, daß ich weg kann.

Die Tatsache, daß man morgens aufsteht, zusammen frühstückt, die Frau in der Küche steht und das Essen macht – die Überschaubarkeit des Alltags also, wenn die Beziehung zur Routine wird –, davor habe ich schreckliche Angst. Routine langweilt mich.

Ich lebe jetzt seit 26 Jahren mit Elisabeth Plessen zusammen. Von ihr bin ich noch nie abgehauen. Ich habe sie ein paarmal rausgeworfen, aber abgehauen bin ich nie. Das liegt daran, daß unsere Beziehung eine ganz besondere ist und Elisabeth kein Mensch, der einen vereinnahmt. Sie hat gelernt, Abstand zu halten. Manchmal vielleicht sogar zuviel. Trotzdem lebe ich immer mit gepacktem Koffer. Das hat aber nichts mit Elisabeth, sondern mit dem Krieg zu tun. Meine Eltern, mein älterer Bruder und ich sind 1933 nach England emigriert. Mein Vater mußte damit rechnen, dort interniert zu werden. Deshalb stand immer sein gepackter Koffer bereit. Meine Mutter hatte Rollschuhe daran geschraubt, damit er nicht so schwer daran schleppen müßte. Koffer mit Rollen gab es damals noch nicht. Mein Vater hat dann Glück gehabt, er wurde nicht eingezogen. Weshalb ich diese Angewohnheit mit dem gepackten Koffer übernommen habe, weiß ich nicht. Vielleicht, weil ich mein Leben lang das Gefühl brauchte, im Zweifelsfall schnell weg zu können. Deshalb ist auch mein Auto so wichtig für mich, viel wichtiger als meine Wohnung. Meinen Autoschlüssel habe ich immer bei mir.

Wenn das Auto mal in der Werkstatt ist, macht mich das unsäglich nervös, auch wenn ich es gar nicht brauche. Ich habe immer das Gefühl, es könnte ja sein, daß ich morgen früh abhauen muß. Oder will. Ich möchte immer imstande sein zu sagen: »Tschüs.«

Ich habe mich früher oft verliebt. Bei den Frauen vor Elisabeth hat sich dieses Gefühl nie in etwas anderes verwandelt. Wenn die Verliebtheit weg war, bei der Frau oder bei mir, blieb nur Routine übrig, und dann war es aus. Dann hatte die Beziehung so etwas wie den Geruch von gekochtem Weißkohl. Bei Elisabeth war es anders. Dabei fand ich sie zuerst ganz schrecklich. Ich fand, daß sie so eine Frontkämpferin des Feminismus war und im Fernsehen emanzipiertes Zeug quatschte. Aber daß ich sie schrecklich fand, hat mich auch interessiert. Ich habe mich dann in sie verliebt. Und dieses Gefühl ist nie verlorengegangen, im Gegenteil: Es ist etwas dazugekommen, Freundschaft und eine andere Art von Liebe, von der ich vorher nur theoretisch wußte. Und die immer noch spannend ist, vermutlich, weil Elisabeth ihr Geheimnis behalten hat. Ich versuche immer dahinterzukommen. Doch glücklicherweise gelingt es mir nie ganz. Würde es mir gelingen – wäre ich weg. So habe ich, wenn ich mit ihr zusammen bin, manchmal das Gefühl von Ewigkeit.

Das passiert natürlich selten. Zuweilen auch, wenn ich Musik höre. Oder wenn wir Auto fahren: Da stelle ich mir manchmal vor, ich sei in einer Raumkapsel. Oder wenn ich inszeniere. In bestimmten Phasen vergesse ich einfach die Zeit. Ich arbeite und arbeite und werde auch nicht müde. Und meistens machen die Schauspieler das mit, weil sie in die gleiche Spannung geraten. Trotzdem arbeite ich nicht mehr mit der gleichen Energie wie früher. Ich verkrafte die Pausen schlechter. Sie reißen mich zu sehr aus der Arbeit heraus. Wenn wir aufhören, falle ich um, bin total ausgesogen und nicht mehr ansprechbar. Ich gehe dann nach Hause und lege mich erst mal drei Stunden hin. Früher hatte ich die Kraft, nach einer Tasse Kaffee einfach weiterzumachen.

Es gibt aber auch positive Veränderungen, wenn man älter wird. Ich fühle mich viel unbelasteter als früher. Der grundsätzliche Erfolgszwang ist weg. Das gibt mir eine ungeheure Freiheit, soviel zu experimentieren, wie ich will. Ich habe im »Peer Gynt«, den ich 2004 inszenierte, soviel experimentiert wie noch nie in meinem Leben. Da ist zum Beispiel eine Szene, für die ich mit meinem Bühnenbildner, Karl Kneidl, so etwas wie ein Schiff vorgesehen hatte. Aber bevor wir das realisiert hatten, fiel mir ein, daß man das auch mit den Schauspielern herstellen könnte. Und als ich dann das Meer brauchte, habe ich 20 Leute auf den Boden gelegt, die rollten sich hin und her und waren das Meer. So etwas hätte ich vor ein paar Jahren nicht gemacht: Ein ernsthafter Regisseur tut so etwas nicht. Diese Freiheit ist ein großer Vorteil des Alters. Auch meine Einstellung zum Erfolg hat sich geändert. Zunächst mal war natürlich wichtig, *daß* ich Erfolg hatte. Auf der künstlerischen Ebene hatte ich ihn schon ziemlich früh, so mit Mitte 30. Dann wollte ich auch noch finanziellen Erfolg haben. Der kam dann in den 80er Jahren, da war ich Ende 50. Seitdem war Erfolg nicht mehr so wichtig. Da konnte ich mir auch mal einen Flop leisten, ohne daß der meine Karriere beeinträchtigt hätte. Es ist natürlich auch jetzt noch schön, Erfolg zu haben. Er strahlt aus, und die Leute kommen von weither, um das Stück anzusehen.

Natürlich ist Erfolg nicht identisch mit gut. Überhaupt nicht. Bei »Rosmersholm« von Ibsen kam beides zusammen: Die Aufführung war erfolgreich, und ich fand sie auch gut. Damit war für mich dann meine 30jährige Arbeit an Ibsen – so lange beschäftige ich mich schon mit ihm – auch abgeschlossen. Generell hüte ich mich davor, Erfolg mit Qualität gleichzusetzen. Man muß dem Erfolg sogar mißtrauen. Vor ungefähr 20 Jahren hat Hans Magnus Enzensberger einmal zu mir gesagt: »Weißt du, Peter, du hast jetzt schon so lange Erfolg, stört dich das nicht? Du mußt doch langsam das Gefühl haben, du machst irgend etwas falsch.« Er hatte recht. Wenn man lange großen Erfolg hat und die Leute in Massen in die Aufführungen kommen, dann muß man sich fragen, ob das, was man macht, nicht vielleicht zu gefällig oder zu verbindlich ist.

Mein Umgang mit Kritik hat sich im Laufe der Zeit geändert, sehr sogar. Ich hatte zwar immer ein lockeres Verhältnis dazu und habe mich schon lange auch an vernichtende Kritiken gewöhnt, aber ab der Mitte meines Lebens hat Kritik so gut wie keine Rolle mehr für mich gespielt. Übrigens auch nicht für mein Publikum. Die Leute sind auch bei schlechten Kritiken gekommen. Sie haben's gut gefunden oder schlecht, haben applaudiert oder »Buh!« geschrien, das war mir schnurz. Wichtig ist nur, daß sie gekommen sind.

Ich bin manchmal gefragt worden, wie man sich fühlt, wenn die Leute »Buh« schreien, was sie bei mir ja oft getan haben. Ich kann nur sagen: Es ist ein absolut gutes Gefühl! Ich erinnere mich, daß bei den Berliner Festspielen vor vielen Jahren eine alte Frau auf mich zukam und sagte: »Sind Sie nicht Herr Zadek?« Als ich bejahte, fing sie an zu schimpfen: »Sie haben doch diese ekelhafte Inszenierung von ›Maß für Maß‹ gemacht, das war die gräßlichste Aufführung, die ich je gesehen habe.« Darauf ich: »Aber gnädige Frau, das ist doch 30 Jahre her!« Und sie: »Ja, schon möglich, ich jedenfalls rege mich immer noch darüber auf!« Also, das ist doch das Tollste, was man sich als Regisseur wünschen kann!

Mir ist es egal, ob man positiv oder negativ auf mich reagiert. Das einzige, was wichtig ist, ist, *daß* die Leute reagieren.

Einen anderen Stellenwert hatte der Erfolg für mich, als ich Intendant war. In diesen Zeiten habe ich immer eine starke Verantwortung empfunden, ich war ja nicht nur für mich und meine Regiearbeit verantwortlich, sondern für 350 Leute. Da war es wichtig, Erfolg zu haben.

In den Zeiten als Intendant fühlte ich mich auch in anderer Hinsicht eingeschränkt. Ich fand meine Regiearbeit kompliziert, weil das Verhältnis zu den Schauspielern schwieriger war. Wenn ich einen Schauspieler in meiner Funktion als Regisseur kritisiere, dann weiß er, meine Kritik hat nur mit der Arbeit zu tun. Wenn ich aber gleichzeitig Intendant bin, dann gerät diese

Kritik in einen Bezug zu seinem Vertrag, seiner Existenz, seiner Familie. Sie verliert die Reinheit, die sie während der Arbeit an einem Kunstwerk haben müßte.

Die Tür, die zum Garten und zum Schwimmbad führt, öffnet sich leise. Herein kommt, in Hut und Badehose, ein Hausgast und macht Anstalten, den Raum zu durchqueren. Auf dem Fuße folgt ihm eine junge blonde Frau im Bikini, ein gelbes Tuch um die Hüften. Zadek zieht die Augenbrauen hoch. »Kinder«, sagt er langgezogen und mit gequälter Stimme, »es geht nicht! Wir arbeiten!« Die Gäste ziehen sich wieder in den Garten zurück. Nach einer kurzen Pause nimmt Zadek das Gespräch wieder auf.

In der Arbeit war ich immer schon sehr neugierig und sehr geduldig. Aber heute kann ich die Neugierde noch mehr zulassen als früher, weil ich keine Angst mehr davor habe, Chaos zu produzieren und die Sache nicht in den Griff zu kriegen. Deshalb kann ich auch bei den Schauspielern mehr zulassen und geduldiger darauf warten, was sie mir anbieten. Trotzdem: Es gibt in jeder Inszenierung einen Punkt, an dem man als Regisseur entscheiden muß, wie die ganze Sache laufen soll, und diese Entscheidung treffe ich auch. Die Schauspieler wissen das. Sie haben das Vertrauen, daß sie zwar spinnen dürfen, daß aber alles, was sie mir anbieten, am Ende von mir zu einem Ganzen zusammengebracht wird.

> Man könnte sagen, daß meine Fähigkeit, mit dem Chaos umzugehen, in den letzten Jahren gewachsen ist.

Man wird ja immer klarer, je älter man wird, und kriegt eine gewisse Erfahrung, zum Beispiel für die Bedingungen, die man zum Arbeiten braucht. Ich sehe inzwischen sofort, ob ein Schauspieler es schaffen wird oder nicht. Man gewinnt durch die Erfahrung auch eine größere Selbstsicherheit. Die ist nützlich, weil man als Regisseur ja eine große Verantwortung hat. Die übernehme ich allerdings ausschließlich für die Arbeit. Manchmal können Schauspieler das nicht voneinander trennen und wollen mir diese Verantwortung auch für ihr privates Leben übertragen. Das lehne ich ab. Ich habe so gut wie keine Beziehung zu meinen Schauspielern jenseits der Arbeit. Mit Eva Mattes und Ulrich Wildgruber, mit denen ich jahrzehntelang gearbeitet habe, habe ich privat kaum jemals eine Tasse Kaffee getrunken. Ein Grund ist sicher, daß die Schauspieler die Projektionsfläche meiner Phantasie sind. Wenn ich privat zu viel von ihnen weiß, wird die Projektionsfläche von diesen Dingen besetzt. Das schränkt mich in der Arbeit ein.

Ich wollte und will auch keine Vaterfigur sein, wie manche andere Regisseure. Auf keinen Fall.

Schon der Liebhaber einer Schauspielerin zu sein, mit der ich arbeite, ist schwierig. Wenn ich privat einen schlechten Charakterzug an ihr entdecke, dann übertrage ich den sofort auf die Arbeit und umgekehrt. Außerdem bin ich lieber Sohn als Vater. Ich *bin* zwar Vater, ich habe einen Sohn und eine Tochter, und darüber bin ich auch sehr glücklich. Trotzdem – mir liegt die Rolle des Sohnes mehr: Ich habe eben die Erfahrung gemacht, daß man als Sohn sehr beschützt wird.

Vor allem meine Mutter hat mich sehr verwöhnt. Ich erinnere mich, daß ich als kleiner Junge einmal einen Leistenbruch hatte und der Arzt sagte, daß ich nicht schreien dürfe, weil sonst meine Narbe platzen würde. Ich kapierte natürlich schnell, daß ich auf diese Weise eine ungeheure Macht ausüben konnte. Immer wenn ich etwas wollte, begann ich also zu schreien – und bekam es auf der Stelle: ein Schrei, und alles war da. Mir hat es natürlich sehr gefallen, so verwöhnt zu werden: Irgendwie versuche ich seither mein ganzes Leben lang, diesen Zustand wiederherzustellen.

Meine Kindheit spielte sich während der ersten sieben Jahre in Berlin ab, wo ich geboren bin. 1933 ist mein Vater mit der Familie nach England emigriert, 1958 kam ich wieder nach Deutschland zurück. Als Deutscher in England, danach als Jude in Deutschland war ich ein Außenseiter. Später auch im Theaterbetrieb. Also mein Leben lang. Das Outsider-Sein war keine schmerzliche

Erfahrung, absolut nicht. Ich hätte es auch gar nicht hinnehmen müssen, ich habe mich bewußt dafür entschieden, schon in meiner Jugend in England: Ich war Deutscher, ich war Jude, daran war nun mal nichts zu ändern. Ich hätte mich entscheiden können, englisch zu werden, wie es viele, auch meine damalige Ehefrau, getan haben. Dafür hätte ich nur die entsprechenden Spielregeln befolgen und mich einordnen müssen. Aber das wollte ich nicht. Und ich konnte es auch nicht, es lag mir nicht. Deshalb habe ich mich für das Gegenteil entschieden.

Ich habe mich natürlich nicht hingesetzt und das von einem auf den anderen Tag beschlossen, es entwickelte sich vielmehr über einen längeren Zeitraum hinweg. Aber meine Haltung war mir doch sehr bewußt. Ich habe mich auf der einen Seite gegen die Engländer abgegrenzt, auf der anderen Seite aber auch gegen die Emigranten, weil die nur über die Vergangenheit redeten, vor allem die älteren. Sie saßen den ganzen Tag im Café, unterhielten sich in einem schrecklichen Englisch und taten so, als ob sie in Berlin oder in Wien wären. Die jüngeren haben dagegen versucht, englisch zu werden. Beides wollte ich nicht. Statt mich anzupassen, habe ich mich mit jungen Leuten befreundet, die ebenfalls eher Außenseiter waren. Als ich dann nach Deutschland kam, habe ich mich gleich wieder mit zwei Außenseitern zusammengetan: dem Intendanten Kurt Hübner und dem Bühnenbildner Wilfried Minks. Wir haben 20 Jahre lang eine totale Outsider-Arbeit gemacht – mit großem Erfolg für uns alle drei. Das war sehr schön.

Die Arbeit in einem etablierten Umfeld hätte mich tödlich gelangweilt. Ich hätte sie gar nicht machen *können*, geschweige denn wollen. Das deutsche Theater damals war sehr strukturiert und wie von Universitätsprofessoren ausgedacht und außerdem noch immer die moralische Anstalt, die man seit dem 19. Jahrhundert darin gesehen hat. Nach diesen Regeln zu arbeiten war für mich unvorstellbar.

Daß ich mich entschlossen habe, nach Deutschland zurückzukommen, war die wichtigste Entscheidung, die ich im Leben getroffen habe. Genauso wichtig wie die Entscheidung meines Vaters, Deutschland zu verlassen.

Zurückzukommen war sicher gewagt: Deutschland war ein Naziland, ich war Jude, hatte keinen Pfennig und kannte niemanden. Aber ich wußte, daß es richtig war.

Angst hatte ich nicht. Ich war wahnsinnig neugierig auf Deutschland. Es war auch so etwas wie eine neue Freiheit für mich. Ich habe zunächst in einem miesen kleinen Hotel in Köln gewohnt und den ganzen Tag Schokolade gegessen, weil es zehn Jahre lang keine Schokolade gegeben hatte und in England noch immer keine gab. Dann ging ich für ein paar Jahre als Regisseur zu Kurt Hübner nach Ulm. Als er 1962 Intendant in Bremen wurde, zog ich mit.

Wir waren lauter junge Leute, alle Mitte 20 – ich war der Älteste, ich war ja schon über 30, aber ich fühlte mich genauso jung wie die anderen. Wir haben uns 24 Stunden lang mit Theater beschäftigt, haben diskutiert und inszeniert. Und dazwischen haben wir geschlafen und Partys gemacht und gebumst und gehascht und wieder inszeniert. Das ging so fünf Jahre lang. Es war die spannendste Zeit meines Lebens.

Wir haben das Theater und uns selbst immer neu erfunden. Wir waren wütend, aggressiv, provozierend. Es war wunderbar.

Wut und Aggression sind starke Antriebskräfte. Aber auch sie verändern sich im Laufe der Zeit. Man wird klüger und einsichtiger und versteht, daß man mit dem Theater nicht *sofort* die Welt verändern kann. Wenn man jung ist, glaubt man, daß man das Publikum dazu bewegen kann, sein Leben von heute auf morgen zu ändern. Wenn man älter ist, weiß man, daß das nicht geht. Das bedeutet nicht, daß ich inzwischen der Meinung wäre, daß man mit Theater nichts bewirken kann. Ich glaube, ganz im Gegenteil, nach wie vor, daß man etwas verändern kann. Es geht nur nicht auf Anhieb, es dauert eben etwas länger. Man lernt, die Langzeitwirkung zu akzeptieren. Man lernt auch, besser mit Menschen umzugehen, weil man kapiert, wie sie funktionieren. Wie sie untereinander funktionieren, wie sie mit mir funktionieren. Man macht viele

Fehler nicht mehr, weil man weiß, daß sie einen in problematische Situationen bringen. Und noch etwas anderes ganz Wichtiges: Der objektive Blick von außen und das subjektive Empfinden von innen sind, solange man jung ist, sehr weit voneinander entfernt. Man erlebt etwas wahnsinnig subjektiv und schafft es nicht, das Erlebte objektiv zu beurteilen. Das kann man, wenn überhaupt, erst hinterher. Umgekehrt passiert es auch, daß man ein Erlebnis nur von außen beurteilt und später bedauert, daß man sich nicht stärker involviert hat. Das empfinde ich als die wichtigste Entwicklung beim Älterwerden: Daß sich Subjektivität und Objektivität einander immer mehr nähern, so daß man eine Sache *sowohl* von innen empfinden *als auch* von außen betrachten und beurteilen kann, und zwar, *während* man sie erlebt. Das macht Spaß. Man gewinnt auch Ruhe. Und eine neue Art von Humor.

Die Entwicklung der besseren Urteilsfähigkeit ist natürlich eine zweischneidige Sache. Wenn man alles so gut beurteilen kann, irrt man sich nicht mehr so oft, und das ist zwar nützlich, aber möglicherweise auch langweilig.

Die Hoffnung, daß etwas Neues passiert, daß sich irgend etwas verändert, bestätigt sich seltener. Auch die Experimente reduzieren sich, weil man schon so viele gemacht hat und weiß, was dabei herauskommt. Das ist wirklich eine Gefahr beim Älterwerden, daß man schon so vieles weiß und es deshalb nicht mehr so spannend findet. Dennoch habe ich für mich selbst keine Angst davor, daß das Leben weniger spannend werden könnte.

Ich will das Theater immer noch neu erfinden. Ich versuche es in jeder neuen Inszenierung. Und werde es auch immer weiter versuchen. Ich bin und bleibe einfach neugierig. Und ich kann mir, auch wenn ich schon vieles weiß, immer neue Herausforderungen schaffen. Es gibt Künstler, die nach einer Weile immer dasselbe machen und nichts Neues entdecken, sondern nur das, was funktioniert, wiederholen wollen. Das fände ich absolut öde. Für mich sind neue Herausforderungen wichtig. Ich habe auch nie aufgehört, nach ihnen zu suchen.

Auch das Alter ist eine Herausforderung. Allerdings eine, der ich mich lieber nicht stellen würde. Alter ist eine Belastung und ein Irrtum der Natur. Vollkommen unnötig. Genau wie Sterben. Ich finde, Sterben ist eine Absurdität. Wenn man endlich wirklich etwas vom Leben versteht, dann stirbt man. Es ist, als ob Gott zu feige wäre, zuzulassen, daß es Leute auf der Welt gibt, die ihn durchschauen.

Ich weiß nicht, was ich meinen Enkeln sagen würde, was wichtig ist im Leben. Ob ich ihnen überhaupt etwas sagen würde: Ich berate niemanden. Aber wenn sie darauf bestünden, würde ich wahrscheinlich sagen: Neugier. Geduld. Humor. Sich einlassen. Und vor allem Konzentration. Ohne Konzentration ist eigentlich alles ganz uninteressant: die Ziele, die Arbeit, die Menschen, die privaten Beziehungen – das ganze Leben. Sozusagen: langweilig.

Reicht das?

Reicht. See you tomorrow.

PB

Pat Boone

über Glaube

Pat Boone, geboren 1934, amerikanisches US-Pop-Idol der 50er und 60er Jahre: Fast 2000 Songs hat er in seinem Leben aufgenommen – von Love-Songs bis Heavy Metal. Mit über 40 Titeln – unter ihnen »When I lost my baby« und »I'll be home« – hat er die Hitlisten der Charts gestürmt und insgesamt mehr als 45 Millionen Platten verkauft. Darüber hinaus war Boone Schauspieler in 17 Filmen, Moderator zahlreicher Fernsehshows und Radiosendungen und hat äußerst erfolgreiche Ratgeberbücher für Teenager geschrieben.

Sein großer Konkurrent beim Run auf die goldenen Schallplatten war Elvis Presley, auch er aus Tennessee, wenn auch auf komplett anderem Kurs. Galt Elvis als rebellisch und ein bißchen anrüchig, so war Pat der perfekte Schwiegermutter-Traum: adrett, wohlerzogen und fromm. Die weißen Schuhe, die er als sein Markenzeichen trug, waren so gepflegt wie sein Image.

Mit dem Ziel, Lehrer zu werden, studierte er Englisch an der Columbia University in New York. Noch auf dem Campus holte ihn jedoch der Ruhm ein: Er wurde ein Shootingstar im Show-Geschäft.

Bis in die 60er Jahre, in denen er mit »Speedy Gonzales« seinen zunächst letzten großen Hit landete, war er außerordentlich erfolgreich. Danach wurde es stiller um ihn. Er bewältigte einige private und geschäftliche Krisen und trat zusammen mit seiner – ebenfalls singenden – Familie in Konzerten und im Fernsehen auf. In den 90er Jahren meldete er sich mit einem Heavy-Metal-Album in die Hitlisten zurück. Heute lebt Pat Boone in Hollywood und auf Hawaii. Er ist seit 50 Jahren mit derselben Frau verheiratet, Vater von vier Töchtern und Großvater von 15 Enkelkindern.

Von Pünktlichkeit steht offensichtlich nichts in der Bibel. Daß er es damit nicht so genau nimmt, ist vermutlich die einzige Schwäche von Pat Boone – und beinahe schon eine Erleichterung. Er hat die Suzuki 2500 in der Garage abgestellt – ein Geschenk an seinen Vater zum 70., das ihm dieser zurückgegeben hat, als er mit 80 nicht mehr damit fahren mochte – und kommt auf einen Sprung ins Büro, lässig in Jogginghose und Turnschuhen, braungebrannt wie eh und je. Lieber als das väterliche Motorrad, mit dem er üblicherweise die kurze Strecke Sunset Boulevard von seinem Haus ins Büro zurücklegt, fährt er seine Harley-Davidson, aber nur am Sonntagnachmittag: ein paar Stunden Easy Riding nach dem Kirchgang.

Das Büro ist das reinste Pat-Boone-Museum: Fotos mit Pat und sämtlichen US-Präsidenten von Truman bis Bush, ein Foto mit Widmung vom Nachbarn und Heavy-Metal-Rocker Ozzy Osborne, gerahmte Ehrungen und Zeitschriften-Titel mit dem Bild eines strahlenden, dunkelhaarigen Jünglings und Aufmachern wie »Pat Boone, das Million-Dollar-Idol der US-Teenager«; darüber goldene Schallplatten, darunter alte Plattenhüllen und neue weiße Schuhe, ein Geschenk von Fans. Zwei Mitarbeiter kümmern sich um die Verwaltung seines Ruhmes und der Geschäfte, die aus Anlaß seines 50jährigen Berufsjubiläums an Umfang zugenommen haben: Er hat soviel vor, als sei er noch lange nicht 72 – und genauso fühlt er sich auch.

72 zu sein ist völlig anders, als ich es mir vorgestellt habe. Als meine Eltern und Großeltern 65 waren, habe ich sie alt gefunden. Und jetzt bin ich selbst so alt – aber in gewisser Beziehung wahrscheinlich auch eine Ausnahme. Ich komme mir eigentlich nicht älter vor als 40.

Ich war immer sehr sportlich und bin es noch: Ich schwimme viermal wöchentlich, gehe zum Fitness, spiele Tennis – nicht etwa Doppel, sondern Einzel, und das schaffe ich auch –, und nächste Woche mache ich bei einem Basketball-Turnier mit: Die Frauenmannschaft der Pepperdine University, L.A., spielt gegen eine Promi-Mannschaft, und ich kann Ihnen sagen, diese Frauen sind gut! Ich spiele sehr gerne Basketball, aber ich bin mit Abstand der älteste Teilnehmer und hoffe nur, daß ich eine gute Figur mache vor all diesen Youngsters. Das Herumrennen, Hochspringen, Körbeplazieren ist nämlich nicht so gut für meine Knie. Mit denen habe ich ein bißchen Probleme, aber ich kriege Spritzen, und die bauen das Knorpelgewebe wieder auf, damit ich mit 80 immer noch Einzel spielen kann.

Ansonsten empfinde ich keine Einschränkungen. Mein Körper ist noch immer in Ordnung, meine Muskeln sind in gutem Zustand und meine geistigen Fähigkeiten auch, ich habe einen IQ von 160. Und auch die Stimme hat sich überhaupt nicht verändert, ich klinge noch immer genauso wie früher. Ich habe das überprüft: Gerade, zu meinem 50jährigen Jubiläum, habe ich vier neue Alben aufgenommen. Ich freue mich sehr darüber, denn es hat noch niemand sein 50. Jubiläum in dieser Branche gefeiert! Und ich glaube auch nicht, daß irgend jemand jemals vier Alben auf einmal herausgebracht hat. Ich liebe die Titel, die ich ausgesucht habe, alles Songs, die ich schon einmal gesungen habe, nur neu arrangiert. Ich glaube, es ist die beste Musik, die ich jemals gemacht habe! Und ich singe nicht nur, ich bin auch mein eigener Produzent unter dem Markennamen »The Gold Label«, das ich vor sechs Jahren gegründet habe.

Daß es jemals so weit kommen würde und daß ich schon in ganz jungen Jahren eine ungeheure Karriere machen würde, habe ich mir als Junge natürlich nicht träumen lassen.

Ich erinnere mich noch gut, daß ich vor dem Schlafengehen oft am Fenster meiner Dachkammer stand, in die Dunkelheit und in den Himmel hinaussah und mir überlegt habe, was ich werden könnte.

Ich hatte das Gefühl, daß ich mich auf mein Leben vorbereiten müßte und keine Zeit verlieren und meine High-School- und meine Collegejahre nicht mit Nichtigkeiten oder Blödsinn oder Alkohol oder Drogen verschwenden dürfe, weil eine hedonistische Lebensweise in die Sackgasse führt. Ich war durchaus ehrgeizig. Aber nicht in dem Sinn, daß ich reich oder berühmt werden wollte, sondern jemand, auf den es ankommt.

Ich wollte etwas machen, das zählt. Und ich betete zu Gott, mich zu leiten.

Da ich in einer christlichen Familie aufgewachsen bin, habe ich erwogen, Pfarrer zu werden, aber dann habe ich mir gedacht, daß ich auch als Lehrer meinen Schülern den richtigen Weg – im Einklang mit der Bibel – zeigen könnte. Ich schrieb mich also an der Uni ein. Ein Jahr später war ich verheiratet, wieder ein Jahr später bekamen wir unser erstes Kind, in den folgenden drei Jahren noch weitere drei. Aber dann kam alles ganz anders. Ich hatte immer schon Musik gemacht, so wie junge Leute das eben machen, habe in der High School gesungen und bin bei ein paar Talentwettbewerben aufgetreten, aber ich hätte nicht gewagt, daran zu denken, ins Showgeschäft zu gehen. Dann, nach einem Talentwettbewerb, machte ich meine erste Platte – »Two hearts, two kisses« – und landete damit gleich in den Hitlisten. Danach kamen noch einige weitere Platten, die ebenfalls Hits waren – und meine Karriere nahm eine völlig andere Wendung. Als ich mit 23 und dem Abschluß »Magna cum laude« die Columbia University in New York verließ, hatte ich nicht nur bereits eine wunderbare Ehefrau und vier Töchter, sondern auch einen Bestseller über Verhaltensregeln für Teenager geschrieben und einen Plattenvertrag sowie einen Siebenjahresfilmvertrag mit Twentieth Century Fox unterzeichnet. Ich beschloß also, doch nicht Lehrer zu werden, sondern zog mit meiner Familie nach Hollywood. Ich fand ein Haus in Beverly Hills, mitten im Epizentrum von Hollywood, und meine Karriere explodierte.

Meine Platten waren in jeder Radiosendung und in jedem Plattenladen, meine Bücher in allen Buchhandlungen und Bibliotheken, ich selbst auf der Kino-Leinwand und auf den Titelbildern der Zeitschriften. In einem Lebensabschnitt, in dem andere damit beschäftigt sind, ihr Leben aufzubauen, hatten sich meine Träume schon alle realisiert.

Zugegeben, das alles hatte etwas Unwirkliches. Und ich habe mich auch ab und zu gefragt, was ich denn jetzt mit dem Rest meines Lebens anfangen sollte.

Andererseits war ich zeitlebens sehr in meine Kirchengemeinde eingebunden, sang im Chor, war aktiv in der Sonntagsschule und hatte meine Familie, um die ich mich kümmern mußte: Meine Ehe, meine Kinder und meine Beziehung zu Gott waren immer meine Basis und mein Anker. Sie haben mich geerdet und mich davor bewahrt abzuheben. Die Karriere im Showgeschäft und alles, was damit zusammenhängt, trägt die Leute oft davon und läßt sie glauben, sie seien etwas Besonderes. Das habe ich nie von mir gedacht. Ich war glücklich über meinen Erfolg, aber ich blieb ihm gewachsen, er hat keinen anderen Menschen aus mir gemacht. Ich war nur dankbar, daß Gott mir so viele Türen öffnete und mir auch die Gelegenheit gab, die Dinge, die ich ja ursprünglich machen wollte, in einer weit größeren Dimension zu tun: junge Menschen zu erreichen, ihr Leben zu beeinflussen und ihnen zu sagen, wie sie ihren Weg finden – nämlich im Einklang mit Gott. Ich bin immer wieder gebeten worden, Vorträge vor Jugendlichen zu diesen Themen zu halten – und als verhinderter Pfarrer und Lehrer habe ich das natürlich gerne getan, einmal sogar in einem Auditorium vor 15 000. Ich habe den jungen Leuten gesagt, daß sie versuchen sollen, gut zu sein, habe ihnen Verhaltensregeln empfohlen, die auf der Bibel beruhen, sie gewarnt, den Weg des allgemeinen Hedonismus, der Rebellion und der Drogen zu gehen. Ich habe ihnen auch gesagt, daß Gott sie liebt und ihnen nichts passieren kann. Das sage ich heute auch meinen Enkeln.

Ich war dann weitere 15 Jahre mit meiner Karriere beschäftigt, habe Platten und Filme gemacht, auf der ganzen Welt Konzerte gegeben und erfolgreiche Ratgeberbücher geschrieben.

Mein größter Konkurrent im Musikgeschäft war Elvis Presley. Wir waren befreundet, ich mochte Elvis, er war schüchtern und hatte Probleme, mit dem Ansturm seiner Fans umzugehen. Das ging so weit, daß er sich nicht mehr vor die Tür traute und nicht einmal mehr ins Kino ging, sondern in seinem Haus in Graceland blieb.

Wenn ich sage, daß wir Konkurrenten waren, so gilt das nur im Hinblick auf die Zahl der verkauften Platten. Als Personen waren wir ja sehr verschieden:

Elvis war der Rebell, ich war dagegen angepaßt und galt in der Branche als ein bißchen seltsam.

Vor allem auch weil ich religiös bin, obwohl ich das Wort gar nicht mag, denn viele setzen Religion mit Restriktion gleich, während es für mich nichts anderes bedeutet, als eine Beziehung zu Gott zu haben. Die Leute in Hollywood hielten mich jedenfalls für ziemlich eigenartig, aber das ändert nichts daran, daß ich sehr erfolgreich war.

Irgendwann habe ich mir dann gesagt, daß es jetzt Zeit wäre, etwas von dem, was ich bekam, an andere weiterzugeben. Ich wollte nicht einfach mein ganzes Leben darauf verwenden, Karriere zu machen und Geld zu verdienen. Wozu sollte es gut sein, wenn nicht dazu, auch anderen damit zu helfen? Also habe ich begonnen, mich in humanitären Projekten und Organisationen zu engagieren, in der Pfennigparade für Menschen mit Kinderlähmung und in Organisationen für Behinderte und für Blinde. Das habe ich 20 Jahre lang gemacht, und noch länger habe ich mich um ein paar Universitäten gekümmert.

Natürlich habe ich nicht nur alles richtig gemacht. Es hat durchaus auch kritische Phasen in meinem Leben gegeben. Die schwierigste war Ende der 60er Jahre. Meine Karriere stagnierte und ich dachte, ich müsse meine Zukunft absichern, statt wie bisher einfach auf Gott zu vertrauen. Dabei habe ich viele Millionen in den Sand gesetzt: Ich hatte mein Geld in über 30 Firmen investiert, ohne einen ausreichenden Überblick zu haben. Wie ich später festgestellt habe, hatten meine Partner den leider auch nicht.

Shirley, meine Frau, hatte mich darauf hingewiesen, daß ich in eine Krise schlitterte, aber ich habe nicht auf sie gehört, weil ich dachte, ich wüßte es besser. Zur Stagnation meiner Karriere und den unternehmerischen Fehlschlägen kam eine Krise in unserer Ehe.

Natürlich sind immer sehr viele Frauen um einen herum, wenn man auf Konzerten unterwegs ist: man hat ja weibliche Fans auf der ganzen Welt. Eine große Versuchung, der ich auch nachgegeben habe.

Ich habe auch ab und zu etwas getrunken, nicht viel, aber jedenfalls nicht nur Milch, wie ich es früher gemacht habe. Und ich war auch einmal in Las Vegas in der Spielbank. Dabei habe ich prompt 3000 Dollar verloren. Wenn man bedenkt, daß es ja versteuertes Geld war und ich 90 Prozent Steuern zahlte, dann hatte ich in Wirklichkeit nicht 3000, sondern 30 000 Dollar verloren. Das fand ich zuviel.

Meine Ehekrise ließ sich weniger leicht beheben. Meine Frau war nicht mehr glücklich, das lag an mir, und das wußte ich natürlich, aber mir waren die Dinge entglitten, und ich dachte, es sei das Beste, wenn wir uns scheiden ließen. Außerdem findet man immer Ratgeber, die das selber so gemacht haben und dir versichern, es sei besser für die Kinder auseinanderzugehen, als sie den Spannungen einer kriselnden Ehe auszusetzen, zumal in Hollywood: Hier heiraten ja die Leute, wie Britney Spears, am Freitag und sind am Montag schon wieder geschieden!

Andererseits waren wir beide der Meinung, daß wir nicht die Freiheit hätten, uns scheiden zu lassen: Als wir heirateten, haben wir uns dem anderen und auch Gott gegenüber verpflichtet, für immer zusammenzubleiben. Außerdem hatten wir Kinder und die Verantwortung, sie in einer intakten Familie aufwachsen zu lassen. Shirley und ich kamen beide, unabhängig voneinander, zu dem Schluß, daß das eigene Glück nicht die oberste Priorität ist, sondern daß es das Glück des jeweils anderen und der Kinder wäre. Wir haben also die eigenen Bedürfnisse etwas zurückgestellt – und uns nicht scheiden lassen. Auch wenn wir die Möglichkeit immerhin drei Jahre lang erwogen haben. Es war nicht einfach, wir haben lange daran gearbeitet, aber wir haben die Krise überwunden. Unsere Beziehung ist gewachsen, ist tiefer und reifer geworden.

Mein Glaube war immer das Wichtigste in meinem Leben, und glücklicherweise habe ich eine Frau, die ebenso denkt wie ich.

Wir waren befreundet, seit wir 16 waren. Mit 19 haben wir dann geheiratet. Statistisch gesehen ist es ein hoher Risikofaktor für eine Ehe, so jung zu heiraten. Aber Shirley ist ein ganz wunderbarer Mensch, der Gott liebt, ihre Kinder liebt, mich liebt – und es ist gut gegangen. Wir sind jetzt 52 Jahre verheiratet. Und viele meiner Freunde aus dem Showbusiness, die mich immer für seltsam gehalten und sich über mich lustig gemacht haben – weil ich die Bibel las und zur Kirche ging und mit meiner Schülerliebe verheiratet war und bin, während sie ihrerseits drei-, vier- und fünfmal geheiratet haben und immer noch unglücklich sind –, fragen mich heute, wie wir das geschafft haben. Und ich sage ihnen, daß ich es nur geschafft habe, weil ich mein Leben lang auf Gott vertraut habe.

Muhammad Ali – dem ich übrigens gesagt habe, daß wir ihn durchaus nicht aus der christlichen Gemeinschaft entlassen haben und er für uns deshalb immer noch Cassius Clay und nicht Muhammad Ali ist – hat mich einmal gefragt: »Wie machst du denn das mit all diesen Frauen, die ständig um dich herum sind, wenn du auf Konzertreisen bist? Du bist doch verheiratet, wie ich auch, ich meine, ich liebe ja meine Frau, aber …« Ich habe ihm gesagt, daß ich auch Fehler gemacht habe, daß es mir aber bestimmt nicht wieder passieren wird, weil ich nicht alles, was mir wichtig ist, riskieren will: meine Ehe, meine Familie, meine Reputation und meine Selbstachtung. Ganz abgesehen davon, daß ich, wenn ich heute mit einer Frau in ein Hotelzimmer ginge, nicht das Gefühl hätte, dort abgeschirmt zu sein, sondern daß Gott und alle meine Lieben, die schon gegangen sind, meine Zeugen sind und mir zusehen. Und bei dieser Vorstellung fühle ich mich ganz und gar nicht wohl – und lasse es lieber.

> Ich bin heute sehr glücklich. Wahrscheinlich glücklicher, als ich es jemals gewesen bin. Und ich habe vor, hundert zu werden. Ich habe noch so viele Pläne und Projekte.

Vor vier Jahren habe ich eine Reihe meiner früheren Kollegen wie Jack Jones, Roger Williams, Patty Page, Clio Laine, The Four Freshmen und The Lettermen – die ich bewundere, die große Erfolge hatten und die heute keiner mehr verpflichtet, nur weil sie älter sind – unter Vertrag genommen. Ich mache es aus Abenteuerlust: warum nicht jetzt, mit 72, endlich etwas tun, was niemand zuvor in der Branche getan hat? Und ich mache es auch aus Ärger über die

Dummheit der Plattenfirmen, die heute älteren Stars keine Chance mehr geben. Genauso war es ja auch bei mir. Als meine Verträge mit der Plattenfirma MCA ausliefen, hat sich keiner dafür interessiert, mich neu zu verpflichten, und das, obwohl ich mit dem Heavy-Metal-Album Ende der 90er Jahre wirklich recht erfolgreich war.

Andererseits ist diese Situation auch eine großartige Gelegenheit für mich. Es gibt schließlich Millionen Leute in der Baby-Boom-Generation, die jetzt in ihren 50ern, 60ern und 70ern sind: sie haben Geld, Zeit, Geschmack und vor allem Erinnerungen. Und ich dachte mir, sie hören doch vielleicht gern etwas Neues von diesen Leuten oder auch von mir.

Das Gute ist, daß meine Künstler ja bereits ihre Fans haben, es müssen ja nicht 50 Millionen sein, womit die Plattenfirmen heute spekulieren, es können ja 50 000 sein. Wir decken schon bei 30 000 CDs unsere Kosten, weil wir unsere Budgets niedrig halten und so produzieren, wie man früher produziert hat: Wir gehen mit fertigen Texten und Arrangements ins Aufnahmestudio, es ist ein disziplinierter, kreativer Prozeß, kein wochenlanges Herumexperimentieren, wie es heute gemacht wird und schließlich zu diesen Unsummen an Produktionskosten führt.

Aber meine Musiker haben nicht nur ihre Fans, sie haben auch eine unvergleichliche Qualität durch ihre jahrzehntelange Erfahrung und Reife! Ich werde den Plattenfirmen ihre Dummheit vor Augen führen.

> Ich habe meine Produktionsfirma gegründet, weil ich heute, mit 74, eine ungeheure Freiheit empfinde, zu tun, was ich tun will. Die habe ich früher nicht gehabt, auch in der Zeit meiner größten Erfolge nicht.

Ich mußte ja vier Kinder großziehen. Und ich war meinem Image verpflichtet. Ich konnte vieles nicht tun, weil man mir immer gesagt hat, daß ich auf dies und auf das Rücksicht nehmen müsse, davon würde ich schließlich leben.

Darum brauche ich mich mittlerweile glücklicherweise nicht mehr zu kümmern: Mit dem Heavy-Metal-Album und meinem Auftritt als Inkarnation eines Heavy-Metal-Rockers – mit nacktem Oberkörper, Tätowierung, schwarzer Lederweste, Lederhose, Ketten und Sonnenbrille – habe ich mich ganz bewußt über mein Image hinweggesetzt. Für mich war es nur Spaß, aber mein Produzent hat mir gesagt, es hätte einen Aufschrei gegeben. Der Auftritt hat mich eine christliche Radiosendung gekostet, die ich moderiert hatte. Na ja, als sich der Lärm dann gelegt hat, haben sich die Leute das Album auch angehört: Es war schließlich nichts anderes als guter Big-Band-Jazz. Und nach ein paar Wochen auch in den Hitlisten. Und die Radiosendung habe ich später auch wiederbekommen.

Ich genieße meine neue Freiheit. Ich habe das Gefühl, als bewegte ich mich auf einem neuen Plateau im Leben. Wenn ich 100 bin, werde ich wiederum ein neues Plateau betreten. Und dann alles vermutlich etwas langsamer angehen lassen. Vorläufig aber gehe ich davon aus, daß die nächsten 30 Jahre sehr abenteuerlich sein werden.

Farah Pahlavi

über Hoffnung

Farah Pahlavi, geboren 1938, war gerade 21 – eine intelligente, unbeschwerte Architekturstudentin in Paris –, als sie 1959 den Schah des Iran kennenlernte. Ein halbes Jahr später heiratete sie ihn. 1967 krönte er sie zur Shabanu – ein Status, den zuvor noch kein Regent seiner Ehefrau zugestanden hatte und der als Geste der Gleichberechtigung während des Schah-Regimes galt. Die junge Kaiserin machte es sich zur Aufgabe, die Kunst und die Kultur ihres Landes zu fördern und sich zugleich um die Schwächsten der Gesellschaft zu kümmern: Sie befreite die Leprakranken aus ihrem Elend am Rande der Gesellschaft und siedelte sie in eigenen Dörfern an, sie half den Behinderten, unterstützte die Frauen und bemühte sich, die soziale Lage der Landbevölkerung zu verbessern. Es war ein bedeutender Beitrag zum Versuch des Schahs, das Land zu demokratisieren. Neben den Höhen eines glanzvollen dynastischen Lebens erfuhr Farah Pahlavi jedoch auch die Schattenseiten der Macht: Als 1979 im Iran eine Revolution ausbrach, mußte die Familie das Land verlassen. Wenig später kehrte der fundamentalistische islamische Geistliche Ajatollah Chomeini aus dem Pariser Exil zurück und übernahm die Regierung. Während ihre vier Kinder amerikanische Schulen besuchten, reisten der damals bereits todkranke Schah und seine Frau auf der Suche nach einem Land, das ihnen Exil gewähren würde, um die halbe Welt: zunächst nach Ägypten, dann nach Marokko, auf die Bahamas, nach Mexiko, in die ehemals verbündeten USA, nach Panama und schließlich wieder nach Ägypten. Dort starb der Schah nach mehr als eineinhalbjähriger Odyssee: Innerhalb von 18 Monaten hatte die 41jährige Kaiserin ihren Status, ihre Heimat und ihren Mann verloren. Es sollten nicht die einzigen dramatischen Verluste ihres Lebens bleiben. Heute lebt sie, mittlerweile Großmutter von drei Enkeltöchtern, in Paris und in Maryland, USA.

Frühling in Paris: Der Eiffelturm glänzt grau im Regen, über die nassen Trottoirs des Quai d'Orsay eilen Passanten mit triefenden Schirmen. Die ehemalige Kaiserin des Iran bewohnt eine Etagenwohnung in einem der stattlichen, hohen Häuser, die das Ufer der Seine säumen. Auf das Klingeln erscheint eine schwarze, junge Frau in weiß-grau-gestreiftem Haushälterinnenkleid und bittet mit fast unhörbarer Stimme, ihr über ein paar steinerne Stufen in ein großes, holzgetäfeltes Entree zu folgen. Von dort in einen großzügigen Salon mit Blick auf die Seine: beigefarbene Sofas, ein Kamin an der Schmalseite des Zimmers, Vasen mit weißen und blauen Anemonen, Silberrahmen mit Bildern von Kindern und Enkeln. Es dauert nur ein paar Minuten, bis die frühere Shabanu eintritt. Sie ist groß, sehr schlank und trägt ein schmales, graues Flanellkostüm und schwarze Lederstiefel. Sie strahlt Liebenswürdigkeit und eine gewisse Weichheit aus. Sofort bemerkt sie, daß das Tonbandgerät auf dem niedrigen Sofatisch nicht optimal plaziert ist und schlägt vor, an einen Tisch am Fenster zu wechseln. Eine Silberschale mit persischen Pistazien steht dort bereit, ein Teller mit Pralinen, ein weiterer mit buntem Baisergebäck daneben. Die Haushälterin bringt Tee.

Mein Leben war voller Veränderungen. Ich war eine einfache Architekturstudentin in Frankreich, als ich in der iranischen Botschaft von Paris dem Schah vorgestellt wurde. Ich wurde die Königin meines Landes und blieb es 20 Jahre lang. Ich hatte alles, was man sich erträumen kann. Dann kam die Revolution, das Exil, unsere Odyssee durch verschiedene Länder auf der Suche nach einem Ort, wo wir bleiben konnten, schließlich der Tod meines Mannes – alles im Laufe eines einzigen Jahres, zwischen 1979 und 1980. Es war die schwerste Zeit meines Lebens.

Wir hatten unser Land verlassen müssen, mein Mann war sehr krank – und wir wurden aus politischen Gründen verleumdet und verletzt. Durch viele Menschen und bei vielen Gelegenheiten. Aber ich habe mich nicht beirren lassen.

> Gleichgültig, was die Menschen gesagt und geschrieben haben – ich wußte in meinem Inneren immer, wer ich war, wer mein Mann war und was unsere Absichten gewesen waren.

Daran habe ich immer gedacht. Schon um meiner eigenen Würde willen. Viele Leute verhielten sich uns gegenüber anders als zuvor, nachdem wir den Iran verlassen hatten, Staatsoberhäupter, Politiker, auch Freunde. Das war natürlich schmerzhaft. Nicht so sehr, daß man politische Verbündete verlor und sich Regierungen von einem distanzierten. Auch nicht, daß man andere Wege gehen mußte, wenn man etwas erreichen wollte: kein roter Teppich mehr, der vor einem ausgerollt wurde, keine Ehrengarde, statt dessen ein Hintereingang oder eine Küchentür, weil es politisch nicht opportun schien, wenn ich offiziell empfangen oder auch nur gesehen wurde. Es hat mir nichts ausgemacht, weil es bei diesen Treffen meistens um unsere Sache und die Freiheit des Iran ging. Schmerzhaft war es dagegen, wenn sich Menschen abwendeten, an die man geglaubt hatte. Man weiß natürlich, daß so etwas geschehen kann, man kennt es aus der Geschichte. Aber wenn es einem selbst widerfährt, ist es doch etwas anderes und stimmt einen traurig. Aber so ist das Leben, man muß es wohl hinnehmen: Menschen ändern sich.

Natürlich passiert so etwas auch anderen Leuten, nicht nur Königinnen. Wenn man als Direktor einer Firma seinen Job verliert, macht man auch die Erfahrung, daß manche Leute sich anders verhalten als zuvor. Pech für sie – es beweist nur, daß ihnen die menschliche Integrität fehlt. Und daß sie politische oder ökonomische Aspekte über die menschlichen stellen. So habe ich damals auch unsere Lage betrachtet. Andererseits haben sich auch viele Menschen treu und integer verhalten. Trotz vieler negativer Erfahrungen überwiegen die positiven.

Am meisten gekränkt hat mich die Behauptung, mein Mann hätte Geld außer Landes geschafft, was eine gemeine Erfindung ist. Mein Mann war ein Ehrenmann, sein Leben und seine Liebe galten dem Iran. Diese Lüge kränkt mich um so mehr, als ich Geld gegenüber immer gleichgültig gewesen bin und jede Art von Korruption verachte.

Es war nicht leicht, mit all diesen Ungerechtigkeiten, Lügen und Verletzungen umzugehen. Natürlich war ich deshalb zuweilen deprimiert und wütend. Dennoch habe ich mir kein Selbstmitleid erlaubt. Und ich habe mich immer bemüht, nicht bitter zu werden. Bitterkeit zerstört einen, deshalb muß man immer versuchen zu verstehen. Und die Verletzungen zu überwinden.

Es hilft mir, wenn ich meine eigenen Probleme mit denen anderer Leute vergleiche und mich daran erinnere, daß das Leben für jeden ein Kampf ist – gleichgültig, ob er ihn an der Spitze eines Staates oder in einem ganz »normalen« Leben führt.

Wir glauben alle, daß es selbstverständlich ist, daß es uns gutgeht. Aber das ist ein Irrtum.

Es gibt so unendlich viel Leid und Elend auf der Welt, daß man für das Gute, das man geschenkt bekommt, jeden Tag dankbar sein muß. Dieses Bewußtsein hilft, positiv zu bleiben, die Hoffnung nicht aufzugeben und weiterzumachen. Ich gebe zu, es erfordert Kraft – die man von irgendwoher nehmen muß. Ich beziehe sie aus dem Sport und der Meditation und aus den schönen Dingen, die ich erlebe. Zum Beispiel aus der Kunst – der Musik, der Malerei und aus Büchern. In unserer Kultur haben wir wunderbare Dichter, einige haben schon vor 1000 Jahren gelebt. Dennoch wußten sie alles über das Leben: Es gibt für jede Situation und für jede Schwierigkeit einen Vers. Eine andere große Kraftquelle war und ist für mich auch die Liebe zur Natur – der blaue Himmel, die Sonne, die Blumen, die Bäume.

Positive Energie schöpfe ich auch daraus, anderen zu helfen. Es hat weniger mit wohltätiger Einstellung zu tun als vielmehr damit, daß ich mich dann einfach gut fühle: Es bereitet mir eine tiefe Freude, von Kindheit an.

Ich bin noch immer für viele Iraner ein Vorbild, sei es, daß sie im Iran, sei es, daß sie im Exil leben. Sie schreiben mir Hunderte von Briefen und E-Mails und bitten mich um Hilfe. Es ist manchmal gar nicht so einfach, die zu leisten. Mal geht es um eine Auskunft für eine Facharbeit über die Situation der Frauen im Iran, dann wieder um einen Rat, wie man als Iraner ein Stipendium an einer Universität im Ausland bekommt. Solche Anfragen leite ich an Experten weiter. Manchmal wünscht sich jemand einfach nur, einmal mit mir zu telefonieren, um meine Stimme zu hören. Andere brauchen Jobs. Oder Visa. Oder Geld. Ich kann zwar keines schicken, aber vielleicht mit einer Empfehlung weiterhelfen.

Viel schwieriger als für meinen Mann und mich war es für unsere Kinder, mit unserer veränderten Lebenssituation zurechtzukommen. Sie waren zu jung, um die politischen Entwicklungen verstehen zu können.

Sie haben sehr darunter gelitten, wenn über ihren Vater negative Dinge gesagt wurden. Auch darunter, daß die Familie auseinandergerissen war: Während wir von einem Land zum anderen reisten, besuchten sie Schulen in den USA. Ich dachte, es wäre gut für sie, wenn sie wenigstens weiterhin zur Schule gehen könnten.

Dennoch war die Umstellung für sie schwer zu verkraften. Sie spürten natürlich auch, daß in jener Zeit niemand etwas mit uns zu tun haben wollte. Aber anders als erwachsene Menschen, die derartige Erfahrungen relativieren können, waren sie für die Kinder unerklärlich und tief verletzend. Dazu kam, daß wir uns nicht ausreichend um sie kümmern konnten. Mein Mann nicht, weil er krank war, und ich nicht, weil ich in dieser schwierigen Zeit des Exils außerordentlich angespannt war. Ich fühlte mich nicht nur für ihn verantwortlich, sondern – wie zuvor als Kaiserin – auch für die vielen anderen Iraner, die mit uns das Land verlassen und ihre Familien oder ihre Existenz verloren hatten. Viele von ihnen wendeten sich an mich und vergaßen dabei, daß ich kaum mehr Mittel und Möglichkeiten hatte, ihnen zu helfen.

Der Tod meines Mannes war für mich ein sehr großer Verlust. Wir haben eine glückliche Ehe geführt. Als ich ihn kennenlernte, liebte ich in ihm nur den König. Dann liebte ich auch den Mann. Ich weiß noch, wie mir das Herz bis zum Hals klopfte, wenn er mich nach unserer Verlobung in Paris anrief. Er war zwar 19 Jahre älter als ich, dennoch waren wir uns in vielem sehr ähnlich: wir liebten beide den Sport, hatten in vielen Dingen einen ähnlichen Geschmack und dieselbe Art von Humor.

Er war ein sehr verständnisvoller und unendlich kultivierter Mann. Ich fühlte mich mit ihm vollkommen wohl und konnte genauso sein, wie ich bin, nämlich sehr natürlich.

Das war es, was er an mir am meisten liebte – wie er mir ganz am Anfang unserer Beziehung einmal gesagt hat, als ich ihn fragte, warum er sich ausgerechnet für mich entschieden hatte. Daß ich natürlich bin, verdanke ich der Tatsache, daß ich mein Leben lang geliebt wurde, so wie ich war: Erst von meinen Eltern, später von meinen Freunden, meinem Mann und meinen Kindern. Wobei ich sagen muß, daß meine Mutter sehr oft viel zu streng mit mir war. Sie verbot mir vieles, was ich ohnehin nicht getan hätte – sie hat nie verstanden, daß sie mir viel mehr hätte vertrauen können.

Dem Tod meines Mannes war der Tod vieler Freunde vorausgegangen, die im Iran nach der Revolution hingerichtet worden waren. Vor vier Jahren starb dann unsere jüngste Tochter Leila. Sie war ein sehr intelligentes, sehr sensibles Mädchen, das viele Freunde hatte und gern ausging. Immer häufiger war sie jedoch auch tief deprimiert. Sie litt unter dem »Chronischen Müdigkeits-Syndrom«, so daß sie schließlich ihr Studium abbrechen mußte. Sie litt auch unter Eßstörungen, einer schrecklichen Krankheit, die so viele junge Mädchen haben, und niemand weiß so recht, warum. Viele Therapeuten haben versucht, Leila zu helfen. Ihre Geschwister haben es versucht. Und auch ich habe alles unternommen, was in meinen Kräften stand. Aber sie war ja kein Kind mehr, sie war 30, und man kann als Mutter in einer solchen Situation so wenig tun. Sie war neun, als wir das Land verließen, zehn, als ihr Vater starb. Sie hätte ihren Vater gebraucht, sie hing ganz besonders an ihm. Sie liebte das Leben, aber sie konnte nicht damit umgehen. Eines Nachts nahm sie zu viele Schlaftabletten.

> Ein Kind zu verlieren hinterläßt im Herzen eine Wunde, die niemals heilt.

Es vergeht kein Tag, keine Stunde, ohne daß ich an Leila denke und mich frage, was ich hätte tun, wie ich ihr hätte helfen können. Ich leide jeden Tag. Daß es ihre eigene Wahl war und daß sie vielleicht dort, wo sie jetzt ist, glücklich ist, vermag mich nicht zu trösten.

Ich hatte kein einfaches Leben. Bis heute nicht. Schon gar nicht, wenn ich daran denke, was meinem Land widerfahren ist und widerfährt. Trotzdem gibt es Augenblicke von Freude und Glück. Und Hoffnung.

Es gab sie oft, als wir noch im Iran waren. Glücklicherweise schützte mich die Position meines Mannes vor vielen negativen Einflüssen. Ich mußte mich nicht mit Egoismus, Eifersucht und Neid auseinandersetzen – vielleicht auch deshalb nicht, weil sie meinem eigenen Wesen vollkommen fremd sind. Ich erfuhr statt dessen Großzügigkeit, Verständnis, die Liebe meiner Landsleute, meiner Kinder und meines Mannes. Auf dieser Basis konnte ich mich um mein Land kümmern und Nützliches bewirken, vor allem im sozialen und im künstlerischen Bereich. Dafür bin ich sehr dankbar. Natürlich habe ich eine Weile gebraucht, um mehr über die Menschen und die Bedürfnisse meines Landes zu lernen. Ich reiste viel durchs Land, lernte viele mir unbekannte Gegenden und Probleme aus der Nähe kennen und war dabei in der glücklichen Situation, wirklich etwas verändern zu können: weil ich mit meinem Mann darüber sprechen, weil ich die Regierung darüber informieren und weil ich durch meine Kontakte viele Gelder auftreiben konnte.

Ich erinnere mich, daß mir mein Mann, als er um meine Hand anhielt, als erstes sagte, daß ich als Königin meinem Land und meinem Volk dienen müßte. Ich fand das selbstverständlich. Ich war so erzogen worden, daß man dient und anderen hilft. Das war eines der Prinzipien meines Elternhauses und auch das der Pfadfinder, denen ich als junges Mädchen angehörte. In den Feriencamps war es Pflicht, jeden Tag ein gutes Werk zu tun. In der Schule, einer französischen Nonnenschule in Teheran, war es nicht anders. So etwas prägt. Und ich war deshalb, als ich heiratete, sehr glücklich, genau das tun zu können. Ich liebte mein Land, ich war sehr nationalistisch, und mit der Unterstützung meines Mannes und vieler anderer war ich auch in der Lage, etwas Sinnvolles auszurichten.

> Und auch wenn sich die Umstände geändert haben, so bleiben doch – wie wir im Iran sagen – die Samenkörner, die wir mit Liebe gesät haben. Sie vertrocknen nicht. Das gibt mir Hoffnung.

Glücklicherweise sind nicht alle Einrichtungen, die wir geschaffen haben – für die geistig Behinderten, die Blinden, die Waisen, die Leprakranken, für die Frauen, die Kinder, aber auch für die Kunst, wie beispielsweise für die Sammlungen persischer Teppiche und Kunstschätze –, zerstört worden.

Ich empfinde noch immer eine große Liebe für mein Land. Obwohl ich nun schon seit fast 30 Jahren in der westlichen Kultur lebe – die Dinge, die man sieht, die man berührt, die man riecht, die man hört, sind dort einfach anders. Ich bekomme Sehnsucht nach meiner Heimat, wenn ich persische Musik höre oder etwas Persisches lese. Wenn ich den Flügelschlag einer Taube höre, muß ich an den Lärm denken, den die Tauben in unserem Innenhof machten. Wenn ich über einen Markt gehe, denke ich an die Gewürze und die Gerüche auf iranischen Basaren. Das sind die Gerüche meiner Kindheit. Ich erinnere mich gut an den Duft, der von den Karren der Obstverkäufer auf den Straßen ausging, oder den Duft von blühenden Akazien oder Platanen. Einmal hat mir jemand eine Aprikosenknospe aus dem Iran geschenkt – ich hielt sie in der Hand wie einen Edelstein.

Ich liebe Frankreich, ich habe schon als Studentin sehr gerne hier gelebt, und ich habe viele Freunde hier, wie überall auf der Welt. Trotzdem ist es nicht *mein* Land. Wenn ich durch die Straßen gehe, fühle ich mich nie so sicher, wie ich mich in meinem eigenen Land gefühlt habe. Ich meine nicht die politische Sicherheit: ich meine die psychische und physische Vertrautheit.

> Andererseits sehe ich, was im Iran vor sich geht, und stelle fest, daß es weit entfernt von allem ist, was wir hatten, und erst recht von dem, was wir uns erträumt haben.

Das ist ein ziemlich unangenehmes Gefühl. Es bleibt die Frage, was aus meinem Land geworden ist und was aus ihm wird. Wir leben im 21. Jahrhundert: Aber wie steht es heute im Iran um die Frauen, die Kinder, die jungen Leute? Und was ist – und das ist besonders traurig – aus dem Respekt geworden, den man unserem Land gezollt hat?

Die Pahlavi-Familie, beginnend mit meinem Schwiegervater, hat sich sehr für die Gleichberechtigung der Frauen eingesetzt. Mein Schwiegervater, Reza Schah, schaffte den Schleier ab und verordnete erstmals, die Mädchen in die Schule zu schicken. 1963 erließ mein Mann ein Familienschutz-Gesetz, das den Frauen das Wahlrecht einräumte, das Mindestheiratsalter für Mädchen auf 18 festlegte, die Polygamie abschaffte und Frauen erlaubte, alle Berufe zu ergreifen, auch den der Richterin, der bis dahin ausschließlich Männern vorbehalten war. Bis auf das Wahlrecht haben die Anhänger des Systems alles wieder rückgängig gemacht. Sie haben verfügt, daß Frauen wieder den Schleier tragen müssen, die Kinder nach einer Scheidung beim Vater oder dessen Familie bleiben und daß Mädchen mit neun verheiratet werden dürfen – man stelle sich das vor: Ein neunjähriges Mädchen ist ein Kind! Mittlerweile haben sie das Mindestalter, glaube ich, auf 13 Jahre angehoben. Das Blutgeld für Frauen – das Geld, das als Kompensation an die Hinterbliebenen gezahlt wird, wenn ein Mensch getötet wurde – ist halb so hoch wie das für Männer und die Zeugenaussage von einem Mann soviel wert wie die von zwei Frauen. Auch sind die Frauen heute wieder vom Richteramt ausgeschlossen. Die Nobelpreisträgerin Shirin Ebadi zum Beispiel, die in unserer Zeit Richterin gewesen ist, mußte von ihrem Amt zurücktreten und arbeitet heute als Anwältin. Von den Gesetzen abgesehen, werden die Frauen auch im Alltag ununterbrochen benachteiligt und gedemütigt. In Büros müssen sie beispielsweise einen anderen Eingang als die Männer benutzen und dürfen im Bus nur hinten sitzen.

Die Frauen versuchen, sich zu wehren. Sie waren die ersten, die nach der Machtübernahme von Ajatollah Chomeini protestiert haben: vergeblich. Man hat sie zusammengeschlagen und eingesperrt. Und auch wenn sie sich heute ein paar Freiheiten mehr herausnehmen, indem sie verstohlen Lippenstift tragen oder unter dem Schleier blondgefärbte Haare haben – so sind das nur Reaktionen auf ein System, das ihnen die wirkliche Freiheit vorenthält.

Ich weiß, Machos gibt es auf der ganzen Welt. Ich erinnere mich an ein Erlebnis mit einem französischen Kommilitonen in Paris, der mich fragte, wie viele Kamele denn der Mann für mich bezahlen müsse, der mich heiraten wolle. Ich war tief verletzt und habe ihm diese Beleidigung mein Leben lang nicht verziehen. Als er mich sehr viel später einmal um Hilfe bat, habe ich ihm nicht geantwortet. Er war wahrscheinlich der einzige, der niemals eine Antwort von mir bekommen hat. Dennoch – solange die Gesetze für die Frauen in Ordnung sind, kann man auch mit solchen Erlebnissen umgehen.

> Ich habe in meiner eigenen Erziehung davon profitiert, daß die Frauen im Iran viele neue Rechte hatten. Um so trauriger ist es, zu sehen, wie viele sie wieder verloren haben.

Natürlich habe ich darauf geachtet, daß nicht nur meine Söhne, sondern auch meine Töchter eine Ausbildung bekamen, um später auf eigenen Füßen stehen zu können. Ich halte es für sehr wichtig, daß Frauen arbeiten können, wenn sie wollen. Wenn sie zu Hause bleiben, um die Kinder zu erziehen – auch gut. Wenn sie sich dabei jedoch schlecht fühlen, haben auch die Kinder nichts davon. Auch ich mußte lernen, den Kindern zuliebe Prioritäten zu setzen und nein zu sagen. Mir selbst zuliebe kann ich das allerdings bis heute nicht.

Ich müßte mehr Zeit für mich haben. Müßte mich hinsetzen und all das aufschreiben, was es über die vielen Jahre, in denen wir im Iran waren, zu sagen gibt, damit es nicht in Vergessenheit gerät. Ich habe zwar meine Memoiren veröffentlicht, aber ich habe auch vieles ausgespart. Ich weiß, ich sollte es aufschreiben, und zwar bald. Aber meine täglichen Aufgaben lassen mir kaum Zeit dazu – ich verzettele mich für andere. Mich abzugrenzen, das ist eines der Dinge, die ich noch lernen muß.

Ich bin jetzt 68. Ich war immer sehr gesund und bin noch in guter körperlicher Verfassung, wenngleich ich nicht mehr dieselbe Energie habe wie vor zehn Jahren. Früher machte mir zum Beispiel das Fliegen nicht das Geringste aus. Heute brauche ich nach einem Flug von Amerika nach Europa zwei Tage, um meinen normalen Rhythmus wiederzufinden. Noch habe ich sehr viel Ausdauer. Aber ich weiß nicht, wie das in zwei, drei Jahren sein wird. Ich merke, daß ich schlechter sehe. Das bedauere ich sehr, denn ich lese so gerne. Und ich stelle fest, daß ich Dinge vergesse. Früher hatte ich ein phantastisches Gedächtnis, mein Mann hat mich dafür immer bewundert. Heute passiert es mir immer wieder, daß mir ein Name nicht einfällt. Oder daß ich eine Melodie, die ich höre, nicht zuordnen kann.

Ich habe in meinem Leben viel Sport getrieben, schon als junges Mädchen. Dabei habe immer wieder festgestellt, wie sehr der Sport Geist und Körper reinigt und stärkt. Leider habe ich aufgehört, Tennis zu spielen, weil ich nicht mehr gut genug sehe. Manchmal laufe ich noch Ski, oder ich schwimme. Und ich mache zu Hause Gymnastikübungen und meditiere, das hilft mir. Dennoch sollte ich mich mehr bewegen. Ich sollte mehr spazierengehen. Aber das langweilt mich. Ich verstecke mich hinter der Behauptung, ich hätte keine Zeit.

Wenn ich in den Spiegel schaue, kann ich mit meinem Anblick noch ganz gut leben. Vor allem, wenn ich mich für den Abend zurechtgemacht habe. Allerdings langweilt es mich mittlerweile, mich zurechtzumachen. Ich mag auch keine formelle Kleidung mehr, sondern trage lieber legere Sachen.

Wenn ich heute mit meinen Enkelinnen zum Einkaufen gehe, dann kaufen wir das gleiche: Jeans und Turnschuhe.

Darin fühle ich mich am wohlsten. Meine Enkelinnen finden dann, daß sie eine »coole Oma« haben.

Darauf bin ich sehr stolz. Das, was ich mit 25 nicht tragen konnte, trage ich heute, mit 70.

Wenn meine Landsleute mir sagen, daß ich noch immer ein Vorbild für sie bin und daß es ihnen hilft, an mich zu denken oder sich an mich wenden zu können, dann freut mich das. Es ist ein großes Kompliment. Andererseits ist es auch eine große Belastung, denn immer Vorbild sein zu müssen verbietet es mir, mich jemals gehen zu lassen. Oder besser gesagt: ein bißchen gnädig mit mir selbst zu sein. Ich war immer ziemlich streng zu mir und habe viel von mir verlangt. Viel Engagement. Viel Disziplin. Heute bin ich mir selbst gegenüber etwas verständnisvoller. Wenn ich niedergeschlagen bin, habe ich nicht mehr automatisch ein schlechtes Gewissen, sondern sage mir: »Du hast dein Leben gelebt, du hast deinen Job gemacht, und wenn du heute mal deprimiert bist, ist das auch in Ordnung.«

Ich mache mir Sorgen um mein Land. Ich denke daran, wie es während der Regentschaft meines Mannes im Iran war und an die vielen positiven Veränderungen, die auf allen Ebenen der Gesellschaft stattfanden, bevor es zu dieser schrecklichen Revolution kam. Natürlich hat der Schah versucht, die Massenhysterie, die das Land erfaßt hatte, zu stoppen. Dennoch: Jeder hat seinen Anteil an den Fehlern, die gemacht wurden. Die Regierung hat die Entwicklung der Probleme nicht rechtzeitig erkannt und es versäumt, die Mehrheit der Iraner, die nicht für eine Revolution war, zu organisieren. Die Opposition wiederum, die in- und außerhalb des Irans sehr gut organisiert war, unterstützte Chomeini in der Hoffnung, daß, wenn der Schah ginge, sie die Macht übernehmen könnte. Chomeini hat sie alle benutzt und viele nach der Revolution fallengelassen. Die Leute auf der Straße dachten, er würde seine Versprechungen halten und ihnen das Paradies bringen, aber sie stellten bald fest, daß er der Hölle die Tore geöffnet hatte.

Iran ist ein reiches, ölproduzierendes Land. Ein mächtiger Iran und ein mächtiger Schah standen vielen ausländischen Interessen entgegen, die dazu beigetragen haben, die Monarchie zu schwächen und sowohl die Opposition als auch Chomeini zu stärken. Die Revolution war eine Katastrophe mythologischen Ausmaßes für mein Land. Ich frage mich immer wieder, wo es, ja, wo der ganze Mittlere Osten heute stünde, wenn all das nicht passiert wäre. Es geht mir nicht um mich. Ich habe mein Leben gelebt. Ich denke vielmehr an meine Kinder und an meine Enkel. Und an all die anderen Kinder und Enkel.

Der Iran hat natürliche und menschliche Ressourcen und ein reiches kulturelles Erbe mit einer jahrtausendealten Geschichte.

Ich hoffe von ganzem Herzen, daß seine territoriale Integrität erhalten bleibt und er ein modernes, fortschrittliches und demokratisches Land wird.

Christo und Jeanne-Claude

über Symbiose Sie sind – beide – am 13. Juni 1935 geboren. Ansonsten wies in den ersten 20 Jahren ihres Lebens nichts darauf hin, daß Christo und Jeanne-Claude einander jemals begegnen oder gar ihr Leben miteinander verbringen würden. Christo wuchs als Sohn einer Textilindustriellenfamilie in Bulgarien auf, während Jeanne-Claude als uneheliches Kind einer Französin in Casablanca geboren wurde und eine harte Kindheit in Marokko verbrachte. Als junges Mädchen wurde sie dann vom vierten Ehemann ihrer Mutter, einem französischen General, adoptiert; die Familie lebte fortan in unerwartet luxuriösen Verhältnissen in Paris. Jeanne-Claude hatte sich nie für Kunst interessiert, ehe sie im Hause ihrer Eltern auf Christo traf. Christo dagegen, der mit 21 aus dem kommunistischen Bulgarien geflohen war, beschäftigte sich mit nichts anderem.

Mittlerweile realisieren sie seit 45 Jahren ihre vielfältigen Outdoor-Werke gemeinsam: unter ihnen »The Valley Curtain« in Colorado, »The Running Fence« in Kalifornien, die »Surrounded Islands« in Florida, der »Pont Neuf« in Paris, »The Umbrellas« in Japan und Kalifornien und »The Gates« im Central Park in New York – monumentale oder weitläufige Kunstwerke, die durch den Einsatz von Stoffen vorhandene Gebäude oder Landschaften verändern. Mit Deutschland verbindet sie neben ihrem ihr ersten Außen-Projekt – die Verhüllung von Ölfässern im Kölner Hafen im Jahre 1961 – und der Installation eines 5600 Kubikmeter großen Paketes auf der Kasseler documenta 4 die Verhüllung des Reichstags in Berlin im Jahre 1994. Ihr nächstes Projekt wird sie nach Colorado führen, wo sie

Teile eines Flußtals überspannen wollen. Wie für alle ihre Werke werden sie auch hierfür die Kosten selbst tragen und aus dem Verkauf von Grafiken, Plakaten, Büchern und Filmen bestreiten.

Christo und Jeanne-Claude sind seit 1962 verheiratet, haben einen Sohn und leben seit mehr als 40 Jahren in New York.

Die ramponierte rote Eisentür sieht eher aus wie eine Lagerhaustür, das schmale Entree wie der Aufgang zu einem Kornspeicher. Etwa zwei Dutzend schwindelerregend steile Stufen führen zur Wohnung von Christo und Jeanne-Claude hinauf, ein Dutzend weitere zu Christos Studio darüber. Nicht gerade seniorengerecht. Dennoch haben die beiden keine Zeit für einen Umzug. Ja nicht einmal dazu, an einen Umzug zu denken.

Der Wohnraum ist groß, die Wände sind weiß, Boden und Sofas grau, die Wege gewaltig. Christo, wie immer in Jeans, Sneakers und beigefarbener Safarijacke, serviert gutgekühlten Weißwein, Jeanne-Claude, wie immer in einem weiten Hosenanzug von Issey Miyake, stellt gesalzene Erdnüsse dazu. Die Brüder Hissen sind da, Filmemacher aus Deutschland, die die Dokumentation über die Verhüllung des Reichstags gedreht haben, und Tilmann Buddensieg, Kunsthistoriker aus Berlin, Freund aus alten Tagen, Mitglied der Berliner Kommission, die zu den frühen Befürwortern der Reichstagsverhüllung gehörte. Es war ein langer Weg, ehe das Projekt nach 24 Jahren Vorbereitungszeit im Bundestag mit 292 gegen 223 Stimmen bewilligt wurde. »Christo«, sagt der Kunstprofessor, »bevor du den Reichstag verhüllt hast« – Christo unterbricht: »Christo und Jeanne-Claude«, sagt er streng. »Also«, sagt Buddensieg, »bevor ihr den Reichstag verhüllt habt, hat euch doch Willy Brandt im Studio besucht. Hat er etwas für euch bewirken können?« »Das war 1981«, sagt Jeanne-Claude. »Er hat uns vor allem ermutigt, nicht aufzugeben. Das war sehr wichtig für uns.«

Später lädt Christo alle zum Italiener um die Ecke ein. So ist es immer sagen Kenner der Christo-und-Jeanne-Claude-Szene, wenn die beiden in New York sind. Man trifft sich zum Drink, geht zum Essen und redet über die Arbeit. Diesmal auch noch über Symbiose. »Worüber?« fragt Christo. »Darüber, wie wir leben«, sagt Jeanne-Claude. Er rückt seinen Stuhl ganz nah an ihren Stuhl heran. Trotz seiner 71 Jahre wirkt er wie ein großer Junge: besonders dünn, ein bißchen verschmitzt und immer in Bewegung. Auf den ersten Blick meint man, ihn beschützen zu müssen, und versteht, daß Jeanne-Claude sich das zur Aufgabe gemacht hat. Dennoch ist er stark, genau wie sie.

Jeanne-Claude: Man kann nicht sagen, daß es Liebe auf den ersten Blick war. Wir lernten einander im Haus meiner Eltern in Paris kennen. Christo war ein politischer Flüchtling aus Bulgarien und auf Empfehlung an meine Mutter geraten. Er hat sie gemalt, so wie er viele Leute gemalt hat, um Geld zu verdienen. Er hat auch mich porträtiert, uns alle, die ganze Familie. Er war dann für eine Weile mit meiner Schwester zusammen, während ich geheiratet habe: einen Mann nach dem Geschmack meiner Eltern, nicht unbedingt nach meinem. Noch während meiner Verlobungszeit haben Christo und ich eine Affäre begonnen. Gleich nach den Flitterwochen ließ ich mich scheiden, obwohl ich schwanger war. Das Kind trug zunächst den Namen meines Ehemannes, aber es war Christos Kind: unser Sohn Cyril. Das sagte ich aber niemandem. Es war in Frankreich im allgemeinen und in meinem Elternhaus im speziellen völlig undenkbar, daß man ein uneheliches Kind bekam. Christo und ich zogen dann zusammen und kümmerten uns um unseren Sohn. Meine Eltern waren entsetzt. Sosehr sie Christo als Mensch gemocht und unterstützt hatten, so wenig wünschten sie sich einen mittellosen Künstler als Schwiegersohn. Auf ihre familiäre und finanzielle Unterstützung mußten wir also verzichten.

Was mich an Christo fasziniert hat? Ich könnte sagen, daß es seine Kunst war oder sein Charakter. Aber das war es nicht. Es war ganz einfach wundervoll, mit ihm ins Bett zu gehen. Und ich denke, bei ihm war es genauso. Es kann nur die sexuelle Anziehung gewesen sein, die ihn an mir interessiert hat, denn ich war ganz und gar nichts Besonderes.

Christo: Es stimmt. Das war alles. Es gilt für uns beide. Aber darüber haben wir nicht nachgedacht. Wir waren jung, gerade 23, wir wollten miteinander schlafen, und wir wollten zusammensein.

Jeanne-Claude: Bei mir kam noch etwas anderes dazu: Für mich war unsere Beziehung auch ein Abenteuer. Ich kam ja aus einer ganz anderen Welt. Ich hatte Geld, aber ich habe nichts Interessantes gemacht. Bei Christo dagegen war es genau umgekehrt. Er hatte überhaupt kein Geld, aber was er machte, faszinierte mich. Ich wußte, wir würden interessante Dinge zusammen tun können.

Christo: Ich kam im Februar 1958 nach Paris. Im November lernte ich Jeanne-Claude kennen. Ein halbes Jahr zuvor war ich über die Tschechoslowakei und Österreich aus Bulgarien geflohen. Ich meldete mich nicht wie andere Flüchtlinge in einem Flüchtlingslager, sondern versuchte, es auf eigene Faust zu schaffen: Ich wußte, daß ich das als Künstler ohnehin tun müßte. Deshalb bekam ich auch keine Kleider aus dem Lager. Ich hatte nichts, kein Geld und nur die Kleider, die ich auf dem Leib trug.

Jeanne-Claude: Aber die waren immer sauber. Er trug immer ein makelloses weißes Hemd. Und seine Schuhe glänzten.

Christo: Immerhin hatte ich ein paar Adressen, die mir der französische Konsul in Sofia mitgegeben hatte. Die haben mir geholfen, Porträt-Aufträge zu bekommen. Ich habe damals viele Porträts gemalt. –

Jeanne-Claude: Öl auf Leinwand. –

Christo: Es war nicht die Kunst, die ich machen wollte, es hatte mit Kunst nichts zu tun, aber es sicherte mir das Überleben. Es war ein bißchen einträglicher als die Gelegenheitsjobs, mit denen ich mich sonst über Wasser hielt: Autos in Werkstätten waschen, auf dem Markt Lastwagen ausladen, Geschirrspülen in Restaurants. Die Restaurantjobs waren gut, weil man am Abend, wenn die Gäste gegangen waren, eine warme Mahlzeit bekam. Meine Möglichkeiten zu arbeiten waren begrenzt, weil ich keine westliche Sprache sprach. Aber beim Abwaschen muß man ja nicht sprechen.

Jeanne-Claude: Jedenfalls hatten wir, auch als wir zusammen waren, lange Zeit kein Geld. Für mich war es eine Umstellung, für Christo nicht so sehr.

Jeanne-Claude zündet sich eine Zigarette an.

Jeanne-Claude: Natürlich war es sehr schwierig. Aber wir waren nicht verzweifelt. Wir haben nie gehungert. Die Frau, die in unserer Straße Käse und Oliven verkaufte, gab mir manchmal etwas umsonst, und von der Gemüsefrau bekam ich Obst und Gemüse, das nicht mehr so gut aussah, aber noch eßbar war. Und vom Metzger Knochen, aus denen ich eine Suppe kochen konnte. Und manchmal, wenn wir die Miete wieder einmal nicht zahlen konnten, geschah auch ein Wunder, und jemand kaufte eines von Christos Kunstwerken: er hatte damals damit begonnen, Gegenstände zu verpacken.

Christo: Wenn man ein Künstler ist, ist man nicht arm. Man hat nur zeitweise kein Geld. Aber man hat Ware – Zeichnungen, Skizzen, Objekte –, die man anbieten und verkaufen kann. Und man hat Hoffnung. Ich war niemals verzweifelt. Nie.

Jeanne-Claude: Nur ein einziges Mal war es wirklich sehr hart. Wir hatten schon ein Baby, unseren Sohn Cyril, und ich war wieder schwanger. Das war eine echte Katastrophe für uns. Es war schon schwierig mit einem Kind, und ich machte mir sehr große Sorgen, wie wir es mit zweien schaffen sollten. Ich habe das Kind dann abgetrieben. Selbst. Oh Gott …

Christo: Oh Gott.

Jeanne-Claude: Ich bekam eine Blutvergiftung, und Christo brachte mich ins Krankenhaus. Ich bin fast gestorben. Aber wir mußten es tun, um zu überleben.

Sie zündet sich eine neue Zigarette an.

Jeanne-Claude: Als ich Christo kennenlernte, hatte ich keinerlei Beziehung zur Kunst. Mit ihm änderte sich alles. Er zeigte mir zunächst den Louvre. Natürlich kannte ich den Louvre. Als Kinder sind wir dort immer zum Rollschuhlaufen hingegangen. Ich kann Ihnen sagen: Es ist das beste Rollschuh-Gelände in Paris! Christo dagegen zeigte mir zum erstenmal die Kunst im Louvre. Er war unendlich geduldig. Er erläuterte mir die Entwicklung der Kunst über 5000 Jahre. Darüber weiß er einfach alles. Zunächst machte er mich mit der klassischen Kunst vertraut, dann mit der Moderne. Schließlich nahm er mich in Avantgarde-Galerien mit. Danach verstand ich, warum er in seinem kleinen Dienstmädchenzimmer – siebter Stock ohne Aufzug – Pakete machte.

(Sie lacht.)

Es war seine Kunst. Es fiel mir leicht, mich damit zu identifizieren, da ich mich ja mit ihm identifizierte. Warum er sich so und nicht anders ausdrückte – darüber habe ich nie nachgedacht.

Zu jener Zeit verpackte er alles, was ihm in die Finger kam. Einmal suchte ich nach meinen Schuhen. Es waren hübsche, blaugrüne Schuhe mit hohen Absätzen, eines der beiden Paare, die ich damals besaß. Ich suchte sie überall, aber ich konnte sie nicht finden. Ich fragte Christo, ob er sie gesehen hätte, aber er schüttelte nur den Kopf. Ein paar Tage später besuchte ich ihn in seinem kleinen Studio – und da fand ich sie: zu einem Kunstwerk verpackt. Das Objekt haben wir dann verkauft und später zurückgekauft. Wir besitzen es noch immer.

Christo: Damals sind wir sehr viel in Galerien und zu Vernissagen gegangen. Eigentlich jeden Samstag. Auch nachdem wir von Paris nach New York gezogen waren. Wir sind nach New York gegangen, weil dort die Avantgarde war. Und weil ich hoffte, dort ausstellen zu können. Es ist für einen jungen Künstler unglaublich wichtig auszustellen. Er kann sein Studio mit Tausenden von Werken füllen, aber solange sie nur dort hängen, existieren sie nicht. Sie fangen erst an zu existieren, wenn sie an die Öffentlichkeit kommen und die Leute sich mit ihnen auseinandersetzen.

Heute besuchen wir keine Museen und keine Galerien mehr. Dazu haben wir keine Zeit. Das ist eine der wesentlichen Veränderungen im Laufe der Jahre: daß wir immer weniger Zeit haben. Ich arbeite 17 Stunden am Tag, auch samstags und sonntags, Jeanne-Claude arbeitet 15. Wir haben keine spezifische Arbeitsteilung. Jeder von uns macht, was er machen kann, wenn er dazu Zeit hat, ausgenommen, daß ich noch immer die Skizzen mache und Jeanne-Claude sich um die Buchhaltung und die Finanzierung kümmert.

Und daß ich von bestimmten Dingen des täglichen Lebens ganz einfach nichts verstehe. So kann ich zum Beispiel weder Auto fahren noch einen Computer anstellen. Und ich hasse es zu telefonieren. Das übernimmt Jeanne-Claude.

Jeanne-Claude: Nur soweit es die Arbeit betrifft, natürlich. Private Telefongespräche führt keiner von uns. Wir rufen niemals Freunde an, einfach, um mit ihnen zu plaudern! (*Sie lacht schallend.*) Wir kämen gar nicht auf die Idee!

Ehrlich gesagt, *haben* wir überhaupt keine Freunde so wie andere Leute. Unsere Freunde sind Teil unserer Arbeit und unserer Arbeitsfamilie. Wir machen keinen Unterschied zwischen Arbeit und Privatleben. Wirklich privat sind wir nur, wenn wir schlafen. Oder wenn wir miteinander schlafen. Wir fahren zum Beispiel nie in Urlaub. Und wir gehen auch nicht einkaufen: Das, was wir brauchen, wird uns gebracht. Bis hin zu unserer Kleidung. Die schickt uns der Designer Issey Miyake ins Haus. Und die Jeans und Safarijacken für Christo werden ebenfalls ins Studio gebracht, oder wir kaufen sie im Vorbeigehen. Da, wo wir wohnen, gibt es einen Bekleidungsladen neben dem anderen.

Christo: Ich weiß, wir sind seltsam.

Jeanne-Claude: Sehr seltsam.

Christo: Weil wir keine Zeit haben. Es liegt sicher daran, daß die Kunstwerke inzwischen so groß geworden sind und eine so enorme Vorarbeit verlangen.

Jeanne-Claude: Um nur einige Beispiele zu nennen: An den »Surrounded Islands« haben wir drei Jahre gearbeitet, an den »Umbrellas« in Japan und Kalifornien acht Jahre, an der Verhüllung des Reichstags 24 Jahre. Das Aufwendige dabei ist weder die künstlerische Konzeption noch ihre Umsetzung durch Architekten, Statiker, Ingenieure und Hunderte von Arbeitern, ja nicht einmal ihre Bedrohung durch Naturgewalten wie zum Beispiel Wind, obwohl wir die durchaus berücksichtigen.

Christo: Sie spielen sogar eine elementare Rolle, denn sie lassen unsere Werke wie lebendige Objekte aussehen. Die Bewegung und die Dynamik, die die Natur einem Werk verleiht, gehören zu seinen wesentlichen Bestandteilen.

Jeanne-Claude: Das Schwierigste ist es, die Erlaubnis zu bekommen. Von den Behörden, aber auch von den Grundbesitzern, wenn es darum geht, Objekte auf ihrem Land zu erstellen. Bei der Errichtung der Schirme – 1340 blaue Schirme in Japan und 1760 gelbe Schirme in Kalifornien, die im September 1991 gleichzeitig entfaltet wurden – mußten wir die Erlaubnis von 25 Landbesitzern in Kalifornien und von 459 in Japan einholen. Vor der Verhüllung des Reichstags in Berlin haben wir mit 354 Bundestagsabgeordneten gesprochen, um sie vor der Abstimmung im Bundestag für unser Projekt zu gewinnen – und natürlich mit Hunderten weiterer Personen davor und danach. Es war, neben den »Gates« in New York, das Werk, an dem wir am längsten gearbeitet haben. Es war auch unser politischstes Werk. Als wir begonnen haben, uns damit zu beschäftigen, verlief unmittelbar am Reichstag noch die Mauer. Bundeskanzler Kohl war gegen die Verhüllung. Aber Bundestagspräsidentin Rita Süssmuth war dafür. Sie hat uns sehr geholfen: Ohne sie wäre das Projekt niemals realisiert worden. Die Befürchtungen, das deutsche Volk sei gegen die Verhüllung, haben sich nicht bewahrheitet. Es sind fünf Millionen Menschen nach Berlin gekommen und haben den verhüllten Reichstag als ein Monument der Schönheit und der Bewegung bewundert. Alles in allem haben wir 15 Millionen Dollar dafür aufgebracht. Aus eigener Tasche, besser gesagt, dem Verkauf unserer Arbeiten, wie wir das bei allen Projekten tun. Honorare oder Sponsorengelder lehnen wir grundsätzlich ab. Es ist für uns eine ästhetische Entscheidung: nur sie garantiert uns die notwendige künstlerische Freiheit. Wir haben übrigens ganze Schränke voll von Angeboten, Gebäude, Stadtteile oder Landschaften mit Stoff zu verhüllen oder zu verändern. Schon den Vorschlag empfinden wir als Einschränkung unserer künstlerischen Freiheit.

Christo: Auch daß unsere Arbeit temporär ist und immer nach spätestens zwei Wochen wieder abgebaut wird, ist eine ästhetische Entscheidung.

Unsere Projekte sind fragil, verletzlich, sinnlich und vergänglich. Sie sind nomadische Projekte, das heißt: sie kommen und sie gehen wieder, hinterlassen keine Spuren, nur Erinnerungen. Wir glauben nicht an die Unvergänglichkeit von Kunst. Kunst befindet sich immer im Übergang. Zum einen ändert sich im Laufe der Zeit die Art, wie sie wahrgenommen wird, –

Jeanne-Claude: Glauben Sie etwa, daß ein Mädchen zur Zeit, als Leonardo die Mona Lisa malte, dasselbe bei der Betrachtung des Bildes empfunden hat, wie ein junges Mädchen heute? Zu Zeiten Leonardos hat sie vielleicht gedacht, oh, diese Frisur, die sollte ich mir auch mal machen. Oder: Wo bekommt man wohl so ein Kleid her? Ich glaube nicht, daß heute jemand ähnlich denken würde.

Christo: – zum anderen verändert sich auch das Kunstwerk selbst im Laufe der Jahre oder Jahrtausende: Wände in Kirchen büßen ihre Bemalung ein, Skulpturen verlieren ihre Farbe, ihre Form. –

Jeanne-Claude: Wenn der Künstler, der die Venus von Milo geschaffen hat, sie heute sehen würde, wäre er entsetzt. Er hatte sie zwischen zwei Säulen gestellt: Hinter ihr war das Meer, über ihr der Himmel und die Wolken, und sie war wunderbar bemalt. Heute ist von der Bemalung nichts mehr zu sehen, sie hat keine Arme mehr und steht im Museum.

Christo: Wir müssen verstehen lernen, daß ein Teil unserer Rezeption von alter Kunst auf Ruinen beruht. Das liegt daran, daß wir uns am Kunstwerk selbst orientieren. In 500 Jahren wird man Kunstwerke vermutlich nur noch auf einen Computer-Chip gebannt betrachten.

Wir zeigen unsere Kunst der Öffentlichkeit, weil wir ja auch öffentliche Räume dafür benutzen. Aber wir machen sie für uns selbst. Gleichgültig, wie lange wir an einem Werk gearbeitet haben – uns genügt es, daß wir es 24 Stunden lang sehen können. Dann hat es für uns existiert.

Jeanne-Claude: Der Vorhang, den wir über ein Tal in Colorado gespannt hatten, hing nur 28 Stunden, ehe er einem Sturm zum Opfer fiel. Für uns war das genug. Wir haben unser Werk bei Tageslicht gesehen, wir haben es in der Nacht gesehen, es ist fotografiert und gefilmt worden, es war herrlich. Für das Publikum sind 28 Stunden natürlich nicht genug. Deshalb ist ein Projekt normalerweise zwei Wochen lang für die Öffentlichkeit zugänglich. Man hat uns schon oft Geld geboten, damit wir verlängern. In New York. Auch in Berlin. Aber das lehnen wir ab.

Christo: Daß unsere Kunst wieder verschwindet, verleiht ihr einen zusätzlichen Wert. Sie entgeht der Trivialität, die in der Wiederholung liegt: Sie ist einmalig.

Jeanne-Claude: Man begegnet ihr mit einer gewissen Zärtlichkeit. Wie allem, was vergänglich ist – sei es die Kindheit, die Liebe oder das Leben. Das ändert nichts daran, daß wir bei jedem Projekt unendlich kämpfen müssen, bis wir die nötige Zustimmung bekommen. Für gewöhnlich sagen die Leute: »Wir finden Ihre Kunst ganz wunderbar – aber bitte nicht bei uns.« Das meinte auch Wolfgang Schäuble in Berlin, als wir ihn von der Verhüllung des Reichstags überzeugen wollten. Er sagte: »Die Verhüllung des Pont Neuf in Paris war wunderbar. Aber vergessen Sie den Reichstag.«

Christo: Wir müssen deshalb immer mit sehr vielen Leuten reden. Und sehr oft nicht nur einmal, manchmal zehnmal. Das haben wir immer gemeinsam gemacht. So ist Jeanne-Claude nach und nach in die praktische Arbeit hineingewachsen, schließlich auch in die konzeptionelle. Meine Zeichnungen, meine Skizzen, meine Verpackungen sind meine Arbeit. Die Kunstprojekte jedoch, die wir seit 1961 im Freien installieren, machen wir gemeinsam. In dieser Art von Arbeit sehen wir uns beide als Künstler. Deshalb firmieren wir seit 1994 als »Christo und Jeanne-Claude«. Viele wollen das noch immer nicht akzeptieren und sprechen nur von Christo. Dagegen wehren wir uns.

Jeanne-Claude: Es ist, als ob man nur Romeo sagen würde und nicht auch Julia.

Christo: Wir machen die Leute immer wieder darauf aufmerksam. Wir schreien sie an. –

Jeanne-Claude: *Du* schreist sie an. –

Christo: Also gut, *ich* schreie sie an. Gleichzeitig sage ich mir, daß das Leben zu kurz ist, um immer wieder darüber zu streiten. Es gefällt uns nicht, aber wir können nichts dagegen tun.

Jeanne-Claude: Dabei ist es durchaus nicht so, daß ich nur für finanzielle oder organisatorische Dinge zuständig bin. Wobei es natürlich auch nicht gerade so einfach ist, 15 Millionen Dollar aufzubringen, wie wir das in Berlin getan haben, oder 21 Millionen für die »Gates« in New York. Die »Surrounded Islands« bei Miami waren zum Beispiel meine Idee. Auch sie pink zu umranden war meine Idee. Christo fand die Farbe zuerst zu weiblich. Aber ich konnte ihn überzeugen. Wir diskutieren viel über unsere Arbeit. Wir streiten. Brüllen uns an. Aber das ist kreativ und nützlich. Zum Beispiel sagt Christo: »Die Seile sind zu lang«, während ich sage: »Nein, die Seile sind zu kurz.« Dabei denkt er: »Vielleicht hat sie recht«, und ich denke: »Vielleicht hat er ja recht.« Auf diese Weise einigen wir uns dann auf die perfekte Länge.

Christo: Daran hat sich im Laufe der Jahre nichts geändert. Überhaupt hat sich wenig geändert. Wir arbeiten noch immer mit derselben Leidenschaft wie früher. Und mit derselben Anspannung. Wir sind nie entspannt.

Jeanne-Claude: Und wenn, dann nur theoretisch: Neulich besuchte uns ein junger Künstler im Atelier. Er war völlig verzweifelt, weil er eine schlechte Pressekritik bekommen hatte. Christo versuchte, ihn zu trösten. Er sagte: »Du mußt das viel entspannter sehen. Kritiken sind völlig unwichtig.« Wenig später kam meine Assistentin und brachte Christo ein Fax mit einem gemeinen Zeitungsartikel über uns. Er las es und fing an laut zu schimpfen: »Diese Idioten! Sie haben überhaupt nichts verstanden!« Der junge Künstler war erstaunt. Aber doch auch ein wenig getröstet, daß es anderen genauso geht wie ihm.

Christo lächelt.

Christo: Sag ich doch. Wir sind nie entspannt. Unsere größte berufliche Sorge ist es, daß uns eine Erlaubnis nicht erteilt wird. Aber das passiert natürlich. Wir haben 37 Projekte begonnen. 19 haben wir realisiert. Die anderen, in die wir schon viel Zeit und Geld gesteckt hatten, mußten wir abbrechen, weil uns die nötigen Bewilligungen nicht erteilt wurden.

Jeanne-Claude: Manchmal nehmen wir es hin und verlieren das Interesse. Manchmal bleibt das Projekt trotzdem in unserem Herzen und unserem Kopf, und wir greifen es zu einem späteren Zeitpunkt wieder auf. Oft haben dann andere Leute die entscheidenden Positionen inne, so daß unser Antrag schließlich doch bewilligt wird. So war es bei den »Gates« in New York: im Jahre 1981 wurden sie von der Parkverwaltung abgelehnt, Bürgermeister Michael Bloomberg dagegen hat uns unterstützt, so daß wir das Projekt im Jahre 2005 schließlich realisieren konnten. Manchmal muß man schon sehr beharrlich sein. Allerdings – zu zweit fällt es leichter.

Jeanne-Claude zieht an ihrer Zigarette. Was sagt Christo dazu, daß sie soviel raucht? »Nichts«, behauptet Jeanne-Claude, »denn er liebt mich.«

Christo: Unsere größte private Angst ist es, krank zu werden. Deshalb lassen wir uns alle drei Jahre in der Mayo-Klinik durchchecken. Gemeinsam. Das einzige, was wir nicht gemeinsam tun, ist, zusammen in einem Flugzeug zu fliegen: Wenn einer von uns beiden abstürzen würde, müßte der andere die Arbeit beenden.

Jeanne-Claude: Wenn wir irgendwann ganz alt sind und nicht mehr arbeiten, fliegen wir zusammen. Aber davon kann noch lange keine Rede sein. Scheiden lassen wollten wir uns noch nie. Wir brauchen einander sehr, und wenn wir nicht zusammen sind, vermissen wir einander. Wenn Christo nicht mehr da wäre, käme ich mir halbiert vor. Nein schlimmer: mehr als halbiert.

Christo: Ich auch. Aber reden wir nicht davon. Ich will gar nicht daran denken!

Spät am Abend machen sich Christo und Jeanne-Claude auf den Heimweg. An einer Kreuzung läuft Christo plötzlich auf die Straße und winkt nach einem Taxi. Jeanne-Claude reißt ihn am Ärmel auf den Gehsteig zurück. »My love«, sagt sie schreckensbleich, »du wirst noch überfahren!« Christo lacht. So wie er immer lacht, verhalten und ein bißchen schalkhaft. Jeanne-Claude seufzt, schüttelt den Kopf. Schließlich lacht auch sie. Dann gehen sie davon, Hand in Hand, in Richtung rote Eisentür.

Dank

Sehr herzlich danke ich allen, die mir geholfen haben, dieses Buch zu realisieren, indem sie mir erlaubten, ihre Kontakte, ihre Sprachkenntnisse oder ihre Geduld in Anspruch zu nehmen – so Laura Barrese, Marion Bierling, Antonia von Boch, Sheila Camerer, Helga-Margret Colle-Titz, Millie von Falkhausen, Emily Hart, Bettina von Hauenschild, Manuela Koller, Dr. Klaus Mangold, James Nutting, Jeanette Scholz, Gerta Gräfin zu Solms, Brigitte von Teppner, Gigi Thaler, Rixa von Treuenfels, Daphne Wagner, Marie Gräfin von Waldburg, Prof. Werner Weidenfeld und Hayo Willms. Ohne ihre Unterstützung wäre dieses Buch sicherlich nicht zustande gekommen.

Ganz besonders danke ich meiner Tochter Katharina, die meine liebevolle Mentorin gewesen ist.

Bildnachweis

Klaus Franke/dpa: Juliette Gréco, Umschlagabbildung + S. 22
Mario Ruiz: Norman Mailer, S. 30
Carlos Alvarez/Getty Images: Claude Chabrol, S. 44
Bettina Flitner/laif : Inge Feltrinelli, S. 56
Eric Robert/CORBIS SYGMA: Paul Bocuse, S. 74
Rainer Jensen/dpa: Frank Gehry, S. 86
Gérard Schachmes: Brigitte Bardot, S. 98
Ossinger/dpa: Rosamunde Pilcher, S. 112
Alexander Basta/Bilderberg: Karlheinz Böhm, S. 120
David S. Holloway/Apix: Jane Goodall, S. 134
Inez van Lamsweerde and Vinoodh Matadin/Art + Commerce: Lauren Hutton, Umschlagabbildung + S. 146
Julio Donoso/CORBIS SYGMA: Guy de Rothschild, S. 166
Marcia Lieberman: Isabel Allende, S. 176
Jim Rakete/Photoselection: Martin Walser, Umschlagabbildung + S. 192
Alexander Nanau: Peter Zadek, S. 206
David Diggs: Pat Boone, S. 220
Wolfgang Volz/laif: Christo und Jeanne-Claude, Umschlagabbildung + S. 246

Sybil Gräfin Schönfeldt

Die Jahre, die uns bleiben

Gedanken einer Alten über das Alter. 260 Seiten. Piper Taschenbuch

Ist man alt, so wird einem klar, wie wenig man sich in seiner Jugend vorstellen konnte, was das Alter ist. Ein Ausgangspunkt ist ihre eigene Erfahrung mit dem Alter: Man wird dem Körper untertan, das Zeitgefühl ändert sich, die ersten Freunde sterben, man trauert über Unwiederbringliches, man ist glücklich über die Kinder und Enkel.

Ein zweiter Ausgangspunkt ist der Ärger darüber, wie die Jungen über die Alten reden, daß sie so tun, als könnten Alte mit ein bißchen Kosmetik, Gymnastik und Diät wie Junge funktionieren.

Über Politiker und Abzocker, die die Alten als Material für die eigene Karriere betrachten, und über die Werbung mit ihrem Kult um die jungen Alten.

Über ihre Erfahrung und den Ärger ist die Autorin auf viele passende Geschichten aus der Weltliteratur gestoßen, die sie hier zitiert und in die sie ihre Gedanken über das Alter anschließt.

05/1199/02/L

Irma Hildebrandt

Immer gegen den Wind

18 Hamburger Frauenporträts. 304 Seiten mit 18 Abbildungen. Piper Taschenbuch

Die Publizistin Marion Gräfin Dönhoff, die Volksschauspielerin Heidi Kabel, die Modeschöpferin Jil Sander – Hamburg hat viele berühmte und erfolgreiche Frauen vorzuweisen. In der Hansestadt wurde 1850 die erste deutsche Frauenhochschule gegründet, und hier kämpfte die Pionierin Lida Gustava Heymann für Mädchenbildung und Frauenwahlrecht. Kompetent und einfühlsam porträtiert Irma Hildebrandt achtzehn bedeutende Hamburgerinnen: von der erfolgreichen jüdischen Geschäftsfrau Glükkel von Hameln bis hin zu Maria Jepsen, der ersten lutherischen Bischöfin der Welt. Zugleich zeichnet sie damit ein wichtiges Stück Frauen- und Zeitgeschichte.

»Das Buch von Irma Hildebrandt, sensibel formuliert, ist aufgrund des Dargestellten und der Detailfreudigkeit eine lesenswerte Lektüre voller Feingeist.«
Vlothoer Anzeiger

05/1926/02/R

Dieter Wunderlich

EigenSinnige Frauen

Zehn Porträts. 256 Seiten mit 10 Abbildungen. Piper Taschenbuch

Johanna von Orléans und Madame Pompadour, Coco Chanel, Frida Kahlo und Simone de Beauvoir – einen großen Bogen spannt Dieter Wunderlich in seinen zehn Porträts. Er erzählt von Frauen aus verschiedenen Epochen und Lebensbereichen, die nicht bereit waren, sich den gesellschaftlichen Erwartungen widerstandslos zu unterwerfen, sondern ihre ganz persönlichen Ziele verfolgten und dabei gegen heftige Widerstände kämpften.

»Was diese Frauen gemeinsam hatten, waren ihr Eigensinn und ihr Streben, Ideen und Lebensentwürfe auch gegen Konventionen zu verwirklichen. Daß der Autor nebenbei und auf leichte, aber nicht leichtfertige Art Geschichtsunterricht erteilt, ist ein weiterer Vorzug des Buchs.«

Berliner Morgenpost

05/1928/02/L

Martin Urban

Warum der Mensch glaubt

Auf der Suche nach dem Sinn. 256 Seiten mit 37 Abbildungen. Piper Taschenbuch

Anhand der neuesten wissenschaftlichen Erkenntnisse aus Gehirnforschung, Psychologie und Religionswissenschaften zeigt Martin Urban, dass das Bedürfnis, die Welt zu beobachten und ihr einen Sinn zu geben, biologische Ursachen hat. Welche Rolle dabei Vernunft und Verstand spielen und warum das Wissen über die Natur des Glaubens dessen Bedeutung nicht mindert, darauf gibt er Antworten. Sein Buch ist ein Plädoyer für eine Verbindung von spiritueller Sinnsuche und aufgeklärtem Geist.

»Die kurzweilige und ernsthafte Art, wie Martin Urban dem Leser Wissenschaft vermittelt, sucht seinesgleichen.«

Die Welt

05/2192/02/R

PIPER

Hildegard Möller

Die Frauen der Familie Mann

432 Seiten mit 28 Abbildungen. Piper Taschenbuch

Waren die Frauen des Hauses Mann glücklich? Sie waren reich geboren und bald berühmt, Mitglieder einer Familie, die in Deutschland wie eine Dynastie bewundert wurde, und verkehrten mit den wichtigsten Menschen ihrer Zeit. Dennoch: Keine von ihnen vermochte aus dem Schatten Thomas Manns zu treten. Alle konkurrierten sie um die Anerkennung und Liebe des großen »Zauberers«, so unterschiedlich ihre Biographien auch verliefen: Da war Katia, Herrin der Familie und Dienerin ihres Mannes; die »wilde Erika«, immer für einen Skandal gut, ob mit ihrem Mann Gustaf Gründgens zusammen oder mit ihrem Bruder Klaus; Monika, vergebens um Anerkennung bemüht; und Elisabeth, »das Kindchen«, die doch die selbständigste von allen wurde …

05/1930/02/L

Friedrich Weissensteiner

Die Frauen der Genies

272 Seiten mit 29 Abbildungen. Piper Taschenbuch

Cosima fügte sich widerspruchslos Richard Wagners Ansprüchen, Mileva verzichtete Albert Einstein zuliebe auf eine eigene Karriere, und Katia hielt Thomas Mann den Alltag fern: In sechs anschaulichen Porträts beleuchtet Friedrich Weissensteiner das Leben von Constanze Mozart, Christiane Vulpius-Goethe, Cosima Wagner, Mileva Einstein, Alma Mahler-Werfel und Katia Mann und schildert die Persönlichkeiten dieser außergewöhnlichen Frauen, die erheblichen Anteil am Ruhm ihrer Ehemänner hatten.

»Ich habe in meinem Leben nie tun können, was ich hätte tun wollen!«

Katia Mann

05/1929/02/R

Ryszard Kapuściński

Meine Reisen mit Herodot

Reportagen aus aller Welt. Aus dem Polnischen von Martin Pollack. 368 Seiten. Piper Taschenbuch

Schon immer war er von ihm fasziniert. Wann und wohin auch immer Ryszard Kapuściński unterwegs war – Herodot war dabei. 1955 kam der junge Reporter mit den jahrtausendealten »Historien« in Berührung, und sie erwiesen sich als Erleuchtung. Da war ein Chronist der Antike, von Neugier und Wissensdurst getrieben, aufgebrochen, die Grenzen der bekannten Welt auszuloten. Wenn ihn die Politik ermüdete, tauchte Kapuściński fortan in die Vergangenheit ab, in die Welt der Perser und Griechen. Und sie bedeutete ihm neben der räumlichen Entgrenzung, die seine eigene Arbeit mit sich brachte, auch eine Überwindung der zeitlichen Provinzialität. Und so erzählt Ryszard Kapuściński, wie er mit Herodot nach Afrika, Asien und in Europa reist, ständig getrieben von dem Wunsch, Neues zu erfahren.

Die literarische Welt

05/2261/02/L

Ryszard Kapuściński

Die Erde ist ein gewalttätiges Paradies

Reportagen, Essays, Interviews aus vierzig Jahren. Herausgegeben von Wolfgang Hörner. Aus dem Polnischen von Martin Pollack, Renate Schmidgall und Edith Heller. 320 Seiten. Piper Taschenbuch

Ryszard Kapuściński ist berühmt für seine großen Reportagen aus Afrika, Asien, Lateinamerika und Europa. Diese Sammlung erschließt den literarischen Kosmos dieses großen polnischen Reiseschriftstellers in seiner ganzen Dimension. Neben den bekanntesten Reportagen bietet sie eine Reihe brillanter Essays und Interviews. Seine Reiseberichte sind literarische Meisterwerke, die atmosphärisch dicht die besondere Kultur und Lebensweise eines Landes und ihrer Bewohner einzufangen vermögen.

»Manchmal, in seinen besten Momenten, ist Ryszard Kapuściński mehr als ein Reporter, sicher kein Soziologe, aber ein erzählender, reisender, phantasierender Geschichtsdenker.«

Frankfurter Allgemeine Zeitung

05/2260/02/R